Tendances et politiques du tourisme de l'OCDE 2022

OCDE
DES POLITIQUES MEILLEURES
POUR UNE VIE MEILLEURE

Ce document, ainsi que les données et cartes qu'il peut comprendre, sont sans préjudice du statut de tout territoire, de la souveraineté s'exerçant sur ce dernier, du tracé des frontières et limites internationales, et du nom de tout territoire, ville ou région.

Les données statistiques concernant Israël sont fournies par et sous la responsabilité des autorités israéliennes compétentes. L'utilisation de ces données par l'OCDE est sans préjudice du statut des hauteurs du Golan, de Jérusalem-Est et des colonies de peuplement israéliennes en Cisjordanie aux termes du droit international.

Note de la République de Türkiye
Les informations figurant dans ce document qui font référence à « Chypre » concernent la partie méridionale de l'Ile. Il n'y a pas d'autorité unique représentant à la fois les Chypriotes turcs et grecs sur l'Ile. La Türkiye reconnaît la République Turque de Chypre Nord (RTCN). Jusqu'à ce qu'une solution durable et équitable soit trouvée dans le cadre des Nations Unies, la Türkiye maintiendra sa position sur la « question chypriote ».

Note de tous les États de l'Union européenne membres de l'OCDE et de l'Union européenne
La République de Chypre est reconnue par tous les membres des Nations Unies sauf la Türkiye. Les informations figurant dans ce document concernent la zone sous le contrôle effectif du gouvernement de la République de Chypre.

Merci de citer cet ouvrage comme suit :
OCDE (2023), *Tendances et politiques du tourisme de l'OCDE 2022*, Éditions OCDE, Paris, https://doi.org/10.1787/d0aa9828-fr.

ISBN 978-92-64-48726-0 (imprimé)
ISBN 978-92-64-71549-3 (pdf)
ISBN 978-92-64-75982-4 (HTML)
ISBN 978-92-64-95785-5 (epub)

Tendances et politiques du tourisme de l'OCDE
ISSN 2076-9628 (imprimé)
ISSN 2076-9636 (en ligne)

Crédits photo : Couverture © vectomart/Shutterstock.com ; © saref/Shutterstock.com.

Les corrigenda des publications sont disponibles sur : www.oecd.org/fr/apropos/editionsocde/corrigendadepublicationsdelocde.htm.

Avant-propos

La publication de l'OCDE intitulée *Tendances et politiques du tourisme de l'OCDE* constitue une référence mondiale et une base de comparaison internationale des mesures prises par les pays pour favoriser une croissance durable et inclusive du tourisme. Elle met en évidence les bonnes pratiques et les grandes mesures et réformes de la gouvernance menées en la matière partout dans le monde puisqu'elle englobe 50 pays membres ou partenaires de l'OCDE. Source de données importante sur le tourisme interne, récepteur et émetteur et sur le poids global de l'économie touristique, elle apporte une connaissance comparative du secteur grâce à des chapitres thématiques et des profils par pays qui décrivent les politiques adoptées par les pays et fournissent des éléments statistiques.

L'édition 2022 fait suite à près des trois années inédites et particulièrement éprouvantes pour l'économie du tourisme, et intervient dans un contexte d'incertitude pour la reprise, qui avait pourtant commencé à s'enraciner. Le tourisme a été frappé de plein fouet par l'ampleur et la durée de la crise liée à la pandémie de la COVID-19. Ce choc a remis en évidence le rôle vital du tourisme sur les plans économique et social dans les pays membres et les pays partenaires de l'OCDE. Composante essentielle d'une économie des services en pleine expansion, le tourisme est une source importante de création d'emplois, de recettes d'exportation et de valeur ajoutée locale. Avant la pandémie, le secteur contribuait directement en moyenne à hauteur de 4.4 % du PIB, 6.9 % des emplois et 20.5 % des exportations de services des pays de l'OCDE.

Alors que dans de nombreux pays, le redémarrage du tourisme a dépassé les attentes en 2022, les retombées économiques de l'agression de la Russie contre l'Ukraine et les bouleversements du contexte économique et géopolitique soulèvent de nouvelles difficultés qui assombrissent les perspectives de reprise. À l'heure où le secteur s'efforce de relever ces défis, il revient aux décideurs publics de se saisir de cette occasion pour tirer les enseignements de la pandémie et mettre en place des mesures propres à bâtir une économie du tourisme plus résiliente, plus durable et plus inclusive pour l'avenir.

La croissance ininterrompue qu'a connue le tourisme pendant plus de six décennies est à l'origine de l'image très répandue d'une économie touristique intrinsèquement résiliente. Or, en accentuant les faiblesses structurelles anciennes ou plus récentes, la crise a mis au jour la nécessité pour le secteur d'être mieux préparé à l'avenir à réagir, s'adapter et se relever en cas de choc. Il est urgent d'agir face aux menaces que le changement climatique fait peser sur notre existence même. Le tourisme est tributaire du milieu naturel mais ses activités ont des répercussions sur ce dernier, d'où la nécessité d'accélérer la transition vers des modèles touristiques plus verts.

Tendances du tourisme et politiques du tourisme 2022 livre une analyse de la situation du tourisme et des approches stratégiques adoptées à l'appui de la reprise. La publication étudie les grands défis que pose la reprise et les perspectives qui s'offrent au tourisme, et met en relief la nécessité d'adopter des approches coordonnées et tournées vers l'avenir pour mettre le secteur sur la voie d'un avenir plus résilient, plus durable et plus inclusif. Les priorités de l'action publique, les réformes et les évolutions à l'œuvre dans le secteur du tourisme y sont analysées notamment à partir d'exemples de pratiques nationales. Les chapitres thématiques apportent des éclairages sur les moyens de renforcer la résilience de l'écosystème touristique et de promouvoir une reprise verte du tourisme.

Cette publication phare a été produite par le Centre pour l'entrepreneuriat, les PME, les régions et les villes (CFE) de l'OCDE. L'Union européenne a contribué à son financement. Cette dernière a été approuvée par le Comité du tourisme de l'OCDE en octobre 2022, selon une procédure écrite.

Ce document est une version française abrégée du document original «OECD Tourism Trends and Policies 2022». Il comprend les chapitres thématiques et les profils pays pour la Belgique, le Canada, la France, le Luxembourg, la Suisse et le Maroc.

Remerciements

Cette édition 2022 de la publication *Tendances et politiques du tourisme de l'OCDE*, a été produite par le Centre pour l'entrepreneuriat, les PME, les régions et les villes (CFE) de l'OCDE, qui est dirigé par Lamia Kamal-Chaoui, dans le cadre du programme de travail du Comité du tourisme de l'OCDE. Le rapport a été réalisé en coopération avec l'Union européenne*.

Ce rapport doit beaucoup aux contributions, aux commentaires et aux conseils formulés par les responsables publics ainsi que les statisticiens des pays membres et partenaires de l'OCDE. Il a également bénéficié des réponses et des commentaires fournis par des professionnels du secteur et des associations, dont Business@oecd, ainsi que par des organisations intergouvernementales, on peut notamment citer le Programme des Nations unies pour l'environnement (PNUD), l'Organisation mondiale du tourisme (OMT) et l'Organisation internationale du Travail (OIT), et a été alimenté par les débats du Forum mondial sur les statistiques, les connaissances et les politiques en matière de tourisme, organisé par la Corée en 2021 sur le thème *Repenser le tourisme pour un avenir plus résilient et plus durable*.

Ce rapport a été coordonné et dirigé par Jane Stacey, Cheffe de l'Unité du tourisme, sous la supervision de Céline Kauffmann, Cheffe de la Division pour l'entrepreneuriat, les PME et le tourisme (CFE) et de Nadim Ahmad, Directeur adjoint (CFE), et avec le soutien de Kristen Corrie, analyste des politiques (CFE), co-auteure du chapitre 1 et auteure du chapitre 2. James Tops, analyste des politiques junior (CFE), et Jenna Cunningham, consultante junior, ont assuré la préparation des profils par pays et une part importante des tâches de coordination, de rédaction et de relecture. Sergio Montoya, statisticien (CFE), a géré la base statistique et mis au point les tableaux synthétiques et les profils statistiques nationaux. Monserrat Fonbonnat, assistante (CFE), a assuré un appui administratif. Pilar Philip et François Iglesias (CFE) ont coordonné la publication. La composante statistique du rapport est disponible sur la plateforme statistique en ligne de l'Organisation, OECD.Stat.

Richard Dickinson (*Tomorrow's Tourism*) a fourni les éléments nécessaires à la rédaction du chapitre 1 et des profils par pays. Le chapitre 3 a été rédigé par Susanne Becken et Daniel Scott (Université de Surrey), avec des contributions du Secrétariat. Le rapport a en outre bénéficié des contributions et commentaires de collègues de l'OCDE travaillant au sein du Centre pour l'entrepreneuriat, les PME, les régions et les villes (CFE) et de la Direction de l'environnement (ENV).

Cofinancé par l'Union européenne

* Ce document a été produit avec le soutien financier de l'Union européenne. Les opinions qui y sont exprimées ne peuvent en aucun cas être considérées comme reflétant le point de vue officiel de l'Union européenne.

Table des matières

Guide de lecture

Le présent Guide de lecture fournit des indications et des notes méthodologiques sur les sources de données utilisées dans cet ouvrage, à savoir : Recommandations internationales sur les statistiques du tourisme 2008 ; Compte satellite du tourisme : recommandations concernant le cadre conceptuel 2008 ; et Manuel de la balance des paiements et de la position extérieure globale.

Les données, métadonnées et sources statistiques du présent rapport sont accessibles en ligne auprès d'une source unique et consolidée de statistiques sur le tourisme : http://stats.oecd.org/. Les différentes séries de données peuvent être consultées au moyen des liens suivants : Tourisme interne, Tourisme récepteur, Tourisme émetteur, Entreprises et emploi, Consommation du tourisme intérieur, Indicateurs clés en pourcentage.

Les données sont conformes aux principales références méthodologiques et normes internationales utilisées pour les statistiques du tourisme :

- Recommandations internationales sur les statistiques du tourisme 2008, ONU/OMT *https://unstats.un.org/unsd/publication/SeriesM/seriesm_83rev1f.pdf*.
- Compte satellite du tourisme : recommandations concernant le cadre conceptuel 2008, ONU/OMT/EUROSTAT/OCDE, *http://unstats.un.org/unsd/publication/Seriesf/SeriesF_80rev1f.pdf*
- Sixième édition du Manuel de la balance des paiements et de la position extérieure globale 2010, FMI, *https://www.imf.org/external/french/pubs/ft/bop/2007/bopman6f.pdf*.

Cette note présente de manière synthétique les définitions retenues. Pour plus de détails, il convient de se reporter aux outils méthodologiques susmentionnés

Recommandations internationales sur les statistiques du tourisme (RIST)

Les Recommandations internationales sur les statistiques du tourisme (RIST) offrent un cadre commun de référence que les pays peuvent utiliser pour produire des statistiques sur le tourisme. Elles présentent un système cohérent de définitions, de concepts, de classifications et d'indicateurs, et donnent des orientations générales sur les sources de données et les méthodes de production des données.

Le tourisme peut être considéré comme un phénomène social, culturel et économique lié à la circulation des personnes en dehors de leur lieu de résidence habituel. Il fait référence à l'activité des visiteurs.

Un **visiteur** est un voyageur qui se rend dans une destination principale en dehors de son environnement habituel, pour moins d'un an, quelle qu'en soit la raison principale (affaires, loisirs ou autres raisons personnelles) – autre qu'un emploi dans le pays ou le lieu visité.

Un **touriste** est un visiteur dont le voyage comporte une nuit sur place ; sinon, on parle de visiteur de la journée (ou excursionniste).

On distingue trois types de tourisme :

- Le **tourisme interne**, qui désigne les activités d'un visiteur résident dans le pays de référence.
- Le **tourisme récepteur**, qui désigne les activités d'un visiteur non résident dans le pays de référence.
- Le **tourisme émetteur**, qui désigne les activités d'un visiteur résident en dehors du pays de référence.

Mesure des flux de visiteurs : on se réfère à la fois aux arrivées et aux nuitées pour évaluer les flux de visiteurs. Une distinction est opérée entre, d'une part, les arrivées aux frontières et dans les structures d'hébergement et, d'autre part, les nuitées dans les structures d'hébergement. Pour les séjours d'au moins une nuitée, les statistiques sur l'hébergement sont une source d'information statistique importante sur les visiteurs internes et non résidents.

Compte satellite du tourisme : recommandations concernant le cadre conceptuel (CST-RCC)

Le Compte satellite du Tourisme (CST) est un cadre conceptuel qui vise à mesurer le poids économique du tourisme dans ses différentes composantes (interne, récepteur et émetteur). Il met également en évidence la relation entre la consommation du tourisme par les visiteurs et l'offre de biens et services dans l'économie, principalement dans les différentes branches du tourisme. Cet instrument permet d'estimer le PIB du tourisme, de déterminer la contribution directe du tourisme à l'économie et de procéder à d'autres analyses grâce aux liens entre le CST, le système de comptabilité nationale et la balance des paiements.

Produits et activités caractéristiques du tourisme

Le CST met en cohérence les données relatives à l'offre et à la demande touristiques. La mesure et l'analyse du tourisme nécessitent donc une taxonomie des produits (principalement ceux relevants des dépenses touristiques) et des activités productives qui forment la base de la définition des branches du tourisme. Les activités caractéristiques du tourisme sont celles qui débouchent généralement sur des **produits caractéristiques du tourisme**. Une **branche du tourisme** (ou « industrie du tourisme », dans le CST) désigne un groupe d'établissements ayant pour activité principale la même activité caractéristique du tourisme.

On trouve dans les documents de référence RIST 2008 et CST-RCC 2008 une typologie des produits et activités de consommation caractéristiques du tourisme (branches, ou « industries », du tourisme) :

Produits de consommation caractéristiques du tourisme	Activités caractéristiques du tourisme (industries du tourisme)
Services d'hébergement des visiteurs	Hébergement des visiteurs
Services de restauration	Activités de restauration
Services de transport ferroviaire de voyageurs	Transport ferroviaire de voyageurs
Services de transport routier de voyageurs	Transport routier de voyageurs
Services de transport par voie d'eau de voyageurs	Transport de voyageurs par voie d'eau
Services de transport aérien de voyageurs	Transport aérien de voyageurs
Services de location de matériel de transport	Location de matériel de transport
Services des agences de voyage et autres services de réservation	Agences de voyages et autres activités de services de réservation
Services culturels	Activités culturelles
Services sportifs et autres services récréatifs	Sports et activités récréatives
Biens caractéristiques du tourisme propre aux pays	Commerce de détail de biens caractéristiques du tourisme propre aux pays
Services caractéristiques du tourisme propre aux pays	Autres activités caractéristiques du tourisme propre aux pays

Note : pour toute information sur le champ exact couvert, veuillez vous référer aux annexes 2 et 3 des RIST 2008.

Consommation du tourisme intérieur

Le cadre du CST établit une distinction entre les dépenses touristiques et la consommation touristique (qui y est appelée « consommation du tourisme »). Les dépenses touristiques renvoient à des transactions monétaires, tandis que la consommation touristique inclut également d'autres transactions : les services associés à l'hébergement de vacances pour compte propre, les transferts sociaux en nature du tourisme et les autres consommations imputées. Toutefois, ces dernières transactions doivent être évaluées séparément. Ainsi, en fonction du pays, les données peuvent donc faire référence soit à la consommation, soit aux dépenses.

On distingue 3 formes de consommation :

- La **consommation du tourisme interne** : La consommation du tourisme d'un visiteur résident dans l'économie de référence.
- La **consommation du tourisme récepteur** : La consommation du tourisme d'un visiteur non résident dans l'économie de référence.
- La **consommation du tourisme intérieur** : La consommation du tourisme des visiteurs aussi bien résidents que non résidents dans l'économie de référence. Elle est la somme de la consommation du tourisme interne et de la consommation du tourisme récepteur.

Le produit intérieur brut direct du tourisme et autres agrégats

Le produit intérieur brut (PIB) d'une économie est égal à la somme de la valeur ajoutée brute générée par l'ensemble des secteurs (industries). Le PIB du tourisme correspond à la part du PIB générée par l'ensemble des secteurs en réponse à la consommation du tourisme intérieur. Il convient par ailleurs de distinguer le PIB direct du PIB indirect du tourisme. Schématiquement, le **PIB direct du tourisme** correspond à la valeur ajoutée directe générée par des secteurs directement en contact avec les visiteurs, tandis que le PIB indirect du tourisme correspond à l'ensemble de valeur ajoutée en amont générée par des secteurs qui fournissent des intrants aux secteurs directement en contact avec les visiteurs. Les recommandations du cadre du CST se limitent à l'évaluation du PIB direct du tourisme. L'évaluation du PIB indirect du tourisme nécessiterait le recours à des techniques d'entrées-sorties ou l'ajustement (pour les importations) des indicateurs fondés sur les dépenses.

Tourisme interne, récepteur et émetteur

On recourt à un éventail de sources de données pour mesurer les flux de visiteurs. Des données peuvent être recueillies directement auprès des individus au sujet de leurs voyages touristiques. Ces sources axées sur la demande englobent les enquêtes réalisées auprès des visiteurs ou à la frontière en vue de mesurer les flux de tourisme récepteur, et les enquêtes réalisées auprès des résidents ou des ménages quand il s'agit de mesurer les flux de tourisme interne et émetteur. Ces enquêtes alimentent les tableaux 1 à 4 du CST, qui portent sur la consommation touristique (c'est-à-dire la demande touristique). Des données relatives aux visiteurs internes et en provenance de l'étranger peuvent également être recueillies auprès des professionnels de l'hébergement (du côté de l'offre, donc)

Les données tirées des enquêtes portant sur la demande touristique sont présentées dans les tableaux statistiques des profils par pays. En l'absence de données issues de telles sources, ou quand certaines données manquent, on a recours aux données tirées des enquêtes sur l'hébergement touristique.

On trouvera des indications plus détaillées sur les sources de données utilisées pour chaque pays dans les séries de données correspondantes et les métadonnées de la base de données en ligne sur le tourisme http://stats.oecd.org/.

Manuel de la balance des paiements et de la position extérieure globale – sixième édition

Les postes suivants de la balance des paiements sont utilisés pour évaluer les flux monétaires liés aux visiteurs.

Voyages

Au crédit de la balance des paiements (**recettes liées aux voyages internationaux, ou crédits de voyages**), les voyages recouvrent les biens et services que les non-résidents acquièrent dans une économie, pour leur propre usage ou à des fins de cadeaux, au cours de leur séjour dans cette économie. Au débit de la balance des paiements (**dépenses liées aux voyages internationaux, ou débits de voyages**), les voyages recouvrent les biens et services que les résidents d'une économie acquièrent dans d'autres économies, pour leur propre usage ou à des fins de cadeaux, au cours de leur séjour dans ces économies.

Les biens et services peuvent être achetés par les personnes concernées, ou par un tiers pour leur compte (ex. : les voyages professionnels). Les composantes types des voyages sont les voyages à titre professionnel et les voyages à titre personnel. Les *voyages à titre professionnel* recouvrent les biens et les services acquis pour leur usage personnel par les personnes qui se rendent à l'étranger essentiellement pour des raisons professionnelles. Les *voyages à titre personnel* recouvrent les biens et services acquis par les personnes qui se rendent à l'étranger pour des raisons autres que professionnelles, par exemple pour y passer leurs vacances, pour participer à des activités à caractère récréatif ou culturel, pour rendre visite à des parents et amis, pour accomplir un pèlerinage ou pour faire des études ou recevoir des soins médicaux. Cette ventilation assure des liens plus étroits avec les comptes satellites du tourisme et les tableaux des ressources et des emplois.

Services aux passagers

Les services aux passagers se rapportent au transport de personnes. Ils recouvrent tous les services de transports internationaux fournis aux non-résidents par des transporteurs résidents (**recettes liées au transport international de passagers**, au crédit de la balance des paiements) et ceux qui sont fournis aux résidents par des transporteurs non résidents (**dépenses liées au transport international de passagers**, inscrites au débit). Les services aux passagers comprennent le prix du billet et autres dépenses ayant trait au transport de passagers. Y sont inclus les taxes prélevées sur ces services, le prix du billet inclus dans le coût des voyages organisés et le prix des croisières, et les locations, affrètements et locations-exploitations de navires, avions, cars ou autres véhicules commerciaux avec équipage pour le transport de passagers.

Autres définitions

Entreprises touristiques : Un établissement est une entreprise ou une partie d'entreprise, située en un lieu unique, dans laquelle est exercée une seule activité de production ou dont la majeure partie de la valeur ajoutée est attribuable à l'activité de production principale. À des fins de comparabilité entre les pays, et sauf indication contraire, toutes les statistiques relatives aux entreprises se rapportent à des établissements.

Emplois du tourisme : Les données relatives à l'emploi se rapportent à des personnes ou des emplois. Dans le cas des personnes, elles font référence aux salariés uniquement, ou aux salariés et aux travailleurs indépendants (individus ayant un emploi). L'emploi équivalent temps plein est égal au nombre d'emplois équivalents temps plein, lequel se définit comme le nombre total d'heures travaillées divisé par la moyenne annuelle des heures travaillées dans des emplois à plein temps.

Données exprimées en USD : Dans certains tableaux, les données en monnaie locale ont été converties en dollars des États-Unis. Les taux de change sont tirés de la base de données de l'OCDE.

Métadonnées et sources

La grande majorité des données utilisées dans cette publication provient des pays. Le détail de toutes les métadonnées et de toutes les sources figure à la rubrique « Information » (panneau de droite) de la base de données en ligne de l'OCDE https://stats.oecd.org.

Couverture géographique

Les pays Membres de l'OCDE sont : l'Allemagne, l'Australie, l'Autriche, la Belgique, le Canada, le Chili, la Colombie, la Corée, le Costa Rica, le Danemark, l'Espagne, l'Estonie, les États-Unis, la Finlande, la France, la Grèce, la Hongrie, l'Irlande, l'Islande, Israël, l'Italie, le Japon, la Lettonie, la Lituanie, le Luxembourg, le Mexique, la Norvège, la Nouvelle-Zélande, les Pays-Bas, la Pologne, le Portugal, la République slovaque, la République tchèque, le Royaume-Uni, la Slovénie, la Suède, la Suisse et la Türkiye.

Pays partenaires étudiés : Afrique du Sud, Arabie saoudite, Brésil, Bulgarie, Croatie, Indonésie, Malte, Maroc, Monténégro, Pérou, Roumanie et Serbie.

Codes des devises

- AUD Dollar australien
- BGN Lev bulgare
- BRL Réal brésilien
- CAD Dollar canadien
- CHF Franc suisse
- CLP Peso chilien
- COP Peso colombien
- CRC Colon costaricain
- CZK Couronne tchèque
- DKK Couronne danoise
- EUR Euro (Allemagne, Autriche, Belgique, Espagne, Estonie, Finlande, France, Grèce, Irlande, Italie, Lettonie, Lituanie, Luxembourg, Malte, Monténégro, Pays-Bas, Portugal, République slovaque, Slovénie)
- GBP Livre sterling du Royaume-Uni
- HRK Kuna croate
- HUF Forint hongrois
- IDR Roupie indonésienne
- ILS Shekel israélien
- ISK Couronne islandaise
- JPY Yen japonais
- KRW Won coréen
- MAD Dirham marocain
- MXN Peso mexicain
- NOK Couronne norvégienne
- NZD Dollar néo-zélandais

- PEN Sol péruvien
- PLN Zloty polonais
- RON Leu roumain
- RSD Dinar serbe
- SAR Riyal saoudien
- SEK Couronne suédoise
- TRY Lire turque
- USD Dollar des États-Unis
- ZAR Rand sud-africain

Symboles de données manquantes et abréviations

Les symboles suivants sont utilisés dans les tableaux par pays

| Rupture de série

.. Donnée non disponible

e Donnée estimative ou reposant sur un petit volume d'observations

f Donnée prévisionnelle

Dans certains cas, en raison de particularismes des technologies de traitement électronique des données, de petits écarts peuvent survenir entre le total et la somme des éléments de ces tableaux issus de données d'enquête.

Résumé

En heurtant de plein fouet le secteur du tourisme, la crise liée au COVID-19 a mis au jour son rôle de vecteur de prospérité économique, d'emplois, de revenus et de bien-être. Alors que le secteur commençait à se redresser, les retombées économiques et sociales de la guerre menée par la Russie contre l'Ukraine assombrissent de nouveau les perspectives de reprise. Si les acteurs du tourisme tentent de relever ces défis dans un climat d'incertitude, les pouvoirs publics doivent, eux, mener une action soutenue, porteuse de transformations, pour mettre le secteur sur la voie d'un avenir plus résilient, plus durable et plus inclusif.

Tendances du tourisme en période de crise et de reprise

Le secteur du tourisme demeure sérieusement ébranlé par l'ampleur et la durée inédites du choc provoqué par la pandémie du COVID-19. Les restrictions à la circulation des personnes ont touché le cœur même de l'économie touristique, avec, à la clé, de lourdes conséquences économiques et sociales pour les travailleurs et les entreprises du secteur, les destinations, et l'ensemble de l'écosystème touristique. Alors que le tourisme international était quasiment au point mort partout dans le monde au plus fort de la pandémie, et que le tourisme interne était soumis à de fortes restrictions dans de nombreux pays, la contribution directe du secteur au PIB a reculé de 1.9 point de pourcentage (à 2.8 %) et la part des exportations de services a perdu 10.6 points de pourcentage en moyenne (à 9.9 %) dans les pays de l'OCDE.

Le tourisme a connu un fort rebond en 2022 sous l'effet du rattrapage de la demande et de la levée des restrictions de déplacement. Mais le ralentissement économique et l'instabilité géopolitique provoqués par la guerre menée par la Russie contre l'Ukraine font naître de nouvelles incertitudes qui viennent se greffer sur cette reprise déjà fragile et inégale selon les pays. Si le tourisme interne, qui a sauvé de nombreux emplois et entreprises pendant la pandémie, devrait renouer dès 2023 avec ses niveaux antérieurs, la reprise pleine et entière du tourisme international ne devrait pas se concrétiser avant 2025 au plus tôt.

Les entreprises du tourisme, qui peinent déjà à sortir de la crise pandémique, doivent désormais faire face à la hausse des coûts de l'énergie, des produits alimentaires et autres ressources, ainsi qu'aux pénuries de main-d'œuvre et au déficit de compétences. À cela s'ajoute la hausse du coût de la vie qui pèse sur le budget des ménages, sachant que les dépenses discrétionnaires comme le tourisme comptent parmi les premiers postes d'économie. À l'heure où les pouvoirs publics et les entreprises cherchent les moyens de relever ces nouveaux défis, le risque est réel de voir se gripper la dynamique en faveur d'un tourisme plus résilient, plus durable et plus inclusif.

Transformer le tourisme dans la perspective d'un avenir plus solide et plus durable : les priorités de l'action publique

Le choc sans précédent qu'a connu le secteur du tourisme a poussé les pouvoirs publics, à tous les niveaux, ainsi que le secteur privé, à agir de manière coordonnée afin de favoriser une reprise durable et résiliente et la pérenniser. En dépit de ses lourdes répercussions qui ont menacé la survie de bon nombre d'entreprises, le choc a produit quelques effets positifs. En effet, il a provoqué aux plus hauts niveaux une prise de conscience de l'importance du tourisme sur le plan économique et social, qui a incité les pouvoirs publics à prendre des mesures aussi inédites les unes que les autres afin d'aider les entreprises, les travailleurs du secteur et les visiteurs, avec, à l'appui, de nouvelles collaborations entre secteurs public et privé. De son côté, la pandémie a accéléré la dynamique en faveur d'un tourisme plus durable et plus résilient. Forts de ces expériences, les décideurs publics ont désormais la capacité de s'attaquer aux défis qui se posent aujourd'hui et se poseront demain au secteur du tourisme.

Le rétablissement d'une mobilité sûre et de la confiance des consommateurs demeure une priorité, de même que le soutien aux entreprises et destinations touristiques fragiles, confrontées aux pénuries de main d'œuvre et de compétences, ou encore les investissements nécessaires pour diversifier l'offre touristique. Il est également essentiel de ne pas laisser passer les occasions de s'atteler aux priorités à long terme, de repenser le système touristique et de le préparer à faire face aux chocs futurs tout en évoluant vers des modèles plus solides, plus justes et plus durables de développement touristique.

Pour ce faire, il faut à la fois tirer les enseignements du passé et regarder vers l'avenir. Pour bâtir un avenir meilleur pour le secteur, il faut corriger les faiblesses structurelles qui l'ont entravé par le passé, ne serait-ce que pour éviter de retomber dans les travers d'un développement touristique déséquilibré et garantir les emplois, le bien-être et les autres avantages qu'apportent les flux touristiques aux collectivités locales. À terme, il faudra accélérer la transition verte de la reprise et l'action climatique, et prendre les mesures d'atténuation et d'adaptation nécessaires, y compris en matière de financement et d'investissement, pour que le tourisme puisse jouer son rôle. Dans le même temps, il faudra faire en sorte que le secteur puisse tirer pleinement parti des possibilités offertes par la transition numérique (domaine dans lequel de nombreuses entreprises et destinations touristiques sont encore à la traîne malgré un recours accru au numérique pendant la pandémie), notamment en ce qui concerne l'accès aux compétences et aux infrastructures.

Principaux messages à l'intention des décideurs publics

Promouvoir des politiques globales, agiles, tournées vers l'avenir, propres à bâtir un avenir meilleur pour le tourisme

- Promouvoir des stratégies ouvertes sur l'avenir visant à stimuler la reprise, accélérer la transition verte et la transition numérique, et renforcer les capacités des administrations afin d'aider le secteur à s'organiser, réagir et s'adapter face aux chocs futurs.
- Mettre à profit les approches innovantes pour concevoir et mettre en place, en coopération avec le secteur privé et la société civile, des mesures adaptées dans le contexte du COVID-19, permettant de procéder à la transformation structurelle nécessaire pour rendre le secteur plus solide et plus durable, et aborder les futurs enjeux de la politique touristique.

Renforcer la résilience de l'écosystème du tourisme

- Favoriser l'instauration de conditions d'activité permettant aux PME du tourisme de réussir et de se renforcer, en améliorant l'accès au financement, en développant les compétences et les capacités, et en faisant progresser les pratiques vertes et numériques.
- Encourager la collaboration entre acteurs de l'écosystème touristique, afin de savoir réagir et s'adapter aux événements, de mettre en commun les informations et les données l'expérience, et de mieux cerner les risques qui se posent et les chances à saisir.

- Soutenir des destinations durables et variées à l'aide de plans de gestion des destinations souples, conçus sur mesure et dotés de ressources suffisantes, de dispositifs de suivi efficaces et de la participation des acteurs concernés.
- Produire des données robustes et comparables et mettre au point des outils afin de mesurer et d'observer de près la capacité de résilience du tourisme, de combler les lacunes dans les données, et d'apporter des éléments d'information qui permettront de réagir rapidement et de prendre des décisions efficaces lors des crises futures.

Promouvoir une reprise verte du tourisme

- Élaborer des stratégies globales de longue durée proposant une vision durable du tourisme, des objectifs et des ambitions, et assorties de plans d'action et de dispositifs permettant de mobiliser des ressources et d'assurer la coordination à l'échelle de l'administration.
- Mettre en œuvre une panoplie de mesures fondées sur des données factuelles privilégiant les interventions à fort impact tout au long de la chaîne de valeur touristique, afin de mieux faire connaître, réglementer et encourager les pratiques vertes et l'investissement.
- Promouvoir une « culture carbone » et renforcer la capacité des acteurs du tourisme à élaborer des solutions innovantes, offrir des solutions de voyages durables, et aider les entreprises à réduire leur impact environnemental.
- Tirer parti de l'intervention des pouvoirs publics dans la promotion de la transition verte pour mettre en place des infrastructures touristiques ayant fait l'objet de marchés publics ou financées par des fonds publics qui contribueront à un développement touristique résilient à l'environnement et au climat.

Chapitre 1. Tendances du tourisme et politiques à l'appui de la reprise

Ce chapitre couvre les tendances récentes du tourisme, ainsi que l'évolution connexe de la gouvernance et de l'action publique, dans le contexte de la pandémie de COVID-19 et de la guerre menée par la Russie en Ukraine. Il s'appuie sur les informations relatives aux mesures prises et sur les statistiques fournies par les pays membres et partenaires de l'OCDE. Ce chapitre décrit les conséquences économiques et sociales de la crise du tourisme provoquée par la pandémie et examine les principaux défis et perspectives qui se dessinent à l'avenir, notamment dans un contexte économique et géopolitique de plus en plus incertain. Il définit le rôle que les pouvoirs publics devraient jouer afin de soutenir une reprise du tourisme durable, résiliente et inclusive, et analyse les priorités, les réformes et les avancées des politiques touristiques en mettant en avant les pratiques de certains pays.

Le secteur du tourisme est durement mis à l'épreuve par l'intensité et la durée de la crise déclenchée par le COVID-19. Les restrictions à la circulation des personnes ont frappé l'économie du tourisme en plein cœur, entraînant un arrêt quasi total de l'activité touristique à l'échelle mondiale au plus fort de la pandémie. Du fait de ses répercussions à la fois sur l'économie et sur la santé, cette crise est inédite par son ampleur et sa durée. Elle a eu des conséquences dévastatrices sur les communautés locales, les régions et les entreprises de tourisme, dont 85 % sont des PME.

Alors que l'économie du tourisme commençait à rebondir après la pandémie, la guerre menée par la Russie en Ukraine a porté un nouveau coup aux perspectives de reprise. Ce conflit engendre de nouvelles incertitudes concernant la reprise du tourisme. Dans un contexte où les répercussions de la pandémie se font encore sentir, la guerre tire la croissance vers le bas et renforce les tensions sur les prix, sur fond de resserrement du marché du travail. Les entreprises touristiques, déjà fragilisées, sont confrontées à une hausse des coûts de l'énergie, de l'alimentation et des autres intrants, et la crise du coût de la vie pèse sur le pouvoir d'achat des consommateurs, les dépenses facultatives telles que le tourisme faisant partie des premiers postes susceptibles d'être supprimés.

Le fort rebond du tourisme observé dans de nombreux pays en 2022 correspondait à une demande de rattrapage, mais montre des signes de faiblesse. Le climat économique et géopolitique met le secteur sous tension, ce qui donne lieu à des perspectives très incertaines. Alors que le tourisme fait face à ces difficultés, les faiblesses structurelles nouvelles et existantes s'aggravent, et les tendances économiques, sociales, politiques, environnementales et technologiques à grande échelle continuent de pénaliser le secteur.

À l'heure où les pouvoirs publics relèvent ces défis majeurs, des mesures transformatrices s'imposent pour mettre le secteur du tourisme sur la voie d'un avenir plus résilient, durable et inclusif. À tous les niveaux de l'administration, des mesures coordonnées et tournées vers l'avenir mises en place en collaboration avec le secteur privé, s'avèrent plus que jamais nécessaires pour appuyer une reprise durable des entreprises et des destinations touristiques dans l'ensemble de l'écosystème du tourisme. Des mesures doivent également être prises pour préparer les futurs chocs, réussir le virage du numérique, accompagner la transition vers la sobriété en carbone et favoriser la transformation structurelle nécessaire pour bâtir une économie du tourisme plus forte et plus durable.

La crise du COVID-19 a mis en évidence le rôle du tourisme en tant que moteur de la prospérité économique

Le tourisme est un moteur de la prospérité économique, et la crise a été un rappel important du rôle vital que le tourisme joue dans l'économie locale, nationale et mondiale. Avant la pandémie, le secteur du tourisme contribuait directement à hauteur de 4.4 % au PIB et de 6.9 % à l'emploi, et était à l'origine de 20.5 % des exportations de services dans les pays de l'OCDE, en moyenne. Composante cruciale d'une économie des services en pleine expansion, ce secteur apporte des recettes et des devises, crée des emplois, stimule le développement régional et fait vivre les populations locales. Dans de nombreux pays, le tourisme progressait à un rythme plus rapide que l'économie nationale avant la pandémie.

Du fait du bouleversement sans précédent causé par le COVID-19, la contribution directe moyenne du tourisme au PIB est tombée à 2.8 % dans les pays de l'OCDE déclarants en 2020[1]. Cela équivaut à une baisse moyenne de 1.9 point de pourcentage par rapport à la part affichée avant le COVID-19 (Graphique 1.1).

Les répercussions économiques directes du secteur du tourisme sont considérables et s'étendent à l'ensemble de l'économie. Les pays où le secteur du tourisme occupait une place importante avant le COVID-19, comme l'Islande (8.1 % du PIB), le Mexique (8.0 %) et le Portugal (8.1 %), ont enregistré quelques-unes des plus fortes baisses de la contribution directe du tourisme au PIB, et de leur PIB global (Graphique 1.2). L'analyse de l'OCDE montre que la taille du secteur touristique avant la pandémie explique mieux les différences au niveau de l'incidence sur le PIB d'un pays à l'autre en 2020 que l'exposition à tout autre secteur considéré comme particulièrement vulnérable au COVID-19 ou que le niveau moyen de rigueur des mesures de confinement globales prises dans les pays en 2020 (Rustelli et Turner, 2021[1]). Ces répercussions sont également très localisées. Les territoires où le tourisme représente une part importante de l'économie locale sont particulièrement touchés, comme la Corse en France, les îles Ioniennes en Grèce et les Baléares et les Canaries en Espagne, ainsi que la côte d'Algarve au Portugal (OCDE, à paraître[2] ; OCDE, 2020[3]).

Graphique 1.1. Contribution directe du tourisme d'un échantillon de pays de l'OCDE, avant le COVID-19 et en 2020

En pourcentage du PIB, 2019 (ou dernière année disponible avant le COVID-19) et 2020

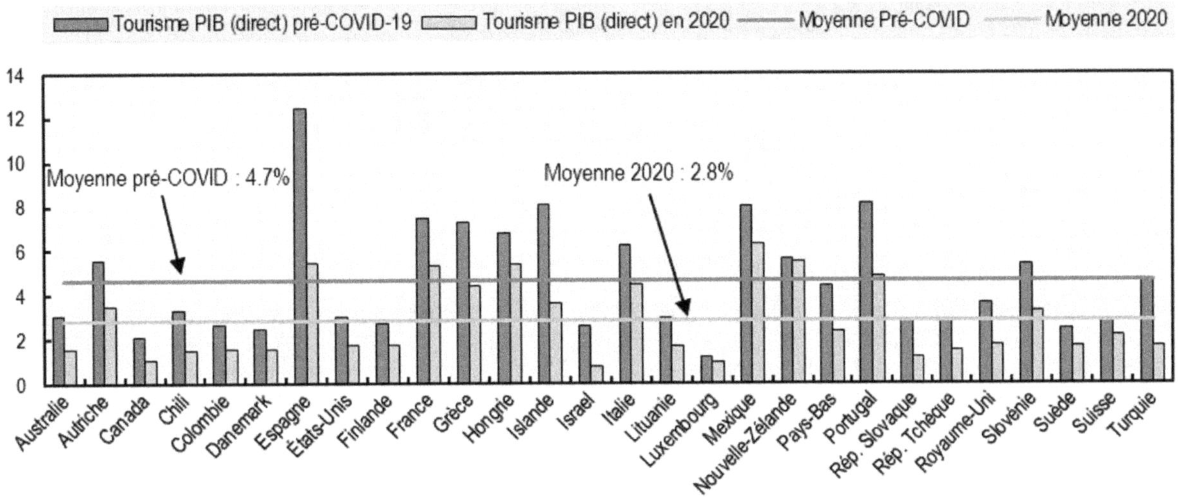

Note : Le PIB directement tiré du tourisme est l'indicateur privilégié. « Pré COVID » correspond à 2019 ou à la dernière année avant la pandémie pour laquelle des données sont disponibles. On utilise la VAB directe du tourisme pour le Canada, la Colombie, le Danemark, les États Unis, la Finlande, la Grèce, la Hongrie, Israël, l'Italie, la Lituanie, la Nouvelle Zélande, les Pays Bas, le Portugal, le Royaume Uni, la Suisse et la Türkiye. Les chiffres relatifs à l'Espagne englobent les effets directs et indirects. Les données de la France font référence à la consommation du tourisme intérieur, en pourcentage du PIB ; elles se fondent sur les parts à prix constants.
Source : Statistiques sur le tourisme (base de données)

StatLink https://stat.link/adz68u

Les répercussions indirectes du tourisme sont également importantes, en raison des liens avec les secteurs en amont. Les estimations de l'OCDE datant d'avant la pandémie indiquent que plus d'un tiers de la valeur ajoutée générée dans l'économie nationale par le biais du tourisme provient de ses effets indirects, et reflète ainsi l'ampleur et la profondeur des liens entre le tourisme et d'autres secteurs (comme la production alimentaire, l'agriculture, les transports, les services aux entreprises) (OCDE, 2019[4]).

Les programmes de maintien dans l'emploi ont contribué à atténuer l'impact de la pandémie sur l'emploi dans le secteur du tourisme, mais la pénurie de main-d'œuvre et le déficit de qualifications risquent de freiner la reprise. La part du tourisme dans l'emploi total est tombée à 4.3 % en 2020 dans l'ensemble des pays déclarants de l'OCDE[2] qui ont préparé un Compte satellite du tourisme, ce qui représente en moyenne une baisse de 0.8 point de pourcentage pour ce groupe de pays par rapport aux chiffres pré-COVID. Cependant, ces aides n'ont pas concerné tous les travailleurs, notamment certains indépendants tels que les guides touristiques et les travailleurs informels du secteur. Les perturbations qui ont touché la filière ont également incité de nombreux travailleurs à chercher des emplois plus stables dans d'autres secteurs. Au premier trimestre 2022, l'emploi dans le secteur des services d'hébergement et de restauration était inférieur de 9.0 % en moyenne au niveau enregistré avant le COVID-19 (OCDE, 2022[5]).

Graphique 1.2. Corrélation entre la contribution directe du tourisme avant le COVID-19 et la croissance du PIB en 2020 dans un échantillon de pays de l'OCDE

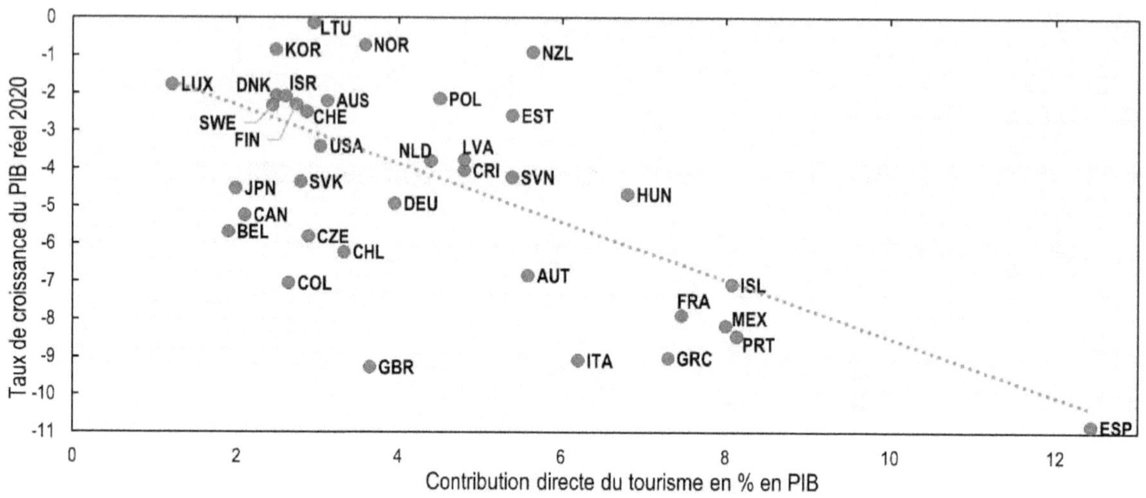

Note : Le PIB directement tiré du tourisme est l'indicateur privilégié. « Pré COVID » correspond à 2019 ou à la dernière année avant la pandémie pour laquelle des données sont disponibles. On utilise la VAB directe du tourisme pour le Canada, la Colombie, le Danemark, les États Unis, la Finlande, la Grèce, la Hongrie, Israël, l'Italie, la Lituanie, la Nouvelle Zélande, les Pays Bas, le Portugal, le Royaume Uni, la Suisse et la Türkiye. Les chiffres relatifs à l'Espagne englobent les effets directs et indirects. Les données de la France font référence à la consommation du tourisme intérieur, en pourcentage du PIB ; elles sont indiquées en parts à prix constants.
Source : Statistiques de l'OCDE sur le tourisme (base de données) et Perspectives économiques de l'OCDE (base de données)

StatLink https://stat.link/vi6mlo

Le redressement récent du tourisme international a fait naître l'espoir d'une reprise tirée par la demande

Le tourisme international a été décimé par la crise et la reprise observée en 2022 est alimentée par une demande de rattrapage et la levée des restrictions de déplacement dans la plupart des pays. À la suite de la fermeture des frontières internationales et de la mise en place des restrictions de déplacement, les arrivées de touristes internationaux ont chuté de 72 % dans le monde pour s'établir à 409 millions en 2020, et n'ont enregistré qu'une amélioration minime en 2021 (OMT, 2022[6]). Cette baisse spectaculaire des flux touristiques internationaux a fait suite à soixante années de croissance régulière. Les dernières données disponibles indiquent qu'à l'échelle mondiale, en juillet 2022, les flux touristiques internationaux atteignaient près de 60 % du niveau affiché avant la pandémie. Les arrivées de touristes internationaux ont presque triplé entre janvier et juillet 2022 par rapport à la même période en 2021. L'Europe et le Moyen-Orient ont été les moteurs de la reprise (avec des arrivées atteignant respectivement 74 % et 76 % des niveaux de 2019), suivis par les Amériques et l'Afrique. Cependant, en juillet 2022, les arrivées dans la région Asie-Pacifique restaient inférieures de 86 % aux niveaux de 2019 (OMT, 2022[6]).

Les pays de l'OCDE jouent un rôle d'impulsion, mais la reprise est très variable d'un pays à l'autre, les pouvoirs publics adoptant des stratégies différentes s'agissant de la réouverture de leurs frontières. Les arrivées de touristes internationaux dans les pays de l'OCDE ont chuté de 68 % en 2020 pour s'établir en moyenne à 262 millions, une baisse légèrement inférieure à la moyenne mondiale. La légère amélioration enregistrée en 2021 (+ 16 % pour un total de 303 millions de touristes) a été supérieure à la moyenne mondiale (+ 9 %) et les données disponibles indiquent que cette tendance s'est maintenue en 2022. Les pays de l'OCDE ont accueilli les deux tiers des arrivées de touristes internationaux en 2021 (68 %, contre 57 % en 2019). Cette évolution reflète les différentes mesures prises par les pouvoirs publics et la réouverture rapide au tourisme transfrontalier en Europe en particulier. L'accélération des campagnes de vaccination dans la plupart des pays de l'OCDE a également joué un rôle clé. Les pays de la région Asie-Pacifique ont adopté des politiques de déplacements transfrontaliers plus strictes, qui n'ont toujours pas été assouplies. Le Japon, par exemple, a entièrement rouvert ses frontières aux touristes internationaux le 11 octobre 2022.

Tableau 1.1. Arrivées de touristes internationaux dans les pays de l'OCDE et des pays partenaires, 2019-21

	Type d'indicateur	2021	Taux de croissance entre 2019 et 2020	Taux de croissance entre 2020 et 2021	Taux de croissance entre 2019 et 2021
		Milliers	%		
Allemagne[1]	Touristes	11 688	- 69 %	- 6 %	- 70 %
Australie	Visiteurs	246	- 81 %	- 87 %	- 97 %
Autriche[1]	Touristes	12 728	- 53 %	- 16 %	- 60 %
Belgique[1]	Touristes	2 313	- 73 %	28 %	- 66 %
Canada	Touristes	3 062	- 87 %	3 %	- 86 %
Chili	Touristes	190	- 75 %	- 83 %	- 96 %
Colombie	Visiteurs	2 123	- 69 %	52 %	- 53 %
Corée	Visiteurs	967	- 86 %	- 62 %	- 94 %
Costa Rica	Touristes	1 347	- 68 %	33 %	- 57 %
Danemark	Touristes	7 047	- 60 %	19 %	- 52 %
Espagne	Touristes	31 181	- 77 %	65 %	- 63 %
Estonie	Touristes	801	- 69 %	- 22 %	- 76 %
États-Unis	Touristes	22 100	- 76 %	15 %	- 72 %
Finlande[1]	Touristes	807	- 73 %	- 10 %	- 75 %
France	Touristes	48 395	- 54 %	16 %	-47 %
Grèce	Visiteurs	15 246	- 78 %	106 %	- 55 %
Hongrie	Touristes	6 973	- 58 %	5 %	- 56 %
Irlande[2]	Touristes	2 700	- 78 %	29 %	- 71 %
Islande	Touristes	698	- 78 %	44 %	- 68 %
Israël	Touristes	397	- 82 %	- 52 %	- 91 %
Italie	Touristes	26 888	- 61 %	7 %	- 58 %
Japon	Visiteurs	246	- 87 %	- 94 %	- 99 %
Lettonie	Touristes	478	- 67 %	- 25 %	- 75 %
Lituanie	Touristes	948	- 67 %	1 %	- 67 %
Luxembourg[1]	Touristes	756	- 50 %	44 %	- 27 %
Mexique	Touristes	31 860	- 46 %	31 %	- 29 %
Norvège[1]	Touristes	1 435	- 76 %	3 %	- 76 %
Nouvelle-Zélande	Visiteurs	207	- 74 %	- 79 %	- 95 %
Pays-Bas[1]	Touristes	6 248	- 64 %	- 14 %	- 69 %
Pologne[1]	Touristes	9 722	- 60 %	15 %	- 54 %
Portugal	Touristes	6 345	- 76 %	51 %	- 63 %
République slovaque[1]	Touristes	576	- 65 %	- 33 %	- 77 %
République tchèque	Touristes	3 768	- 73 %	- 4 %	- 74 %
Royaume-Uni	Visiteurs	6 194	- 73 %	- 44 %	- 85 %

	Type d'indicateur	2021	Taux de croissance entre 2019 et 2020	Taux de croissance entre 2020 et 2021	Taux de croissance entre 2019 et 2021
		Milliers		%	
Slovénie[1]	Touristes	1 832	- 74 %	51 %	- 61 %
Suède	Touristes	...	- 74 %	...	...
Suisse	Touristes	4 390	- 69 %	19 %	- 63 %
Türkiye	Touristes	29 925	- 69 %	88 %	- 42 %
Afrique du Sud	Touristes	2 256	- 73 %	- 19 %	- 78 %
Arabie saoudite	Touristes	3 477	- 76 %	- 16 %	- 80 %
Brésil	Touristes	...	- 66 %	...	...
Bulgarie	Visiteurs	7 188	- 60 %	45 %	- 43 %
Croatie[1]	Touristes	10 641	- 68 %	92 %	- 39 %
Indonésie	Touristes	1 546	- 74 %	- 61 %	- 90 %
Malte	Touristes	968	- 76 %	47 %	- 65 %
Maroc	Touristes	3 722	- 79 %	34 %	- 71 %
Monténégro[1]	Touristes	1 554	- 86 %	343 %	- 38 %
Pérou	Touristes	444	- 79 %	- 50 %	- 90 %
Roumanie[1]	Touristes	841	- 83 %	85 %	- 69 %
Serbie[1]	Touristes	871	- 76 %	95 %	- 53 %
EU27		218 512	- 66 %	21 %	- 59 %
Membres de l'OCDE		302 829	- 68 %	16 %	- 63 %
Monde[3]		446 000	- 72 %	9 %	- 70 %

Note : Pour en savoir plus, veuillez vous reporter aux profils par pays.
Touristes : arrivées de touristes internationaux (hors visiteurs de la journée).
Visiteurs : arrivées de visiteurs internationaux (visiteurs de la journée compris).
[1]Données des enquêtes menées auprès des professionnels.
[2]Les chiffres relatifs à l'Irlande correspondent à une estimation pour 2020 et sont provisoires pour 2021.
[3]Données de l'OMT (Baromètre OMT du tourisme mondial, annexe statistique, septembre 2022).
Source : Statistiques de l'OCDE sur le tourisme (base de données).

Même dans les pays ayant enregistré les baisses les plus modestes d'arrivées internationales en 2020, le choc a été sans précédent, et le tourisme récepteur est resté nettement inférieur aux niveaux de 2019 tout au long de l'année 2021. Par exemple, les touristes internationaux se rendant au Mexique ont diminué de près de moitié (46 %) en 2020, en dépit d'une stratégie d'ouverture des frontières, et le pays se classe au troisième rang des pays de l'OCDE pour le nombre d'arrivées. L'Australie, le Canada, la Corée, Israël et le Japon ont affiché des baisses de plus de 80 % du flux touristique entrant en 2020, l'Australie, le Chili, le Japon et la Nouvelle-Zélande enregistrant à nouveau des diminutions de plus de 80 % en 2021. Le Canada a enregistré une légère hausse des arrivées en 2021 (+ 3 %), tandis que plusieurs autres pays, dont la Grèce (+ 106 % en 2021), l'Espagne (+ 65 %) et la Türkiye (+ 88 %), ont connu un rebond plus marqué en 2021 et début 2022. Le Tableau 1.1 présente la répartition des arrivées de touristes internationaux entre les pays membres de l'OCDE et un échantillon de pays partenaires.

De nombreux pays de l'OCDE ont affiché une forte reprise en 2022, alimentée par la demande apparue avec l'arrivée de l'été dans l'hémisphère nord, mais cette reprise est inégale. En janvier 2022, le tourisme international est resté inférieur de 54.6 % en moyenne au niveau enregistré à la même période en 2019 dans les pays de l'OCDE déclarants. Le nombre d'arrivées s'est amélioré mois après mois, atteignant un niveau 19.9 % en deçà de celui de 2019 en juillet 2022. En Europe, le Danemark, l'Espagne, la Grèce, le Luxembourg, le Portugal et la Slovénie ont observé un nombre d'arrivées supérieur à celui de 2019 ce même mois. Ces chiffrent contrastent fortement avec ceux des pays proches de la Russie et de l'Ukraine, où les arrivées sont toujours sensiblement en retrait, notamment l'Estonie (- 30 %), la Finlande (- 32 %), la Lettonie (- 33 %) et la Lituanie (- 44 %). Le tourisme vers les pays de la région Asie-Pacifique était également au moins 40 % en dessous des niveaux enregistrés avant la pandémie en juillet 2022, notamment en Australie (- 44 %), au Japon (- 95 %) et en Nouvelle-Zélande (- 44 %).

Les principaux marchés et destinations touristiques ont évolué dans le monde entier, reflétant les répercussions et la reprise inégales selon les pays. Les arrivées de touristes internationaux au Mexique et en Türkiye ont dépassé celle des États-Unis, et avec la France, l'Italie et l'Espagne, ces cinq destinations ont accueilli près de 38 % des arrivées mondiales en 2021 (OMT, 2022[6]). La République populaire de Chine a également quitté le classement des cinq premières destinations et, à l'heure de la rédaction de ce rapport, reste fermée aux touristes internationaux. De même, les voyages à l'étranger au départ de la Chine, qui était le plus grand marché de tourisme émetteur et un acteur majeur faisant tourner l'économie touristique mondiale, restent limités.

La baisse des dépenses liées au tourisme international a été moins prononcée que celle des flux de visiteurs. Toutefois, ces résultats doivent être interprétés avec prudence, car ils pourraient être influencés par tout un éventail de facteurs, dont les taux de change, le pouvoir d'achat et les visiteurs en séjour prolongé déjà sur le marché. À l'échelle mondiale, le tourisme était le cinquième secteur d'exportation de services par ordre d'importance en 2019. En 2020, les recettes liées aux voyages internationaux ont chuté de 63.0 % pour s'établir à 548 milliards USD, contre près de 1 483 milliards USD en 2019, et sont restées 58.1 % en deçà des niveaux enregistrés avant le COVID-19 en 2021 (621 milliards USD) (OMT, 2022[6]). Les pays de l'OCDE ont représenté les deux tiers (67.2 %) des recettes liées aux voyages internationaux en 2020, contre 61 % en 2019. Le Tableau 1.2 présente un récapitulatif des recettes (exportations) et des dépenses (importations) liées aux voyages internationaux et de la balance des voyages internationaux dans les pays membres de l'OCDE et partenaires.

Tableau 1.2. Recettes et dépenses liées aux voyages internationaux dans les pays de l'OCDE et des pays partenaires, 2019-20

Millions USD

	Recettes liées aux voyages internationaux		Dépenses liées aux voyages internationaux		Balance des voyages internationaux	
	2019	2020	2019	2020	2019	2020
Allemagne	41 806	22 080	93 243	38 868	- 51 438	- 16 788
Australie	45 709	25 822	35 989	6 766	9 720	19 056
Autriche	22 941	13 848	11 602	4 483	11 339	9 365
Belgique	8 908	6 608	18 758	13 011	- 9 850	- 6 403
Canada	29 776	13 506	35 349	12 081	- 5 573	1 425
Chili	2 303	413	2 459	540	- 157	- 128
Colombie	5 682	1 568	4 935	1 358	747	210
Corée	20 867	10 276	32 739	16 092	- 11 872	- 5 816
Costa Rica	3 989	1 328	1 036	243	2 953	1 085
Danemark	8 652	3 965	10 038	5 630	- 1 386	- 1 665
Espagne	79 709	18 506	27 778	8 650	51 931	9 856
Estonie	1 744	591	1 546	598	197	- 7
États-Unis	198 982	72 481	132 271	34 159	66 711	38 322
Finlande	3 726	1 264	5 680	1 677	- 1 955	- 412
France	63 508	32 564	50 542	27 777	12 966	4 787
Grèce	20 351	4 933	3 072	906	17 279	4 027
Hongrie	7 305	3 205	2 749	1 157	4 556	2 048
Irlande	6 478	1 879	8 256	2 366	- 1 778	- 487
Islande	2 678	659	1 572	524	1 105	135
Israël	7 600	2 500	8 154	1 804	- 554	696
Italie	49 595	19 797	30 338	10 939	19 257	8 858

	Recettes liées aux voyages internationaux		Dépenses liées aux voyages internationaux		Balance des voyages internationaux	
	2019	2020	2019	2020	2019	2020
Japon	46 054	10 701	21 265	5 501	24 790	5 200
Lettonie	1 015	432	749	303	267	129
Lituanie	1 493	579	1 389	542	104	37
Luxembourg	5 785	4 797	3 631	2 764	2 155	2 033
Mexique	24 573	10 996	9 881	3 475	14 692	7 521
Norvège	5 855	1 564	16 513	3 700	- 10 658	- 2 135
Nouvelle-Zélande	10 533	5 751	4 300	1 444	6 233	4 307
Pays-Bas	19 729	10 016	23 124	8 175	- 3 394	1 841
Pologne	14 013	8 199	9 286	5 266	4 727	2 933
Portugal	20 476	8 812	5 736	3 133	14 740	5 679
République slovaque	3 203	1 292	2 589	1 269	614	24
République tchèque	7 303	3 628	5 889	3 423	1 414	205
Royaume-Uni	52 724	18 822	70 616	21 601	- 17 893	- 2 780
Slovénie	3 183	1 370	1 679	820	1 504	551
Suède	9 193	4 373	14 366	6 172	- 5 173	- 1 799
Suisse	17 950	9 064	18 753	9 557	- 803	- 494
Türkiye	29 813	10 221	4 108	1 040	25 705	9 181
Afrique du Sud	8 390	2 607	3 141	928	5 249	1 679
Arabie saoudite	16 431	4 036	15 140	8 533	1 292	- 4 497
Brésil	5 995	3 044	17 593	5 394	- 11 599	- 2 350
Bulgarie	4 287	1 624	1 826	1 039	2 461	585
Croatie	11 773	5 238	1 763	763	10 010	4 475
Indonésie	16 911	3 312	11 308	1 653	5 603	1 658
Malte	1 897	417	530	128	1 367	289
Maroc	8 187	3 848	2 176	1 113	6 010	2 735
Monténégro	1 224	166	58	30	1 166	136
Pérou	3 819	794	2 818	744	1 001	50
Roumanie	3 578	1 431	6 001	3 026	- 2 424	- 1 595
Serbie	1 604	1 245	1 806	1 115	- 201	130
EU27	424 911	182 135	343 794	153 581		
OCDE	905 203	368 408	731 979	267 810		
Monde[1]	1 483 000	548 000	1 483 000	548 000		

Note : Pour en savoir plus, veuillez vous reporter aux profils par pays.
[1]Données de l'OMT (Baromètre OMT du tourisme mondial, annexe statistique, septembre 2022).
Source : Statistiques de l'OCDE sur le tourisme (base de données).

Le tourisme a représenté 0.77 USD de chaque dollar de pertes de revenus liées à la baisse des exportations de services dans les pays de l'OCDE en 2020. Cette proportion passe à 0.90 USD lorsqu'on inclut les recettes liées au transport de passagers. La part du tourisme dans les exportations de services des pays de l'OCDE est passée de 20.5 % en 2019 à 9.9 % en 2020 en moyenne. Tous les pays de l'OCDE ont enregistré une baisse, mais celle-ci a été plus prononcée dans des pays tels que la Colombie, la Grèce et l'Espagne. Le Luxembourg, la Belgique, les Pays-Bas et l'Irlande ont été relativement moins touchés, étant donné que le tourisme représentait moins de 10 % des exportations de services avant la pandémie Graphique 1.3

Graphique 1.3. Contribution du tourisme aux exportations de services, 2019-20

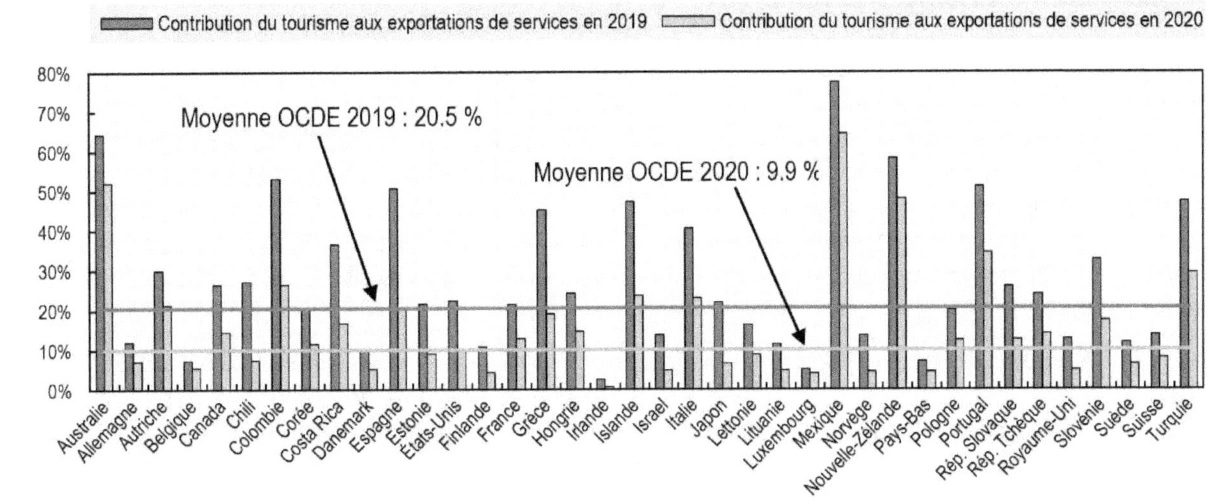

Source : Statistiques de l'OCDE sur les échanges internationaux de services par pays partenaire (base de données), données extraites en septembre 2022.

StatLink https://stat.link/kxnu9d

Les exportations liées au tourisme sont importantes pour l'économie, car elles créent de la valeur ajoutée, directement et indirectement. Quand on analyse le tourisme sous l'angle des échanges en valeur ajoutée, on constate que les dépenses liées au tourisme (en utilisant les dépenses de non-résidents comme indicateur supplétif) ont une plus forte incidence sur l'économie nationale que les exportations totales. Les chiffres de la base de données sur les échanges en valeur ajoutée (TiVA) de l'OCDE montrent qu'en moyenne, 89 % des exportations touristiques produisent de la valeur ajoutée locale dans les pays de l'OCDE, contre 81 % des exportations totales.

Graphique 1.4. Valeur ajoutée locale produite par les dépenses liées au tourisme dans les pays de l'OCDE

Valeur ajoutée locale rapportée aux exportations pour les dépenses des non-résidents et pour l'économie totale

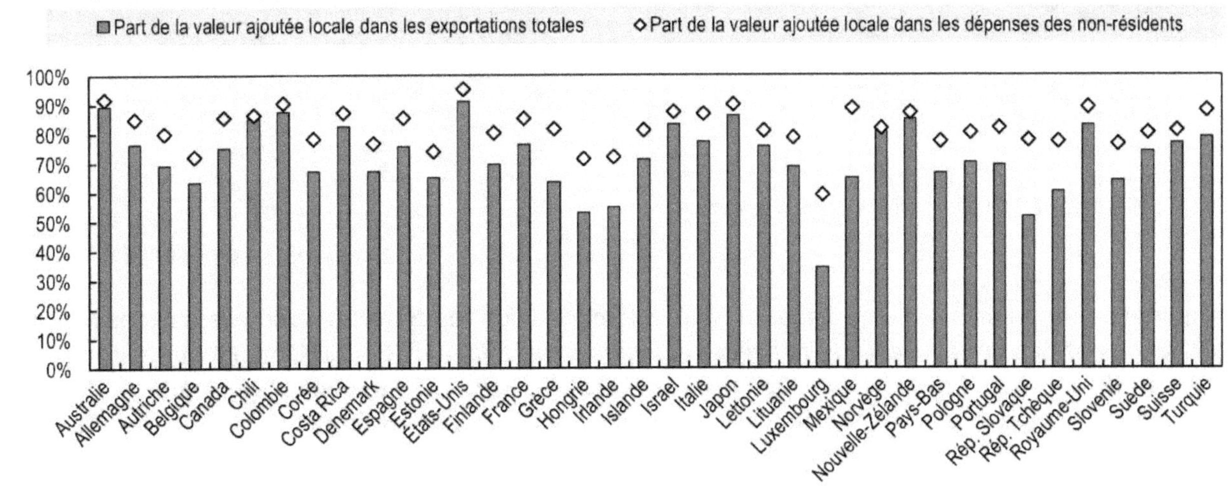

Note : Dépenses des non résidents en tant qu'indicateur supplétif des dépenses liées au tourisme.
Source : Tableaux internationaux des Entrées Sorties de l'OCDE, 2019.

StatLink https://stat.link/y1x29z

Le tourisme interne a aidé à soutenir le secteur, mais ne peut pas compenser le manque à gagner lié au tourisme international

Le tourisme interne a également été durement frappé par la pandémie, mais a mieux résisté que le tourisme international. L'assouplissement des restrictions locales et nationales mi-2020 a permis aux activités du tourisme interne de reprendre plus rapidement que celles du tourisme international dans de nombreux pays. Le tourisme interne a donc redémarré, en partie en raison du maintien des restrictions aux déplacements internationaux, et a bénéficié d'un regain d'intérêt et d'une reconnaissance de son importance, les destinations et les entreprises cherchant à atténuer la perte des marchés internationaux. L'augmentation du marketing national, les bons de voyage et les subventions visant à stimuler la demande de tourisme interne ont également soutenu ce regain d'intérêt.

Longtemps élément moteur du tourisme, la demande intérieure a offert une planche de salut à de nombreux emplois et entreprises depuis le début de la pandémie, mais ne compense pas le manque à gagner sur les marchés internationaux. Même en 2021, les voyages de tourisme interne avec nuitées restaient 19.1 % en deçà des niveaux pré-COVID dans les pays de l'OCDE disposant de données[3]. En effet, seuls le Danemark, l'Islande, le Luxembourg, la Norvège, la Suède et la Suisse ont enregistré une hausse des voyages de tourisme interne avec nuitées en 2020. En 2021, les séjours de tourisme interne ont également dépassé ceux de 2019 en Belgique, en Finlande, en Lituanie et en Slovénie. Dans tous les autres pays de l'OCDE, les voyages internes sont restés inférieurs aux niveaux affichés avant la pandémie.

Graphique 1.5. Consommation du tourisme interne dans un échantillon de pays de l'OCDE, avant le COVID-19 et en 2020

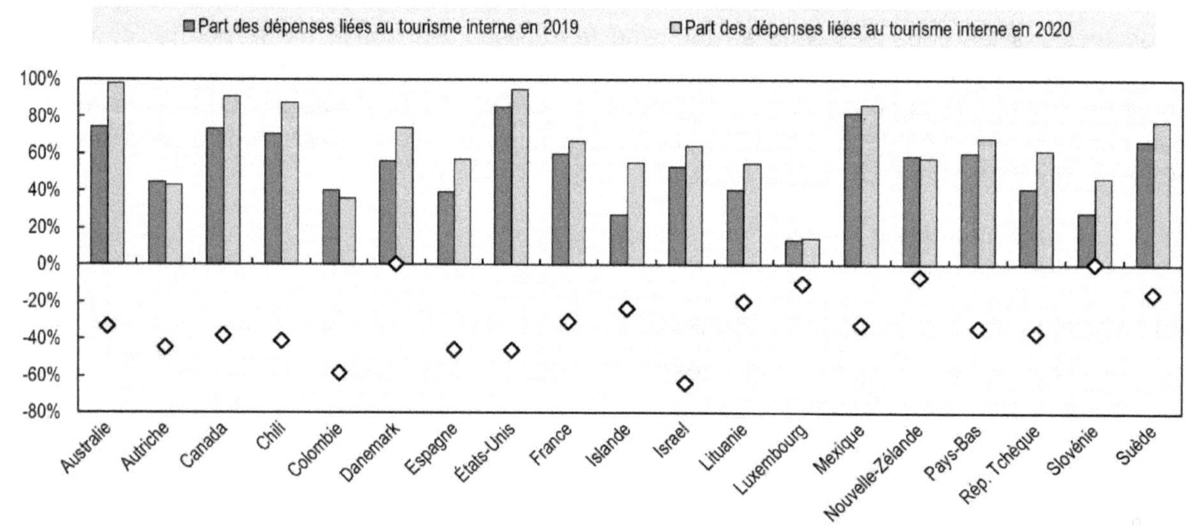

Source : Statistiques de l'OCDE sur le tourisme (base de données).

StatLink https://stat.link/e2tymc

L'importance du tourisme interne varie considérablement selon les pays, et avec elle, l'exposition des destinations et des entreprises à la perte des visiteurs internationaux. Le tourisme interne est la pierre angulaire du secteur dans la plupart des pays de l'OCDE. Avant la pandémie, les résidents étaient à l'origine de 75 % des dépenses touristiques en moyenne. Cependant, cette part est nettement inférieure dans des pays tels que l'Estonie, la Hongrie, l'Islande, le Luxembourg et la Slovénie, où le tourisme interne représentait moins de 30 % des dépenses et où le secteur touristique a donc été davantage exposé à la baisse des flux de visiteurs entrants. En comparaison, dans des pays comme l'Allemagne, l'Australie, le Canada, le Chili, les ÉtatsUnis, le Japon, le Mexique et le RoyaumeUni, le tourisme interne représentait plus de 70 % de la consommation liée au tourisme intérieur avant la pandémie.

L'incidence sur le tourisme interne ayant été globalement plus faible, la part de celuici dans la consommation totale du tourisme a augmenté dans la plupart des économies de l'OCDE (Graphique 1.5). Dans le cas de l'Australie, du Canada et des ÉtatsUnis, le tourisme interne a augmenté jusqu'à représenter plus de 90 % des dépenses touristiques totales durant la pandémie.

Les perspectives incertaines entourant la reprise du tourisme créent de nouveaux défis

La reprise du tourisme en 2022 a dépassé les attentes dans de nombreux pays. Dans une enquête menée auprès des pays membres et des pays partenaires de l'OCDE sur les derniers chiffres du secteur touristique et les perspectives de reprise, près de la moitié des pays répondants a indiqué que le secteur dépassait les attentes en 2022, nombre d'entre eux affichant de solides résultats nationaux. La reprise rapide du tourisme interne, la demande de rattrapage, les pré-réservations et les bons de voyage non utilisés ont contribué à améliorer les perspectives de reprise pour 2022. Toutefois, dans une grande partie de ces pays, les résultats du secteur restaient inférieurs (trois cinquièmes des pays) ou nettement inférieurs (un cinquième) à ceux de 2019.

La levée des restrictions sanitaires et les voyages intrarégionaux ont dopé les résultats du secteur touristique en Europe, soutenus par les fluctuations des taux de change. La baisse de l'euro par rapport au dollar des États-Unis a rendu les destinations européennes plus attractives pour les visiteurs en provenance des États-Unis à l'approche de la haute saison touristique estivale en Europe, ce qui a aidé à stimuler la demande. Au cours des six premiers mois de 2022, dans les pays de l'UE disposant de données, les arrivées dans les établissements d'hébergement ont été inférieures en moyenne de 17.5 % à celles de 2019 à la même période, s'améliorant de mois en mois à mesure que la demande de tourisme international se redressait (Eurostat, 2022[7]). Cette situation tranche avec celle de pays tels que l'Australie, la Corée et la Nouvelle-Zélande, où le tourisme international reste à un niveau relativement bas.

Les perspectives de reprise du tourisme ont été repoussées dans de nombreux pays de l'OCDE : le tourisme interne devrait maintenant effectuer un retour à la normale d'ici 2023, et le tourisme international, en 2025 ou au-delà. Si plus de la moitié des pays répondants ont indiqué que le tourisme interne s'est déjà entièrement rétabli ou devrait se rétablir d'ici la fin de l'année 2022, plus d'un tiers ne s'attend pas à retrouver les niveaux de 2019 avant 2023. Deux pays s'attendent à ce que le tourisme interne ne se redresse totalement qu'en 2024 ou en 2025 en raison des perspectives économiques incertaines. Le rétablissement du tourisme international devrait prendre plus de temps. Un peu plus d'un tiers des pays table sur un rétablissement complet du tourisme international en 2023, tandis qu'un autre tiers ne s'attend pas à un redressement avant 2025, voire au-delà. Au sein des pays de l'OCDE, le Danemark, la France et la Türkiye indiquent ou anticipent un retour à la normale en 2022. La Croatie fait également état d'un retour aux niveaux de 2019 en 2022.

L'enquête de l'OCDE sur les résultats récents du tourisme et les perspectives de reprise souligne l'évolution des centres d'intérêt alors que le secteur du tourisme fait face à de nombreux défis, outre la pandémie, les pays soulignant en particulier l'effet de l'inflation mondiale et de l'augmentation des prix sur les entreprises touristiques et les dépenses des touristes. L'insécurité économique, les restrictions énergétiques et les pénuries de main-d'œuvre sont également des obstacles à la reprise de l'activité. Si les restrictions de déplacement sont progressivement levées, l'incertitude géopolitique, l'absence de marchés source clés en raison du COVID-19 et la guerre menée par la Russie en Ukraine devraient également freiner la reprise du tourisme dans certains pays. Le redémarrage du tourisme international crée aussi des difficultés imprévues qui risquent d'entraver la reprise, par exemple, des retards dans le traitement des visas et des documents de voyage.

La guerre menée par la Russie en Ukraine a porté un coup à la reprise économique, alors que les effets de la pandémie se font encore sentir, avec des conséquences non négligeables pour le tourisme. Selon des estimations macroéconomiques récentes, la croissance du PIB mondial devrait rester faible au deuxième trimestre 2022, avant de ralentir encore en 2023 pour atteindre modestement 2.2 % cette année-là (OCDE, 2022[8]). Le conflit a également entraîné une hausse du coût de la vie, touchant les populations dans le monde entier. Les tensions inflationnistes ne se limitent désormais plus aux produits alimentaires et à l'énergie, et les entreprises de tous les secteurs de l'économie répercutent la hausse des coûts de l'énergie, des transports et du travail sur les consommateurs. Ces augmentations auront un impact sur les revenus réels et entraîneront une baisse des dépenses, ce qui pèsera sur l'amorce de reprise post-pandémie du secteur touristique (OCDE, 2022[8]).

En 2022, les pays voisins de la Russie et de l'Ukraine enregistrent une reprise plus lente qu'ailleurs en Europe, et la guerre assombrit les perspectives du secteur touristique. L'Estonie, la Finlande, la Lettonie et la Lituanie ont toutes indiqué que l'activité en 2022 restait inférieure voire nettement inférieure aux niveaux de 2019. Le tourisme interne s'est déjà rétabli en Estonie et en Finlande, mais les quatre pays n'attendent pas de retour à la normale du tourisme international avant 2024 ou 2025. Outre la perte des flux de touristes, les entreprises touristiques de ces pays et d'autres se sont mobilisées afin de fournir des logements et des emplois aux Ukrainiens qui fuient la guerre. Des pays tels que la Pologne font également face à des pénuries de main-d'œuvre, les Ukrainiens travaillant dans le secteur du tourisme étant retournés dans leur pays.

Les tensions inflationnistes devraient aussi avoir des répercussions sur le secteur de l'aviation. ForwardKeys, qui permet de suivre les tendances des réservations de vols, a estimé que les réservations de vols intra-européens ont été 5 % inférieures durant l'été 2022, en raison des perturbations dans le secteur de l'aviation, notamment dues à la pénurie de main-d'œuvre (ForwardKeys, 2022[9]). L'emploi total dans ce secteur devrait rester inférieur au niveau observé avant la pandémie pendant un certain temps. La hausse du prix du pétrole et des carburants aggrave ces problèmes, tout comme l'érosion du pouvoir d'achat des consommateurs.

Les pouvoirs publics doivent continuer à surveiller de près cette situation, alors que la crainte d'une lueur d'espoir trompeuse monte, étant donné qu'il existe un risque que la reprise stagne au lieu de se consolider dans les mois à venir. Les pays européens devraient être les plus touchés par la crise économique, étant davantage exposés à la guerre du fait de leurs importations d'énergie (OCDE, 2022[8]). Les répercussions ne se feront pleinement sentir qu'à l'arrivée de l'hiver. Les résultats financiers des compagnies aériennes devraient s'améliorer dans toutes les régions en 2022, mais l'Amérique du Nord est la seule région où le secteur devrait redevenir rentable cette année (IATA, 2022[10]). En même temps, il ne faut pas manquer cette occasion d'optimiser la vigueur et la qualité de la reprise, notamment afin d'accélérer les transitions écologique et numérique.

Les plans de relance offrent l'occasion de s'engager vers un tourisme plus résilient, plus durable et plus inclusif

La crise provoquée par le COVID-19 offre une occasion unique de repenser la politique du tourisme, et d'agir pour que les mesures mises en place aujourd'hui puissent bâtir une économie touristique plus résiliente, plus durable et plus inclusive pour l'avenir. Il s'agit notamment de s'attaquer aux conséquences du changement climatique et de l'appauvrissement du capital naturel. La crise énergétique pourrait contribuer à accélérer la transition vers des modèles de consommation d'énergie plus durables et à repenser l'infrastructure touristique pour faire en sorte qu'elle puisse s'adapter au changement climatique et aux catastrophes naturelles. Il faut également intensifier les efforts pour permettre à l'ensemble des parties prenantes de tirer pleinement parti des possibilités qu'offre le numérique, et produire des résultats plus équitables et inclusifs pour l'ensemble des acteurs de la filière et des personnes concernées, notamment en offrant des emplois décents dans le secteur.

Cet objectif implique d'intégrer la durabilité dans l'orientation stratégique définie pour le tourisme, cette dernière s'accompagnant de politiques et de structures de mise en œuvre efficaces qui permettront de développer et de gérer le tourisme durablement, à tous les niveaux d'administration. C'est souvent au niveau des destinations locales que les questions liées à la durabilité sont le mieux prises en charge et permettent de répondre à des besoins aussi divers que précis, moyennant une large participation des parties prenantes et l'implication des acteurs locaux du tourisme. Pour ce faire, la coordination d'approches stratégiques multipartites et multiniveaux est nécessaire, de même que l'amélioration des capacités de l'exécutif à tous les niveaux, et la participation du secteur privé.

Offrir la garantie d'un secteur du tourisme solide et stable dans un contexte d'incertitude peut encourager une reprise créatrice d'emploi, soutenir les entreprises touristiques fragiles, notamment les PME, et profiter aux collectivités locales. Une plus grande attention est apportée à la résilience du tourisme depuis la pandémie. Ce changement intervient à un moment où les chocs deviennent plus fréquents, et où les entreprises et les administrations doivent continuellement s'adapter. Le chapitre 2, consacré à la résilience de l'écosystème du tourisme, analyse les approches adoptées par les pouvoirs publics pour soutenir la reprise et accroître la résilience de l'économie du tourisme de demain. Il examine les mesures possibles pour améliorer les perspectives de reprise du tourisme, faire face aux conséquences à long terme de la crise et être mieux préparé face aux chocs futurs tout en encourageant le passage à des modèles touristiques plus résilients, plus durables et plus inclusifs.

Une action transformatrice et soutenue s'impose pour encourager une reprise verte du tourisme, si le secteur veut prendre part à l'action pour le climat. La mise à l'arrêt du tourisme au plus fort de l'épidémie a permis au secteur de repenser son offre touristique. Les pouvoirs publics, les entreprises, les touristes et les collectivités ont l'occasion de réfléchir à l'impact environnemental du tourisme et aux mesures à prendre pour l'atténuer. Le chapitre 3, qui porte sur la reprise verte du tourisme, examine les approches stratégiques permettant de soutenir une reprise de l'économie touristique qui soit verte et écologiquement viable, et procure des avantages aux populations et aux économies locales.

Des progrès constants doivent être réalisés pour améliorer les données servant à la planification, à l'élaboration des politiques et à la prise de décisions liées au tourisme afin d'évoluer vers des modèles plus durables, résilients et inclusifs à l'avenir. Les pouvoirs publics doivent s'engager à respecter ces principes en élaborant des politiques tournées vers l'avenir et fondées sur des données concrètes. L'efficacité de l'élaboration, de la planification et de la gestion des politiques dépend de la disponibilité de d'éléments factuels solides, de préférence sous la forme de données fiables et récentes qui soient suffisamment détaillées et comparables. La pandémie a montré combien il était urgent de disposer de nouveaux indicateurs et de sources de données complémentaires sur le tourisme afin de réagir rapidement en contexte d'incertitude, et ce besoin deviendra plus manifeste lorsque les pouvoirs publics chercheront à évaluer les nouvelles politiques durables.

Il sera important que les pouvoirs publics et les entreprises repèrent les incertitudes critiques afin de pouvoir atténuer les éventuels problèmes et exploiter les possibilités qu'offrira le redémarrage du tourisme. Les mutations en cours et les forces externes continueront d'influer sur les comportements de voyage. La prise en compte des différentes incertitudes critiques peut éclairer les décisions concernant les mécanismes de soutien dont le secteur pourrait avoir besoin pour se reconstruire de manière plus solide, plus juste et plus écologique. Par exemple, les effets sur les prix pourraient renforcer la tendance au tourisme de proximité, les gens cherchant à réduire les coûts de transport. Ils pourraient également amplifier les écueils existants, dont la saisonnalité et un effet de concentration, sachant que le nombre de voyages diminue et que les visiteurs cherchent à prendre l'essentiel de leurs congés en été ou en hiver et dans des destinations considérées comme « incontournables ». L'Encadré 1.1 présente quelques-unes des incertitudes clés pour le tourisme, y compris l'incidence de tendances à long terme telles que les transitions numérique et écologique.

Encadré 1.1. Incertitudes critiques associées à la construction d'un avenir résilient et durable pour le tourisme

Les crises récentes et actuelles ont des répercussions importantes sur les préférences des consommateurs et les structures commerciales, accélérant les tendances existantes (ex. : la transformation numérique) et faisant apparaître de nouveaux comportements (ex. : l'élan autour du tourisme interne). Les approches de prospective stratégique qui prennent en compte les « inconnues connues » peuvent aider les décideurs publics à mieux comprendre et mieux se préparer à l'avenir. Parmi les questions essentielles qui se posent figurent les suivantes :

- La guerre menée par la Russie en Ukraine aura-t-elle des répercussions à long terme sur le tourisme ?
- La crise de l'énergie et la hausse du coût du carburant modifieront-elles durablement les habitudes de voyage ?
- La recherche de durabilité de la société accélérera-t-elle le verdissement des entreprises touristiques et des comportements des consommateurs ?
- L'action en faveur du climat créera-t-elle des gagnants et des perdants dans le secteur du tourisme, et qui seront-ils ?
- Les destinations touristiques reviendront-elles à un modèle de croissance à tout prix ou évolueront-elles vers des modèles de tourisme plus durables ?
- La pénurie de main-d'œuvre et le déficit de qualifications continueront-ils à freiner la reprise du tourisme ?
- Les voyages d'affaires retrouveront-ils les niveaux enregistrés avant la pandémie et quel profil adopteront-ils à l'avenir ?
- Le tourisme urbain fera-t-il son retour alors que les gens recherchent désormais des expériences en milieu naturel ?
- Les entreprises touristiques de toutes tailles profiteront-elles des possibilités qu'offre le numérique ou l'écart continuera-t-il à se creuser en laissant les PME du secteur de côté ?
- En quoi les avancées technologiques modifieront-elles les expériences et les comportements touristiques à l'avenir (ex. : destinations lointaines, tourisme spatial, tourisme virtuel) ?
- L'accès aux expériences touristiques s'élargira-t-il, rendant ainsi le secteur plus inclusif et accessible ?

Renforcer la gouvernance du tourisme afin de réagir et de soutenir la reprise

La crise du COVID-19 a été un appel à l'action des pouvoirs publics, à tous les niveaux, et du secteur privé afin qu'ils apportent une réponse coordonnée. Elle a également souligné l'importance d'une approche intégrée en matière de politique touristique pour soutenir la reprise. Tous les échelons de l'action publique et le secteur privé doivent mieux se préparer et disposer de la capacité nécessaire pour réagir et s'adapter rapidement. Pour ce faire, ils doivent mettre en place des mécanismes plus solides d'évaluation des risques et d'intervention face aux crises, et renforcer la coordination au sein du gouvernement et avec le secteur privé pour que les mesures générales répondent aux besoins du tourisme (ou, au minimum, qu'elles ne nuisent pas inutilement au secteur) et que les mesures spécifiques soient bien ciblées. La pandémie a également fait apparaître un besoin de coordination avec les autorités sanitaires, un domaine de mobilisation relativement nouveau pour le tourisme.

Les pouvoirs publics ont dû prendre des mesures inédites pour atténuer l'impact sur l'économie, dont le tourisme, tout en réagissant à la crise sanitaire. L'octroi une aide bien ciblée et accessible, déployée aussi rapidement et efficacement que possible pour soutenir les entreprises de tourisme, les travailleurs et les visiteurs, est essentiel à la reprise de l'économie touristique. Pour y parvenir, les décideurs et le secteur ont dû agir rapidement et s'adapter à l'évolution du cadre de fonctionnement. La reconnaissance accrue de l'importance du tourisme aux plus hauts niveaux de l'exécutif et l'ampleur de la coopération internationale ont soutenu les mesures prises.

Les modalités de gouvernance précises varient d'un pays à l'autre, selon divers facteurs dont le régime politique. Dans la plupart des pays de l'OCDE, ce sont les ministères chargés du développement économique ou du commerce et de l'industrie qui sont responsables du tourisme à l'échelle nationale. Le tourisme est également fréquemment associé au développement régional, à la culture ou au sport. La responsabilité du tourisme est récemment passée aux mains du ministère du Travail et de l'Économie en Autriche, par exemple, tandis qu'en Islande, le portefeuille du tourisme a été récemment repris par le ministère de la Culture et du Commerce. Reconnaissant peut-être l'importance de l'économie du tourisme, l'Italie a créé un nouveau ministère dédié au secteur en 2021.

Dans l'ensemble, les changements apportés aux modalités de gouvernance du tourisme depuis le début de la pandémie n'ont pas été structurels, mais ont davantage pris la forme de création de groupes de travail spéciaux et d'autres cadres afin d'accroître la collaboration et la coordination à l'échelle de l'administration, entre niveaux administratifs et avec le secteur privé. Les pays devraient chercher à tirer parti de ces expériences et faire avancer les approches utilisées avec succès pendant la pandémie pour relever les défis auxquels le secteur du tourisme sera confronté. Cela créera une dynamique favorisant des approches plus novatrices et intégrées du développement touristique à l'avenir, appuiera le développement durable du tourisme et garantira que le secteur est mieux préparé aux crises de demain.

Renforcer la coordination et la capacité à l'échelle des administrations afin d'élaborer des politiques agiles et ciblées

Le tourisme est un écosystème interdépendant d'industries. Cette caractéristique accroît la complexité du processus d'élaboration des politiques, la collaboration étroite de nombreux acteurs publics étant nécessaire. Du fait de l'ampleur et de la diversité de l'écosystème touristique, l'ensemble des administrations a dû mettre en place une collaboration étroite, tant horizontalement que verticalement, depuis le début de la pandémie pour apporter rapidement et efficacement un soutien au secteur. Cette collaboration s'est révélée particulièrement importante pour réagir face à la pandémie, et maintenant, face à la hausse du coût de la vie, pour veiller à ce que les nouvelles politiques soient en phase avec les mesures existantes et prévues à l'échelle de l'économie, et que les mesures de soutien ciblées répondent aux besoins de l'économie du tourisme.

Cela signifie également que les responsables publics du tourisme ont dû, bien plus qu'auparavant, coordonner leur action avec leurs collègues de la santé, et ce, bien souvent pour la première fois. À cette fin, il a fallu améliorer rapidement les compétences, créer de nouveaux réseaux et établir une relation de confiance. En Italie, par exemple, les responsables de la politique touristique ont travaillé en étroite collaboration avec leurs collègues chargés de la santé pour favoriser la reprise du tourisme, fournissant des informations pour soutenir l'expérience touristique et créant des « couloirs touristiques exempts de COVID ». Malte a collaboré avec le ministère de la Santé afin de comprendre la situation engendrée par le COVID-19 et les mesures à prendre pour y remédier. La République tchèque a travaillé avec le ministère de la Santé à la conception de conditions permettant aux services touristiques de fonctionner pendant la pandémie et maintiendra cette relation afin de promouvoir le tourisme médical.

La reconnaissance accrue de l'importance de la coopération a amené de nombreux pays à officialiser ces structures de communication *ad hoc* pour la coordination horizontale et verticale à l'avenir. L'objectif principal de ces groupes est d'intégrer le tourisme aux stratégies et aux cadres d'action nationaux plus généraux, et de s'assurer que les problématiques liées au tourisme soient traitées plus globalement. Cependant, certaines structures ont été créées pour résoudre des problèmes précis connus de longue date dans le secteur.

L'Allemagne a créé la plateforme « L'avenir du tourisme », un instrument central pour poursuivre l'élaboration d'une stratégie nationale sur le tourisme (Encadré 2.6). Ce travail sera supervisé par un comité directeur composé de hauts fonctionnaires des ministères concernés chargés de définir les points clés de la stratégie nationale sur le tourisme et de se mettre d'accord sur un programme de travail pour le gouvernement fédéral. La plateforme s'agrandira afin d'inclure des représentants des 16 Länder et des parties prenantes du secteur du tourisme début 2023.

La République tchèque a adopté une approche axée sur les enjeux. Sa nouvelle stratégie de développement touristique 2021-30 plaide pour une meilleure coordination du développement touristique et l'intégration des enjeux touristiques à d'autres stratégies et domaines d'action nationaux. Elle prévoit une série de réunions bilatérales et de groupes de travail thématiques sur des enjeux clés tels que les visas et les transports, la diplomatie économique, les mécanismes de soutien financier, le tourisme culturel et patrimonial, et le tourisme durable. En outre, pour faciliter la coordination interministérielle et interdisciplinaire, la République tchèque a lancé une plateforme de coordination qui permet également de recueillir les commentaires régionaux sur les activités de marketing et la création des produits.

La Grèce s'est concentrée sur la préparation plutôt que sur la réaction en élaborant, dans le cadre du Programme d'assistance technique de l'OMT, un Plan de gestion de la crise touristique et une Stratégie de communication de crise couvrant une large gamme de crises possibles susceptibles d'affecter le tourisme, dont les crises sanitaires, environnementales, économiques et sociétales. Les plans visent à accroître l'efficacité et la flexibilité du secteur touristique grec lorsqu'il s'agira de faire face aux défis à venir.

Améliorer la mobilisation du secteur privé

Le secteur privé est un acteur clé de l'élaboration de la politique touristique. Il faisait déjà l'objet d'une reconnaissance croissante avant la pandémie. Cependant, le caractère morcelé de l'économie touristique, composée de différentes branches ayant parfois des intérêts concurrents, fait qu'il est difficile pour les pouvoirs publics de mobiliser ce secteur. Depuis le début de la pandémie, on a pu observer de nombreux exemples positifs de coopération étroite entre les pouvoirs publics et le secteur privé, et avec la société civile, aux échelles locale, nationale et internationale. Les pouvoirs publics ont maintenant l'occasion de capitaliser sur ces expériences pour s'attaquer aux futurs défis du tourisme.

De nombreux pays ont mis sur pied des groupes de travail ou des comités consultatifs composés d'acteurs des secteurs public et privé. Au Maroc, par exemple, les acteurs des secteurs public et privé se sont réunis aux niveaux régional et national afin de définir un plan commun visant à revitaliser le secteur touristique pour 2020-22. Le Contrat-programme pour la relance du secteur touristique en phase post-COVID-19 du Maroc comprend 21 mesures pour s'adapter aux nouvelles réalités du marché, anticiper l'évolution des habitudes de consommation des touristes et tirer profit des nouvelles possibilités.

La crise aura néanmoins peut-être eu le mérite de faire émerger une coopération plus constructive entre les secteurs public et privé (OCDE, 2020[11]). De nombreux pays poursuivent sur la lancée de la collaboration établie pendant la pandémie en formalisant des structures de collaboration à plus long terme. Ces groupes mêlant représentants du gouvernement et du secteur privé sont sollicités pour définir l'orientation stratégique, créer des plans d'action pour les stratégies nationales et fournir des conseils sur les programmes autour du développement sectoriel à long terme. Plusieurs exemples propres à des pays sont présentés dans l'Encadré 1.2.

Encadré 1.2. Faire progresser la coopération des secteurs public et privé : exemples d'approches adoptées par les pays

Estonie : Le Comité consultatif sur le tourisme est composé du ministre des Affaires économiques et des Communications et du ministre de la Culture, du Conseil du tourisme, des associations professionnelles du tourisme, des destinations et des principaux points de passage, qui se réuniront deux fois par an. Ce Comité a été mis sur pied après le succès d'une table ronde régulière pendant le COVID-19, qui a également été maintenue sous la forme d'une réunion informelle.

Finlande : Un Groupe de travail de haut niveau sur le tourisme a été créé en septembre 2021. Présidé par le ministre des Affaires économiques et de l'Emploi, il est constitué des ministères concernés, des conseils régionaux, des administrations publiques, des organisations régionales de tourisme, des agences de voyages, et des établissements et des organisations de recherche et de formation. Le Groupe de travail jouera le rôle de conseil consultatif expert pour la stratégie liée au développement touristique jusqu'en 2028. Il se chargera également de surveiller et d'évaluer l'environnement opérationnel et les phénomènes actuels, ainsi que d'aider à la préparation des mesures pour le tourisme.

Irlande : Le Forum de l'hébergement et du tourisme (*Hospitality and Tourism Forum*) a été créé en octobre 2020 afin de permettre une coopération structurée entre le secteur privé et les ministères concernés. Il vise à permettre de discuter des questions clés intéressant le secteur, avec l'objectif de déterminer les mesures pratiques que les gouvernements (national ou locaux) et le secteur privé doivent prendre.

Pays-Bas : Une équipe spéciale nationale sur les loisirs et le tourisme a été formée afin de renforcer la coopération entre l'administration nationale et les parties intéressées du secteur. L'objectif à court terme de l'équipe spéciale était d'intervenir face à la crise du COVID-19 et de relancer le tourisme. Les objectifs à moyen et long terme sont notamment de mettre en place une coopération solide au service d'un secteur du tourisme et de l'hébergement résilient et durable. L'équipe spéciale est également chargée de faire progresser le programme d'action commun associé à Perspective 2030, la stratégie nationale relative au tourisme.

Pologne : Le Conseil des experts du tourisme est le prolongement du Conseil des experts, créé en 2021. Sa mission est de cerner les enjeux touristiques et de fournir des conseils à cet égard ; de proposer des solutions systémiques ; de présenter des propositions et de fournir des conseils sur les initiatives législatives ; et de lancer des activités visant à renforcer le développement durable, la compétitivité et l'innovation. Il fournira également des éléments d'information pour les nouveaux programmes à moyen et long terme portant sur la transformation et le développement du tourisme.

Suisse : Un groupe consultatif composé de professionnels du tourisme, d'entrepreneurs, de représentants du gouvernement, d'associations de tourisme, des cantons et de la communauté universitaire supervisera la mise en œuvre de la stratégie fédérale suisse en faveur du tourisme. L'existence de ce groupe garantira que la stratégie pour le tourisme est mise en œuvre de manière ciblée et axée sur des groupes définis.

Au niveau international, par exemple, l'Équipe spéciale sur la relance de l'aviation du Conseil de l'Organisation de l'aviation civile internationale a réuni des représentants des secteurs public et privé, dont les autorités de santé publique, afin de fournir des recommandations pratiques harmonisées aux autorités gouvernementales et aux exploitants du secteur qui faciliteront un redémarrage coordonné du transport aérien international (OACI, 2021[12]). Des événements tels que le Forum mondial de l'OCDE sur les statistiques, connaissances et politiques en matière de tourisme fournissent également une plateforme où la communauté du tourisme peut œuvrer à la reprise et à la mise au point d'un programme de transformation commun pour l'économie du tourisme.

Le secteur privé a également joué un rôle moteur dans ce domaine : à l'échelle internationale, par exemple, le Conseil mondial du voyage et du tourisme a créé une équipe spéciale de relèvement du tourisme afin de rassembler les décideurs politiques et le secteur privé à l'échelle mondiale. Un autre exemple serait le groupe de contact informel sur le tourisme récemment créé par *Business@OECD* qui alimente les travaux de l'OCDE sur le tourisme.

Un climat de confiance et de collaboration entre l'administration, le secteur privé et la société civile se révèle essentiel pour relever les défis de la résilience et de la durabilité (OCDE, 2021[13]). Il est important de tirer des leçons de ces innovations et d'en tirer parti, et d'y donner suite afin de relever les défis à venir dans le secteur du tourisme. Ces éléments joueront également un rôle clé dans les transitions écologique et numérique de l'économique touristique.

Promouvoir la coopération internationale et multilatérale afin de stimuler la reprise

La crise a mis en lumière la complexité et le caractère interdépendant du système touristique mondial. La solidité de la coopération et des institutions multilatérales n'a jamais été aussi importante. Les pays doivent travailler ensemble, car les mesures prises par un gouvernement ont des répercussions sur les voyageurs et les entreprises des autres pays, et sur le tourisme mondial. Ils doivent développer des mécanismes de collaboration transnationaux pour reprendre les voyages en toute sécurité, rassurer les voyageurs et les entreprises, stimuler la demande et accélérer la reprise du tourisme. Des systèmes de coordination internationale plus efficaces sont également nécessaires pour réagir aux chocs à venir.

Durant la pandémie, on a pu observer de nombreux exemples de coordination bilatérale accrue pour la création de couloirs de voyage sécurisés entre les pays. L'Estonie, la Lettonie et la Lituanie ont instauré la « bulle de voyage » baltique en 2020, autorisant la libre circulation sans aucune obligation d'auto-isolement des citoyens et des résidents entre les trois pays, étant donné que les taux d'infection des trois pays voisins étaient similaires. La coopération régionale joue également un rôle, notamment par le biais de groupes plus formalisés.

Reflétant la reconnaissance accrue de l'importance du secteur au niveau national, le tourisme figure au nombre des priorités mondiales. Il se voit également accorder une attention croissante au niveau multilatéral, y compris aux échelons les plus élevés, au sein de l'OCDE et d'autres institutions internationales. L'OCDE, les Nations Unies, la Banque mondiale, l'Organisation mondiale du commerce et d'autres organisations ont lancé des appels pour que les États soutiennent la reprise du tourisme et saisissent l'occasion qui leur est donnée d'opter pour des modèles de tourisme plus durables, inclusifs et résilients face à l'avenir (OCDE, 2020[11]) (ONU, 2020[14]) (Banque mondiale, 2020[15]) (OMC, 2020[16]). Le premier débat thématique sur le tourisme à l'Assemblée générale des Nations Unies a eu lieu en mai 2022.

Des efforts supplémentaires ont également été déployés pour coordonner ces institutions internationales et ces pays, par exemple par l'intermédiaire de l'Initiative de l'OCDE pour une mobilité internationale sans danger (Encadré 1.6). Le Comité de crise pour le tourisme mondial, piloté par l'OMT, a réuni des représentants de pays et d'institutions internationales, dont l'Organisation mondiale de la santé (OMS), l'OCDE, l'Organisation de l'aviation civile internationale, l'Organisation maritime internationale, la Commission européenne, ainsi que des représentants du secteur privé de l'Association du transport aérien international (IATA) et de l'Association internationale des compagnies de croisières (Cruise Lines International Association).

La création d'un groupe de travail formel du G20 sur le tourisme sous la présidence saoudienne du G20 en 2020 a favorisé une action coordonnée à l'échelle internationale, et cette action s'est poursuivie sous la présidence de l'Italie en 2021 et de l'Indonésie en 2022 (ex. : Lignes directrices du G20 de Rome pour l'avenir du tourisme, Lignes directrices du G20 de Bali pour le renforcement des communautés et des MPME en tant qu'agents de la transformation), avec des engagements obtenus dans les déclarations subséquentes des dirigeants du G20 de soutenir la reprise du tourisme. D'autres institutions internationales ont également élargi leurs travaux et leur collaboration sur le tourisme, dont la Coopération économique Asie-Pacifique (APEC), l'Association des nations d'Asie du Sud-Est, la Banque asiatique de développement et l'Union européenne. Les ministres du Tourisme de l'APEC, par exemple, ont récemment approuvé les Recommandations pour le tourisme du futur : le tourisme régénérateur (*Policy Recommendations for Tourism of the Future: Regenerative Tourism*) (APEC, 2022[17]).

Encadré 1.3. Vers une transition écologique et numérique du tourisme au sein de l'Union européenne

Le Parcours de transition pour le tourisme de la Commission européenne, lancé en février 2022, a été élaboré dans le cadre d'un processus de création conjointe avec les acteurs de l'écosystème du tourisme qui comportait des ateliers, des réunions des parties prenantes et une enquête (à laquelle plus de 200 parties prenantes des 24 États membres de l'UE, de la Norvège et du Royaume-Uni ont répondu). Il s'inscrit dans le prolongement de la Stratégie industrielle de la Commission européenne publiée en 2021.

Le Parcours vise à accélérer les transitions écologique et numérique, ainsi qu'à accroître la résilience à long terme du secteur du tourisme. Il invite l'ensemble de l'écosystème du tourisme à mettre en œuvre des mesures, des objectifs et des conditions dans 27 domaines, par exemple :

- Investir dans la circularité pour réduire la consommation d'énergie et d'eau, les déchets et la pollution et, dans le même temps, mieux répondre à la demande croissante de tourisme durable.
- Développer les pratiques de partage des données afin de donner naissance à des services touristiques innovants et d'améliorer la gestion durable des destinations.
- Investir dans les compétences pour garantir la disponibilité d'une main-d'œuvre qualifiée et de carrières attrayantes dans l'écosystème touristique.

La Commission européenne est passée à la phase de mise en œuvre et a invité les parties prenantes du secteur à faire connaître leurs engagements à l'égard de la transition du tourisme. L'objectif est d'encourager l'ensemble des acteurs de l'écosystème du tourisme à jouer leur rôle dans ce projet. Les processus de collaboration prévoient une mise en œuvre conjointe et un suivi des mesures facilités par une plateforme de collaboration en ligne entre parties prenantes.

Source : Parcours de transition pour le tourisme de la Commission européenne (Commission européenne, 2022[18]).

L'étroite collaboration entre ces organisations conjuguée à la dynamique créée par les travaux sur le tourisme, même en période « normale », constitue un moyen efficace et donne l'impulsion nécessaire pour faire avancer les actions visant à bâtir écosystème touristique mondial qui soit résilient et durable. La Commission européenne saisit cette occasion et met en place un processus collaboratif de co-création pour élaborer et garantir des engagements à l'action qui appuieront le Parcours de transition pour le tourisme ; ce plan relatif à l'écosystème du tourisme détaille les mesures, les objectifs et les conditions nécessaires pour réaliser la transition et assurer la résilience à long terme du secteur (Encadré 1.3).

Définir des stratégies dans un contexte d'incertitude afin de donner corps à une reprise durable et résiliente

Avant la crise du tourisme déclenchée par le COVID-19, les travaux de l'OCDE ont souligné l'importance de mettre en œuvre une vision durable et à long terme pour le tourisme, appuyée par des stratégies et des plans d'action prospectifs. Alors que le tourisme se redresse, les pouvoirs publics doivent relever le défi de trouver un juste équilibre entre les besoins de la reprise à court terme et les objectifs stratégiques à long terme. Si la pandémie a mis en lumière les faiblesses (nouvelles et existantes) de l'écosystème touristique, le ralentissement qu'elle a provoqué a également fourni une occasion d'y remédier dans le cadre de la reprise, et à plus long terme. Les pouvoirs publics doivent désormais prendre ces éléments en compte à l'heure où le secteur s'engage dans la reprise post-COVID tout en devant relever de nouveaux défis apparus avec l'évolution de l'environnement économique et géopolitique, s'ils ne veulent pas manquer cette occasion.

L'élaboration de nouvelles stratégies touristiques à l'échelon national offre une occasion importante de résoudre ces problèmes. De nombreux pays de l'OCDE étaient en train d'élaborer ou d'actualiser leur stratégie à long terme lorsque la pandémie est apparue. Celle-ci a entraîné le report de certaines stratégies, mais les pays ont également considéré cet événement comme une occasion de revoir leurs stratégies nouvelles et existantes pour qu'elles reflètent les nouvelles modalités de fonctionnement, et d'optimiser la vigueur et la qualité de la reprise. Certains pays, notamment l'Italie, le Japon, la Lettonie et la République tchèque, ont réagi à l'incertitude en mettant en œuvre des stratégies ou des plans de relance à court terme couvrant généralement des périodes de deux à trois ans.

Durant l'année 2022, de nombreux pays ont également adopté des stratégies à long terme dont l'horizon est généralement 2027 ou 2030. Aux États-Unis, la Stratégie nationale sur les voyages et le tourisme 2022 s'attache à promouvoir les États-Unis comme une destination de choix en s'appuyant sur la richesse et la diversité de ses territoires, et à développer un secteur des voyages et du tourisme qui stimule la croissance économique, crée des emplois de qualité et soutient la préservation de l'environnement et la durabilité (Encadré 1.4). D'autres pays, notamment l'Australie, la Croatie, le Danemark, la Finlande, la France, la Grèce, la Hongrie et Israël, ont récemment lancé ou élaborent une nouvelle stratégie de développement touristique à long terme.

Par ailleurs, on observe que des pays cherchent à intégrer une approche plus flexible à la planification et au développement stratégiques du tourisme. Le Royaume-Uni, par exemple, a adopté une approche en deux volets, dont l'objectif premier est de renouer avec les niveaux de 2019. Les objectifs stratégiques à plus long terme sont d'encourager une meilleure répartition régionale du tourisme, de soutenir le secteur des manifestations professionnelles, de renforcer la résilience du secteur et d'améliorer l'accessibilité et la durabilité. En 2021, la Hongrie a élaboré une nouvelle Stratégie 2.0 de développement touristique qui intègre les répercussions du COVID-19 et les enseignements tirés des trois premières années de mise en œuvre de la Stratégie de développement touristique 2030.

La durabilité reste un pilier stratégique et une priorité forte pour l'élaboration de la politique touristique. On observe que des pays tels que l'Italie et les États-Unis se montrent davantage intéressés par l'atténuation du changement climatique et l'adaptation à ses effets. L'Italie élabore actuellement un nouveau Plan stratégique pour le tourisme 2023-27 et cherche à utiliser des données comportementales pour encourager des comportements plus durables et respectueux de l'environnement de la part des touristes et des entreprises, et proposer une offre de produits plus en adéquation avec la demande. En 2021, la Suisse a lancé une nouvelle stratégie triennale, « Swisstainable », avec l'objectif de devenir la destination la plus durable au monde.

Le Portugal a élaboré un Plan pour le tourisme durable 2020-23 complet qui s'attache concrètement à encourager les entreprises touristiques à prendre des mesures durables, comme la réduction de la consommation énergétique et l'adoption de solutions de l'économie circulaire, la création de connaissances et de formations pertinentes, le soutien aux techniques de construction durables et l'optimisation de l'utilisation de l'eau sur les terrains de golf. La Stratégie touristique estonienne 2022-25 inclut une vision selon laquelle l'« Estonie est une destination intelligente et verte qui offre une expérience intégrée aux visiteurs et un produit de tourisme durable ». Des programmes en faveur de la durabilité ont également été élaborés en Belgique : la Flandre a adopté le plan Voyage vers l'avenir : recommandations de politiques touristiques 2019-24, et la Roumanie élabore actuellement une Stratégie pour le développement de l'écotourisme.

Encadré 1.4. Stratégie nationale sur les voyages et le tourisme 2022 des États-Unis

La Stratégie nationale sur les voyages et le tourisme 2022 vise à soutenir la croissance économique globale des voyages et du tourisme sur tout le territoire des États-Unis, en s'appuyant sur la mobilisation et les capacités de l'ensemble du gouvernement fédéral. Le gouvernement fédéral s'emploiera à mettre en œuvre la stratégie sous la direction du Conseil de la politique touristique et en partenariat avec le secteur privé, avec un objectif quinquennal ambitieux de 90 millions de visiteurs internationaux dépensant 279 milliards USD par an d'ici à 2027.

La stratégie repose sur une approche en quatre points :

- **Promouvoir les États-Unis comme une destination de voyage :** Tirer parti des programmes et des atouts existants pour faire la promotion des États-Unis auprès des visiteurs internationaux et élargir les activités de marketing afin d'encourager les visites dans les territoires défavorisés.
- **Faciliter les voyages aux États-Unis et à l'intérieur du territoire :** Réduire les obstacles au commerce de services de voyage et rendre l'entrée aux États-Unis et les déplacements à l'intérieur du territoire plus sûrs et plus efficaces pour les visiteurs.
- **Garantir des expériences touristiques plus diversifiées, plus inclusives et plus accessibles :** Faire en sorte que les retombées touristiques soient mieux réparties en soutenant la création de produits diversifiés, en se concentrant sur les territoires et les populations défavorisés. Répondre aux besoins financiers et professionnels des entreprises touristiques et de voyage, en soutenant les territoires de destination à mesure qu'ils développent leur économie touristique. Offrir des expériences touristiques et un service à la clientèle de calibre mondial dans les territoires et les eaux fédérales qui mettent en valeur les atouts de la nation tout en les préservant pour les futures générations.
- **Encourager des voyages et un tourisme résilients et durables :** Réduire la contribution du tourisme et des voyages au changement climatique et bâtir un secteur des voyages et du tourisme qui soit résilient face aux catastrophes naturelles, aux menaces pour la santé publique et aux effets du changement climatique. Bâtir un secteur durable qui protège les ressources naturelles, soutienne l'économie touristique et garantisse un développement équitable.

Doter les mesures de riposte à la crise et les efforts de relance de ressources adéquates

Des ressources sont nécessaires pour concrétiser les ambitions et les stratégies en matière de tourisme. Le tourisme contribue aux recettes publiques et bénéficie des dépenses publiques. Du fait de la complexité du secteur, il est difficile de déterminer précisément le montant des fonds publics consacré au soutien du tourisme. Cette difficulté s'est accentuée depuis le début de la pandémie avec l'introduction à grande échelle de mesures visant l'ensemble de l'économie et de mécanismes de soutien aux PME (OCDE, 2020[19]).

Le secteur du tourisme a largement bénéficié de ces mesures générales de soutien économique, ainsi que d'aides substantielles propres au secteur, comme les subventions et prêts aux entreprises, le soutien régional, l'appui aux produits de niche et les programmes visant à stimuler la demande des consommateurs. Le Canada estime qu'entre le début de la pandémie et avril 2022, le secteur du tourisme et de l'hébergement a reçu environ 23 milliards CAD d'aides par l'intermédiaire des programmes d'urgence fédéraux. L'Encadré 1.5 présente d'autres exemples de programmes lancés par les gouvernements en réponse à la pandémie de COVID-19.

Encadré 1.5. Un soutien multidimensionnel pour répondre à la pandémie de COVID-19 : exemples d'approches adoptées par les pays

Australie : Outre une aide apportée à l'ensemble de l'économie, le soutien ciblé de l'économie du tourisme a pris la forme, entre autres, de subventions aux manifestations professionnelles (56 millions AUD) afin de redynamiser le secteur des voyages d'affaires, d'un Programme de soutien aux séjours des consommateurs (258 millions AUD) pour soutenir les entreprises, dont les agents de voyage, les voyagistes proposant des séjours dans le pays et ceux proposant des séjours hors du pays, et d'une aide versée aux neuf régions dépendant fortement du tourisme international par l'intermédiaire du Programme pour la relance du tourisme régional (50 millions AUD). Le Programme de soutien au réseau aérien et au tourisme a été lancé afin d'aider le secteur de l'aviation et de stimuler le tourisme interne.

Autriche : La Banque autrichienne de développement du tourisme a mis en place plusieurs mesures de soutien au secteur du tourisme, notamment des garanties pour les crédits-relais (plafond : 1.6 milliard EUR), un soutien aux organisateurs d'événements (plafond : 300 millions EUR), une aide aux organisateurs de voyages à la carte (plafond : 300 millions EUR) et 10 millions EUR pour encourager les entreprises du secteur de l'hébergement à investir dans l'aménagement de terrasses extérieures. De plus, les propriétaires de logements privés et d'exploitations agricoles proposant des services d'hébergement ont bénéficié d'un soutien et d'un programme d'allègement fiscal incluant des réductions de la TVA pour les produits alimentaires et les boissons consommés dans le cadre de l'hébergement (jusqu'à 5 %). Une prime de relance a soutenu les personnes employées à temps partiel à cause de la baisse du taux d'occupation des hébergements, augmentant les salaires dans le secteur du tourisme.

Canada : Le soutien d'urgence versé aux entreprises touristiques s'est élevé à environ 23 milliards CAD. Outre les programmes généraux tels que la Prestation canadienne d'urgence et la Subvention salariale d'urgence du Canada, des programmes multidimensionnels d'aide liés au COVID-19 tels que le Programme de relance pour le tourisme et l'accueil, le Programme de relance pour les entreprises les plus durement touchées, le Programme de soutien en cas de confinement local et le Programme d'embauche pour la relance économique du Canada ont été mis en œuvre et les aides aux entreprises touristiques ont été prolongées jusqu'en mai 2022.

Maroc : Les employés des entreprises touristiques et les guides ont bénéficié d'un soutien sous la forme d'une indemnité forfaitaire mensuelle, d'exonérations fiscales sur les compléments de rémunération et de la mise en place d'une couverture sociale pour les guides touristiques. Le Maroc a également différé le paiement des cotisations de sécurité sociale et le remboursement des dettes pour les entreprises touristiques, et a établi un accord de partenariat afin d'accélérer le développement des PME du secteur touristique dans la région Souss-Massa.

République slovaque : Par l'intermédiaire de la *Loi sur le soutien au tourisme*, les pouvoirs publics ont instauré un cadre pour la création de régimes d'aide d'État et d'une aide minimale pour le secteur du tourisme (montant total de 100 millions EUR). Cette aide, versée aux entreprises touristiques ayant subi des pertes de revenus de 40 % ou plus en 2020, visait à maintenir l'emploi et à garantir la compétitivité des entreprises touristiques.

Slovénie : Dix programmes et une loi d'intervention spéciale ont été mis en œuvre afin d'atténuer les effets de la pandémie, de préserver les emplois et d'atténuer les problèmes de liquidités des entreprises. Ces mesures comprenaient des transferts monétaires, des allègements fiscaux, un soutien à la paie, des garanties de prêts pour les PME et des bons de tourisme pour les citoyens afin de stimuler le tourisme interne. Quelque 3.7 millions de bons ont été utilisés en 2020 et 2021, pour un montant évalué à 393 millions EUR.

Durant la pandémie, les budgets de marketing international ont été fréquemment réduits ou redirigés vers le marketing national, et les budgets de fonctionnement de certaines autorités touristiques ont été touchés par la perte de recettes fiscales (ex. : taxe touristique, taxe de séjour, redevance passager). En Grèce, un programme Tourisme pour tous, lancé en 2020, visait à stimuler la demande de tourisme interne, grâce à des séjours subventionnés dans des hôtels ou d'autres hébergements. Au total, 100 millions EUR ont été affectés pour financer le programme entre 2020 et 2025.

Pour leur cycle budgétaire 2020-21, de nombreux pays font état d'une hausse du budget de fonctionnement de base du secteur du tourisme. Outre les aides aux entreprises touristiques, le marketing est un facteur clé de cette hausse à court terme. En 2021, Visit Sweden a bénéficié de 20 millions SEK de budget supplémentaires, tandis que Destination Canada s'est vu octroyer 100 millions CAD pour ses projets de marketing. Les États-Unis versent 250 millions USD d'aide d'urgence à Brand USA pour l'exercice 2022 afin de combler le déficit du mécanisme de financement attribuable à la baisse du nombre de visiteurs internationaux. Le financement versé par le Conseil du tourisme estonien pour les activités de développement est passé de 2.0 millions EUR en 2021 à 11.5 millions EUR en 2022.

Certains pays ont également investi pour accroître leurs capacités internes. Dans son budget 2022-23, la Nouvelle-Zélande a affecté 8 millions NZD supplémentaires pour les données et la politique relatives au tourisme, par exemple, tandis que l'Australie a alloué 4.8 millions AUD à l'amélioration des données sur le tourisme et de l'analyse du secteur.

Au sein de l'Union européenne, les pays sont également soutenus par des aides supplémentaires, notamment dans le cadre du plan de relance pour l'Europe et de Next Generation EU. Par exemple, certains projets de développement touristique de la Pologne sont financés par des fonds structurels de l'UE, dont le Pacte vert pour l'Europe pour la période 2021-27. En Slovénie, le secteur touristique bénéficie également de fonds des programmes NextGen EU et React EU. Dans le cadre des projets phares pour le tourisme, l'instrument d'appui technique de l'UE 2022 soutient le programme de reprise et de réforme dans sept pays – la Croatie, l'Espagne, la Grèce, l'Italie, Malte, le Portugal et la Slovénie – afin de créer des écosystèmes touristiques plus durables, plus résilients et davantage ancrés dans le numérique. Ces projets sont axés sur les réformes et les améliorations, notamment concernant les données et les statistiques liées au tourisme, avec un accent sur les comptes satellites du tourisme, l'élaboration d'indicateurs du tourisme durable, la gouvernance et les outils de gestion des destinations, ainsi que le soutien aux PME et la transformation numérique de l'écosystème touristique.

De nombreux budgets, notamment ceux au niveau des régions et des destinations, ne sont pas définitivement arrêtés. Les perspectives du tourisme étant incertaines, le secteur aura probablement besoin d'un soutien continu durant cette période afin de garantir non seulement sa survie, mais aussi son adéquation avec les futurs objectifs stratégiques.

Se saisir des priorités d'action à l'appui de la reprise du tourisme

La reprise du secteur du tourisme s'accompagne de difficultés nouvelles et existantes. La pandémie a entraîné de fortes baisses dans le tourisme qui ont révélé des faiblesses sous-jacentes dans les modèles de développement de ce secteur et dans l'ensemble de l'économie du tourisme. Les priorités initiales définies pour encourager et permettre la reprise ont d'abord cherché à rétablir la confiance des consommateurs et la capacité de fonctionnement des entreprises, mais aussi à restaurer la sécurité de la mobilité des individus et à soutenir financièrement les entreprises. Une autre priorité est de remédier aux graves pénuries de main-d'œuvre afin de faire face à la hausse de la demande dans le secteur touristique, et au besoin de nouveaux investissements dans ce secteur pour attirer des visiteurs. Si ces points sont essentiels pour relancer ce secteur d'activité, il est important de comprendre la place qu'il devrait occuper à l'avenir afin de veiller à ce qu'il se reconstruise sur de meilleures bases. Les pouvoirs publics et les entreprises doivent agir maintenant pour que les mesures à court terme en faveur de la reprise aient des retombées stratégiques positives à long terme pour le secteur.

Garantir une mobilité sûre et fluide afin de restaurer la confiance et la demande des voyageurs

Le tourisme dépend de la mobilité des individus. Permettre aux individus de voyager dans de bonnes conditions constitue une nécessité à la fois à court et à long terme qui implique l'adoption de mesures pour redonner confiance aux voyageurs et proposer une mobilité sûre et sans écueil. Permettre aux voyageurs de se déplacer de manière fluide et en toute sécurité était déjà au cœur du programme d'action pour le tourisme avant la pandémie et fait partie intégrante d'une reprise du tourisme résiliente et inclusive, au même titre que les objectifs de durabilité.

Dans les faits, les restrictions de déplacement adoptées afin de limiter la propagation du COVID-19 ont mis le secteur du tourisme à l'arrêt. Récemment, l'expérience a montré à quel point il était complexe de lever ces restrictions et de remettre progressivement les éléments interdépendants de ce système en ordre de marche, en particulier dans un secteur complexe comme celui du transport aérien. Il était nécessaire de renforcer la confiance des visiteurs dans ces actions pour montrer aux individus qu'il est sûr de voyager et pour garantir aux pays hôtes, aux collectivités et aux travailleurs dans le secteur touristique qu'ils peuvent accueillir des voyageurs en toute sécurité (OCDE, 2021[20]).

Parmi les points importants, le dépistage du virus et la reconnaissance de la vaccination ont nécessité une approche coordonnée afin de garantir que les mesures adoptées n'empêchent pas inutilement les voyageurs de se déplacer, ne leur créent pas d'obstacle et ne restent pas en vigueur pour une durée plus longue que nécessaire. Le retour des voyages avec l'ouverture des frontières et la levée des restrictions, a été rendu possible grâce à la délivrance de certificats sanitaires et au contrôle de la vaccination. Certains pays se sont conformés à ces demandes en adoptant un passeport vaccinal pour les voyageurs, des programmes de certification pour un tourisme sûr destinés aux entreprises et l'instauration de zones touristiques sécurisées pour les villes et les pays.

Par exemple, la Türkiye a lancé un programme de certification du tourisme sain qui définit et suggère un ensemble exhaustif de mesures à prendre dans les moyens de transport et les hébergements. Le Maroc a instauré le label *Welcome Safely* en collaboration avec les autorités sanitaires. Il comprend une plateforme en ligne qui accompagne les opérateurs touristiques d'hébergement du Maroc dans leur processus de mise en conformité avec les mesures sanitaires. La Grèce a introduit le label *Health First* qui certifie l'application par les établissements d'hébergement touristiques des protocoles sanitaires obligatoires instaurés par le gouvernement pour lutter contre le COVID-19.

L'Indonésie a lancé le protocole Propreté, Santé, Sécurité et Durabilité assorti d'une formation et d'une certification en prévision de la réouverture du secteur touristique après la pandémie. Ce plan se présentait sous la forme de plusieurs livrets allant du protocole de sécurité des hôtels à des modèles propres à une destination qui peuvent être appliqués aux entreprises de tourisme. Il existe également un programme de certification renouvelé chaque année qui a permis de certifier près de 12 000 entreprises de tourisme.

Le certificat COVID-19 numérique de l'UE est valable dans tous les pays de l'UE et dans 49 pays hors de la zone UE au moment de la rédaction de ce rapport (Commission européenne, 2022[21]). Il permet un franchissement sécurisé des frontières et un accès aux services d'hôtellerie dans de nombreux pays, après la présentation d'une preuve de vaccination récente ou de rétablissement suite à une infection par le COVID-19. Les plateformes en ligne comme le plan de Reopen EU et le tableau de bord du dispositif de suivi OMT/IATA ont également renseigné les voyageurs sur les restrictions de déplacement et les conditions sanitaires requises afin de faciliter leur mobilité. Ces dispositifs restent en œuvre à mesure que les vagues de la pandémie se succèdent. Il sera également important de mettre à profit les apprentissages et les expériences tirées de la réponse apportée face au COVID-19 pour se préparer aux prochains épisodes sanitaires.

L'expérience acquise au cours de la pandémie a souligné la nécessité de transparence, de cohérence et de clarté dans la prise de décision et la communication concernant les voyages. Cela nécessite un engagement et une coordination étroite entre le gouvernement, le secteur du tourisme, les experts de la santé et les organismes de transport, ainsi que le secteur privé. La dimension multinationale des voyages exige également une coopération entre les pays pour aborder les questions de mobilité sûre (OCDE, 2021[20]). Une action coordonnée et une collaboration sur l'adoption de normes communes et sur la compatibilité des systèmes et des technologies peuvent contribuer à améliorer l'expérience voyageur tout en renforçant la sûreté et la sécurité, qui sont particulièrement cruciales en période de crise (OCDE, 2021[22]).

Encadré 1.6. Initiative de l'OCDE pour une mobilité internationale sûre

Les ministres de l'OCDE ont approuvé une initiative visant à promouvoir la sécurité des déplacements internationaux pendant la pandémie de COVID-19, qui prévoit notamment la définition d'un cadre pour des déplacements sûrs et la création d'un forum intersectoriel international temporaire de partage d'informations. Le forum a offert aux responsables publics et aux parties prenantes l'occasion de partager en temps réel des informations sur les stratégies et les approches suivies pour faciliter les déplacements. Le cadre favorise quant à lui des voyages plus fiables, plus sûrs et mieux sécurisés au fur et à mesure de la réouverture. Fondé sur les initiatives déjà en place, il vise à accroître l'interopérabilité entre les différents régimes encadrant les déplacements. Il est mis en œuvre par les pays sur la base du volontariat.

Une réunion à haut niveau sur la sécurité des déplacements internationaux, organisée par l'Espagne et l'OCDE en juillet 2022, a rassemblé des ministres, des secrétaires d'État et des hauts responsables principalement en charge des secteurs de la santé, du tourisme et des affaires étrangères. Dans le contexte des déplacements internationaux, les participants ont recensé plusieurs points qui nécessiteraient une meilleure coordination afin de rendre ces déplacements plus sûrs et plus simples pour les voyageurs. Les participants se sont engagés à définir un ensemble de principes et de procédures communs.

Dans sa déclaration, la Présidence a insisté sur : l'impact de la crise sur le tourisme, la compatibilité des systèmes numériques de reconnaissance des certificats sanitaires des différents dispositifs internationaux pour justifier un statut vaccinal ou le résultat d'un test ; la nécessité d'adaptation face à de nouveaux variants préoccupants grâce à des approches coordonnées, fondées sur des données et sur les risques pour réglementer les déplacements ; le développement d'un ensemble coordonné de critères fondés sur les risques pour la mobilité internationale ; et l'évolution possible de ces critères pour qu'ils puissent être utilisés lors de prochaines pandémies pour favoriser la mise en œuvre de mesures sanitaires adaptées pour les déplacements et améliorer la cohérence des actions en matière de déplacements internationaux.

Source : OCDE (2022), Réunion à haut niveau sur la sécurité des déplacements internationaux (OCDE, 2022[24]).

C'est ce qui a motivé l'initiative de l'OCDE pour une mobilité internationale sûre, approuvée par les ministres des pays de l'OCDE, destinée à coordonner les travaux entre les gouvernements au niveau national, entre les organisations internationales et avec le secteur privé pendant la pandémie (Encadré 1.6). Une Réunion à haut niveau sur la sécurité des déplacements internationaux a rassemblé des décideurs à la fois du secteur de la santé et du tourisme dans le but d'examiner et d'identifier des domaines où des actions pourraient être menées pour accélérer une reprise des déplacements internationaux sécurisés, permettre et favoriser un retour des déplacements transfrontaliers à des niveaux équivalents à ceux d'avant la pandémie, et améliorer l'état de préparation face aux futures crises mondiales.

Il est essentiel d'aller au delà de la reprise des voyages dans de bonnes conditions sanitaires et du système touristique dans son ensemble, pour considérer l'importance d'une mobilité fluide, pour la reprise et pour préparer l'avenir, en s'appuyant sur les technologies numériques. Les déplacements fluides offrent aux voyageurs une expérience de voyage agréable, au cours duquel le transport se déroule de façon continue, efficiente et en toute sécurité, que ce soit à l'aller, sur le lieu de destination ou au retour (OCDE, 2020[23]). Rassurer les voyageurs quant à la fiabilité du système et intégrer des dispositifs numériques aux frontières pour simplifier les déplacements restent des domaines de réflexion importants.

Accompagner les entreprises de tourisme fragiles pendant la phase de reprise

Le tourisme est un secteur très morcelé et hétérogène, composé de plusieurs branches différentes et dominé par des micro-, petites et moyennes entreprises qui représentent près de 85 % des entreprises des pays de l'OCDE. Ces petites entreprises de tourisme, souvent très dépendantes les unes des autres, coexistent avec les grands groupes qui structurent le secteur. La crise a mis en évidence la nature interdépendante et les fragilités de l'économie touristique. Ce qui touche un sous-secteur de l'écosystème touristique, comme le transport aérien ou l'organisation de voyages, peut avoir des répercussions majeures sur l'ensemble de la filière.

Ce système touristique complexe a été mis à l'arrêt pendant une longue période au cours de la pandémie et se trouve désormais confronté à de nouvelles difficultés et à des incertitudes permanentes liées au ralentissement économique et à la guerre menée par la Russie en Ukraine. Pendant la période d'interruption de l'activité, les entreprises de tourisme ont bénéficié d'aides publiques importantes et sans précédent. Ces aides comprenaient à la fois des mesures de soutien destinées à l'ensemble de l'économie (par exemple les aides aux salariés, les réductions d'impôts, les financements ou les prêts aux entreprises) et d'autres spécifiques au secteur.

Cette aide publique avait essentiellement pour objectif de protéger de nombreuses entreprises de tourisme et de leur permettre de survivre. Cependant, maintenant que les restrictions liées à la pandémie ont été levées, la plupart de ces aides aux entreprises ont elles aussi cessé. De nombreuses entreprises de tourisme sont dans une situation fragile et rencontrent toujours des difficultés, notamment liées à une trésorerie limitée, un accroissement de leurs dettes, des pénuries de main-d'œuvre et de compétences et une incertitude quant à leur capacité opérationnelle. Ceci se complique encore avec une hausse importante des prix, des restrictions énergétiques et la prévision d'un fort ralentissement de la reprise économique.

En 2022, une reprise forte tirée par la demande a permis aux entreprises du tourisme de retrouver de la trésorerie, mais elle risque de ne pas être suffisante pour maintenir ces entreprises à flot. Alors que la demande de rattrapage s'amenuise et que la crise liée à la hausse du coût de la vie menace les postes budgétaires discrétionnaires comme le tourisme, les perspectives sont largement incertaines et de nombreuses entreprises de tourisme envisagent l'année 2023 avec prudence.

Dans ce contexte, le secteur du tourisme aura certainement besoin d'une aide qui se prolonge pendant la période de reprise. Les mesures budgétaires temporaires sont utilisées pour atténuer l'impact immédiat de la hausse du prix de l'alimentation et de l'énergie pour les consommateurs et les entreprises, mais elles devraient être mises en balance avec la nécessité de réduire la consommation d'énergie, de stimuler la demande de façon limitée en période de forte inflation et de garantir la viabilité de la dette (OCDE, 2022[8]).

Les aides à venir doivent évoluer et les dispositifs pour la survie des entreprises doivent devenir des aides en faveur de la reprise et des investissements pour l'avenir, notamment pour les transitions verte et numérique. Maintenant que les touristes sont de retour et que l'incertitude qui pesait sur les voyages a disparu, les entreprises peuvent se détacher des dispositifs de soutien et reprendre un fonctionnement sans assistance. Toutefois, il est possible que les résultats positifs récents dans le secteur entraînent une suppression des dispositifs, laissant les entreprises confrontées aux perturbations à venir sans aucun soutien.

Pendant la pandémie, les aides apportées aux entreprises représentaient une des interventions les plus fréquentes. Certains pays comme l'Italie et l'Espagne ont également reconnu qu'il était nécessaire de continuer à apporter une stabilité aux entreprises en prolongeant leur soutien. Par exemple, l'Italie a créé un fonds national pour le tourisme qui propose un financement échelonné tout au long de 2024 (Encadré 1.7).

Encadré 1.7. Fonds de soutien pour le tourisme du Plan de résilience dédié au tourisme en Italie

Le Fonds unique national pour le tourisme a été établi par la loi de finances italienne pour 2022, avec un budget de 120 millions EUR pour la période 2022-23 et de 40 millions EUR pour 2024. Ce fonds a pour objectif de rationaliser les mesures adoptées pour favoriser et promouvoir le tourisme sur le territoire national, pour aider les acteurs du secteur à atténuer les effets de la crise et pour dynamiser la production et l'emploi en synergie avec les mesures prévues par le Plan national de relance et de résilience de l'Italie. Les objectifs de ce fonds sont : i) faire adopter des mesures de protection pour permettre aux acteurs économiques du secteur de tirer parti du potentiel du secteur face aux effets des crises systémiques ou sectorielles, ii) regrouper les mesures en faveur des acteurs qui pâtissent toujours de conditions entravant la bonne marche de leurs activités productives et professionnelles habituelles, et iii) promouvoir des actions en faveur du développement du secteur touristique capables d'avoir des répercussions économiques et sociales positives sur les territoires concernés et pour les catégories productives et sociales impliquées.

Les entreprises ont pris des mesures pour adapter leurs opérations et rester viables malgré la pandémie. Elles ont notamment : géré leur trésorerie et bénéficié de l'aide publique pour la protection des entreprises ; fait la promotion du respect des mesures contre le COVID au sein de l'entreprise ; adapté les modèles économiques et les offres de services ; réorienté certaines opérations pour satisfaire de nouveaux marchés ; soutenu les efforts de riposte à la pandémie (OCDE, 2020[11]).

Elles doivent maintenant agir pour faire face à un avenir en mutation. Il sera impératif d'adopter des modèles de fonctionnement qui s'adaptent à l'évolution des demandes des consommateurs, notamment aux pratiques numériques et durables. Les gouvernements devront apporter leur soutien, en particulier aux PME, à mesure que cette transition s'opère.

S'attaquer aux pénuries de travailleurs et de compétences pour rebâtir la main-d'œuvre du secteur

Le tourisme est un secteur qui nécessite un personnel très important et offre la possibilité de favoriser une reprise créatrice d'emplois pour des individus de tous les âges et de tout niveau de qualification, y compris pour les jeunes, les femmes et les personnes issues de l'immigration. Dans le même temps, le secteur est très dépendant de la qualité de ses ressources humaines pour ce qui est d'élaborer et de proposer une offre touristique compétitive, de s'adapter aux transitions verte et numérique et d'en tirer profit. Les tendances à l'œuvre dans le secteur du tourisme et les transitions importantes auxquelles il est confronté font évoluer la nature du travail et mettent en évidence la nécessité d'une montée en compétences et d'un recyclage de la main-d'œuvre du tourisme face à la mutation des besoins des consommateurs et des entreprises.

Cependant, les perturbations causées par le COVID-19 ont amené une partie des travailleurs du secteur du tourisme à se détourner de leur emploi pour saisir des opportunités qui se présentaient dans d'autres domaines de l'économie. Les travailleurs du tourisme ont largement bénéficié des programmes d'aides généraux en faveur des salariés et des emplois, adoptés par les pays, ainsi que des aides ciblées destinées au secteur du tourisme, même si ces aides n'ont pas concerné tous les travailleurs, notamment certains travailleurs indépendants et les travailleurs informels du secteur. Malgré cela, la part de ce secteur dans l'emploi total a chuté dans tous les pays examinés, et l'analyse récente de l'OCDE souligne qu'en novembre 2021, les pénuries de main-d'œuvre dans le domaine de l'hôtellerie et du tourisme étaient plus importantes qu'avant la pandémie dans près de 60 % des pays de l'OCDE (OCDE, 2022[5]). Cette situation constitue une difficulté majeure et immédiate pour l'économie touristique.

Les pénuries de main-d'œuvre ont également été accentuées par des problèmes de longue date qui compromettent la capacité du secteur à attirer et fidéliser ses travailleurs (par exemple l'insécurité de l'emploi, le niveau des salaires, les perspectives de carrière). Compte tenu de la hausse des tensions sur le marché du travail, le tourisme a du mal à affronter la concurrence pour obtenir la main-d'œuvre dont il a besoin sur un marché de l'emploi global très compétitif (OCDE, 2022[5]). Ceci a été encore plus marqué en 2022 au moment où l'hémisphère nord entrait dans la saison estivale, avec l'augmentation rapide de la demande qui n'a pas pu être correctement anticipée par le secteur compte tenu de l'incertitude permanente liée à la pandémie et à la situation géopolitique.

L'incapacité des entreprises du tourisme à attirer et retenir les travailleurs et les compétences nécessaires à la constitution d'effectifs solides dans le secteur a des répercussions évidentes sur la reprise. Par exemple, l'emploi dans le secteur du transport aérien devrait rester encore quelque temps inférieur au niveau antérieur à la pandémie. Les étapes préalables à l'embauche, comme le recrutement, la formation et les contrôles de sécurité ont constitué un défi largement médiatisé pour ce secteur en 2022 (IATA, 2022[10]). Compte tenu de la nature interconnectée de l'écosystème touristique, les pénuries rencontrées par les secteurs de l'aviation et du transport entraînent des répercussions importantes sur l'ensemble des professionnels du tourisme.

Afin d'attirer la main-d'œuvre nécessaire, le secteur a besoin de résoudre des problèmes de longue date qui touchent aux salaires, aux conditions de travail et à la réputation. Cette situation a été prise en compte avec l'introduction de volets consacrés à la main-d'œuvre dans les plans de relance et les stratégies à long terme mis en œuvre par de nombreux pays membres ou partenaires de l'OCDE, notamment l'Allemagne, l'Australie, l'Autriche, la Belgique (Wallonie), l'Espagne, l'Estonie, les États-Unis, la France, la Grèce, la Lituanie, la Pologne, la République slovaque, la Slovénie et la Suède.

C'est également un point central du Parcours de transition de la Commission européenne pour le tourisme dont l'objectif est d'améliorer l'équité et l'égalité dans les métiers du tourisme tout en développant et renouvelant la formation en partenariat avec les entreprises et les prestataires d'enseignement (Commission européenne, 2022[18]). Les objectifs comprennent :

- Renforcer l'attractivité du secteur du tourisme et la connaissance autour de la diversité des emplois et des débouchés professionnels.
- Simplifier le recrutement, notamment pour les emplois pour lesquels les besoins sont importants en prévision des prochaines saisons et des événements importants à venir.
- Attirer davantage de jeunes aux formations qui mènent à ces professions.

Le Pacte pour les compétences de l'UE, partenariat pour les compétences dans l'écosystème du tourisme a été lancé en 2022 dans l'objectif de promouvoir des actions conjointes pour améliorer les compétences existantes (développement des compétences), en apporter de nouvelles (reconversion) et s'attaquer aux pénuries de main-d'œuvre.

Même s'ils sont conscients des problèmes posés par le manque de main-d'œuvre dans le secteur, les pouvoirs publics peuvent avoir du mal à changer la dynamique du marché de l'emploi dans son ensemble, notamment après un tel choc systémique. Promouvoir l'acquisition de compétences, d'aptitudes et de qualifications tout au long de la vie professionnelle des travailleurs du tourisme est au cœur d'une approche de la sortie de crise et de l'avenir du travail centrée sur l'humain (Organisation mondiale du travail, 2022[25]). Les pays encouragent les talents de ce secteur en s'attachant à améliorer le niveau des compétences, à renforcer les qualifications, à soutenir la formation et à mettre en œuvre des programmes de recrutement (Encadré 1.8). Il est nécessaire de s'atteler à la résolution de ces problèmes pour favoriser la reprise à court terme, mais également pour garantir l'arrivée régulière dans le secteur de nouveaux travailleurs provenant des filières d'éducation et de formation dans les années à venir.

Le secteur privé doit également jouer son rôle en s'attelant aux problèmes de pénuries de main d'œuvre et de compétences dans le secteur du tourisme. Les entreprises doivent envisager des mesures pour examiner les facteurs internes. Les groupes hôteliers internationaux tels qu'Accor, IHG Hotels and Resorts, Marriott International et Hilton sont conscients du problème et admettent que les faibles rémunérations et les perspectives professionnelles limitées sont certainement responsables des pénuries actuelles. Ils prennent des mesures pour améliorer la flexibilité du travail et du recrutement ainsi que l'évolution professionnelle.

Les petites entreprises de tourisme agissent également, par exemple avec la réorganisation des emplois du temps et la hausse des salaires dans le secteur de l'hôtellerie pour le rendre plus attractif aux yeux des travailleurs. Toutefois, les PME du tourisme n'ont pas la capacité ni les ressources suffisantes pour reproduire la structure des grandes entreprises. Elles peuvent tirer des leçons des pratiques adoptées par les grands acteurs du secteur ou s'en inspirer pour les appliquer dans leur structure, soit à l'échelle de l'entreprise soit au moyen de programmes d'accompagnement public-privé. Les grandes entreprises interagissent également avec de nombreuses PME présentes sur la chaîne de valeur du secteur du tourisme et il peut y avoir des avantages mutuels à travailler étroitement sur les questions de ressources humaines.

Une coopération entre les pouvoirs publics et le secteur du tourisme créerait des occasions de trouver de meilleures solutions à ce problème de longue date et devrait être explorée. Par exemple, le gouvernement australien investit actuellement dans le « Hub » – un portail créé par l'*Australia Accomodation Association* – pour aider les nouveaux ou anciens travailleurs du secteur du voyage et du tourisme qui cherchent une formation, un emploi et d'autres informations au sujet de l'évolution professionnelle dans le secteur touristique.

La force et la résilience du secteur dépendront de sa capacité à se transformer et ceci passera par le recrutement et le développement des compétences nécessaires à la future main-d'œuvre du secteur. Le tourisme est en retard par rapport à d'autres secteurs dans l'adoption et l'utilisation des nouvelles technologies de pointe. Le Portugal a reconnu que les niveaux de qualification requis par les entreprises du tourisme avaient changé et investit dans des équipements et des infrastructures innovants pour placer la formation aux métiers du tourisme à un niveau plus élevé et permettre aux programmes de s'adapter aux nouveaux besoins et aux nouvelles demandes des consommateurs grâce au Centre d'innovation touristique.

La transition verte nécessitera également un nouvel éventail de compétences pour répondre à la demande croissante de voyageurs sensibilisés à la question environnementale. Les compétences vertes comprennent par exemple la tenue d'audits énergétiques, l'évaluation de la durabilité des activités touristiques, et la formation du personnel à des programmes de recyclage (Commission européenne, 2022[26]).

Encadré 1.8. Initiatives pour améliorer les compétences et le recrutement de la main-d'œuvre - exemples d'approches adoptées par les pays

France : une campagne de communication menée en 2022 et dotée d'un budget de 8 millions EUR ciblait les jeunes âgés de 16 à 25 ans à la recherche d'un emploi ou en cours de reconversion professionnelle. La campagne avait pour objectif de renforcer et préserver les emplois et les compétences dans le secteur afin d'améliorer l'attractivité des emplois du tourisme. Un dispositif pour relayer la campagne est également prévu grâce à la mobilisation de tous les acteurs institutionnels locaux, y compris les écoles, les centres de formation, les centres pour l'emploi, les préfectures, les régions, les fédérations professionnelles et le secteur privé.

Hongrie : une campagne en faveur de l'emploi dans le secteur du tourisme a pour but d'encourager les étudiants qui doivent faire un choix de carrière ou les personnes en reconversion à choisir le tourisme et l'hôtellerie, avec des courts métrages, des clips vidéo et un nouveau site web.

Irlande : une nouvelle campagne commerciale de recrutement et de sensibilisation a été lancée début 2022 pour attirer les talents vers ce secteur d'activité. D'autres projets tels que la création d'un Hub d'apprentissage proposant des formations gratuites, de qualité et autodirigées pour améliorer les compétences du personnel et renforcer les moyens d'action des entreprises, et un nouveau Programme d'excellence pour les employeurs sont en cours d'élaboration pour aider les entreprises à mobiliser les salariés et rendre le lieu de travail attrayant.

Malte : un programme de formation en ligne de 5 millions EUR a pour but de renforcer les compétences des personnels du secteur du tourisme et les produits proposés. Son objectif est de s'assurer que les salariés du tourisme sont dotés des compétences requises pour proposer une expérience touristique de qualité aux visiteurs de Malte.

Pérou : une plateforme éducative en ligne lancée en 2021 permet d'accéder à des formations et des certifications sur des sujets en lien avec le commerce, les outils numériques, l'innovation et l'intelligence commerciale. Ces cours virtuels comptent plus de 5 000 utilisateurs dans le pays.

Pologne : une loi spéciale a été adoptée afin de faciliter l'accès au marché du travail, notamment aux réfugiés ukrainiens devenus éligibles à l'emploi même s'ils n'ont pas de permis de travail ou de numéro d'inscription.

Portugal : le programme « Training + Next » a été mis en œuvre en janvier 2022 et a pour objectif de former 75 000 professionnels en trois ans, gratuitement, et en accord avec les besoins de chaque commune du pays sur l'ensemble du territoire. Le programme proposera des possibilités de renforcement des compétences et de reconversion des travailleurs afin de contribuer à l'enrichissement du tissu des entreprises locales et de leurs territoires respectifs et agira comme un outil pour attirer des compétences, notamment en qualifiant des individus venus d'autres secteurs d'activité ou sans emploi. Le contenu sera adapté à la diversité des entreprises de tourisme et aux futurs besoins du secteur.

Orienter l'investissement pour soutenir la reprise et promouvoir le développement d'un tourisme durable

Les actions en faveur du soutien de la reprise et de la construction d'une économie touristique plus forte, plus résiliente et durable pour l'avenir vont nécessiter un investissement continu et la mise à disposition d'infrastructures adaptées, nécessaires et de qualité afin de répondre aux besoins du secteur et des collectivités locales. Les pouvoirs publics devront s'assurer que le secteur du tourisme peut repartir et continuer d'innover et de se transformer tandis que les entreprises du tourisme et les destinations doivent adapter leur offre pour suivre les pratiques numériques et d'autres tendances, mais aussi pour se plier aux transformations structurelles et en faveur de la durabilité.

Ces dernières années, les destinations touristiques performantes ont instauré ou poursuivi des programmes visant à attirer des investissements directs internes et externes en faveur des produits et des opérations touristiques et à consacrer un budget public au soutien des services liés au tourisme et à la gestion des destinations. La pandémie de COVID-19 a exercé une pression supplémentaire importante sur ces programmes et créé un risque accru dans ce secteur pour les investisseurs et les prêteurs (OCDE, 2021[20]). La guerre en Ukraine a provoqué un choc négatif supplémentaire et perturbé l'économie mondiale avec des effets profonds et immédiats sur l'investissement direct étranger (IDE) et d'autres flux de capitaux (OCDE, 2022[27]).

L'IDE en faveur du tourisme est resté faible en 2021 et pendant la première moitié de 2022. L'incertitude géopolitique permanente, la crise inflationniste mondiale, les perturbations des chaînes d'approvisionnement mondiales, les pénuries croissantes de main-d'œuvre et la hausse du coût de la vie pour les consommateurs ont conduit à suspendre les plans d'investissement en faveur du secteur du tourisme (OMT, 2022[28]). Ceci aura des répercussions sur l'investissement à long terme nécessaire pour proposer des services d'hôtellerie, de transport et d'autres services liés au tourisme ainsi que sur l'infrastructure permettant de satisfaire la demande tout en améliorant les résultats économiques, sociaux et environnementaux.

L'investissement et l'accès au financement sont indispensables à l'échelle des entreprises individuelles. Les entreprises du tourisme auront besoin d'être aidées pour actualiser leurs modèles de prestation des services, se réorienter vers d'autres marchés et ajuster leurs modèles économiques, mais aussi pour exploiter de nouvelles opportunités et intégrer des solutions numériques et sobres en carbone. Toutefois, après deux ans en fonctionnement restreint et de multiples fermetures, les entreprises du tourisme disposent maintenant de réserves de trésorerie limitées pour relancer leur activité et investir dans leur affaire, et les PME rencontrent des difficultés particulières. Des programmes d'investissement devront être mis en œuvre pour encourager les initiatives dans un contexte où l'incertitude reste d'actualité et où la part de risque rend la situation déjà compliquée pour le tourisme.

De nombreux pays reconnaissent qu'il est nécessaire d'actualiser et de moderniser les produits touristiques et de faire évoluer les destinations afin de répondre aux nouvelles attentes des touristes et agissent dans ce sens. Au Canada, par exemple, le Fonds d'aide au tourisme propose un financement pour le développement des produits et des destinations (Encadré 1.9). L'Espagne a adopté un plan de 720 millions EUR pour le tourisme, avec 565 millions EUR consacrés au financement de projets en faveur de l'innovation et de la compétitivité grâce à une meilleure utilisation des technologies numériques, au recours à l'efficacité énergétique et à des pratiques durables. En 2022, le Chili s'est engagé à hauteur de 18 millions CLP pour promouvoir la participation à des événements internationaux pour l'investissement dans le secteur du tourisme, diffuser les opportunités du secteur sur les marchés prioritaires et améliorer l'information pour la prise de décision en matière d'investissement. Cet engagement s'est concrétisé, ainsi que le Plan d'action pour attirer des investissements dans le secteur du tourisme 2020-25, avec la création d'un programme d'action international qui s'intéressera au développement international des voyages, ponctué de rencontres avec des investisseurs et d'ateliers sectoriels, entre autres activités.

Afin de créer une offre touristique plus durable et compétitive, il est également nécessaire d'investir dans les infrastructures publiques. Le Mexique a anticipé la situation en développant des pistes cyclables touristiques permettant de relier les collectivités locales et permettant aux visiteurs de se rendre dans des lieux touristiques naturels et culturels. La *Ciclovía Maya*, la plus longue piste cyclable touristique du monde, reliera et intègrera les activités économiques de dizaines de collectivités locales de la péninsule du Yucatan. Cette initiative fera la promotion de la mobilité durable et du tourisme « zéro émission ».

Une intervention réussie des pouvoirs publics nécessitera une coopération importante et des stratégies coordonnées entre les différents gouvernements, et entre les différents niveaux d'administration, dans le cadre d'un plan national global à long terme, étant donné le temps nécessaire à la réalisation de nombreuses mesures de préservation de l'environnement. Elle exige également la participation du secteur privé et de la société civile, ainsi que le partage des meilleures pratiques et des nouvelles idées entre les différents acteurs qui conduisent le passage vers un nouveau modèle de développement touristique durable (OCDE, 2021[20]).

Encadré 1.9. Le Fonds d'aide au tourisme pour soutenir le développement de produits et des destinations au Canada

Au Canada, le Fonds d'aide au tourisme apporte 500 millions CAD au secteur du tourisme entre 2021 et 2023. Le fonds comprend 485 millions CAD apportés par les agences de développement régional et 15 millions CAD pour le volet des priorités nationales versés par Innovation, Sciences et Développement économique Canada. Les projets éligibles correspondent à un des deux thèmes :

- **Le développement de produits :** pour soutenir les projets qui améliorent les expériences touristiques, qui aident les entreprises du tourisme à s'adapter à la nouvelle « normalité », à moderniser leur offre, et les projets qui incitent le secteur à adopter des pratiques plus respectueuses de l'environnement.
- **Le développement des destinations :** pour soutenir les projets qui aident les collectivités à tirer davantage profit des opportunités de la période post-pandémie grâce à une planification stratégique des investissements à moyen et à long terme et qui soutiennent le développement de destinations.

Le volet national du Fonds vient en aide aux associations de parties prenantes pancanadiennes et nationales afin d'aider leurs membres à résoudre les problèmes à l'échelle du pays. Il s'agit de mesures pour soutenir le développement et le recrutement de compétences sur le marché du travail, l'adoption de stratégies pour le passage au numérique et le renforcement de la capacité organisationnelle.

Le Fonds d'aide au tourisme prévoira également 50 millions CAD dédiés aux initiatives touristiques autochtones pour aider les entreprises de tourisme à adapter leur offre afin qu'elle réponde aux exigences en matière de santé publique tout en investissant dans des produits et des services en prévision de leur croissance future.

Bâtir un avenir plus durable, résilient et inclusif pour le tourisme

La crise offre une occasion unique de repenser le système touristique et de progresser vers des modèles de développement plus équitables, plus durables et résilients. Des interventions des pouvoirs publics seront nécessaires pour remédier aux faiblesses structurelles qui ont pénalisé le secteur par le passé, et pour lui éviter de retomber dans les problèmes de développement déséquilibré et de gestion du tourisme auxquels il était confronté avant la crise. Des interventions seront également nécessaires pour faire progresser la transition vers le numérique et la sobriété en carbone. Il importe que les autorités publiques prennent ces éléments en compte au moment d'élaborer et déployer des stratégies et des plans d'action détaillés pour faire redémarrer le tourisme.

Les facteurs économiques et sociaux à traiter comprennent le caractère saisonnier de la demande, les pertes économiques, la surpopulation et la surconsommation, l'exclusion et l'inégalité, la surdépendance au tourisme, la faible rémunération et le manque de perspectives professionnelles et les faibles marges financières. Il est également urgent d'agir face au changement climatique et de prendre les mesures d'atténuation et d'adaptation requises par l'économie touristique. Dans le même temps, il est constaté que ces problèmes et leurs effets varient considérablement selon les destinations (OCDE, 2021[13]). Des mesures doivent être prises pour façonner un nouvel avenir pour le tourisme, prendre de la distance avec le modèle de la croissance à tout prix et se rapprocher d'un futur compétitif, durable, numérique, inclusif et résilient.

Encourager la transition numérique pour permettre à tous les acteurs du tourisme d'en tirer parti

L'évolution et l'application des technologies numériques modifient profondément la façon dont les individus vivent, travaillent, voyagent et exercent des activités commerciales, et elles transforment et remodèlent le tourisme. Toutefois, les possibilités qui en résultent posent également des problèmes d'égalité des chances, créant notamment un écart croissant entre les entreprises touristiques axées sur la technologie et connectées à l'échelle mondiale et les micro- et petites entreprises traditionnelles, souvent caractérisées par des pratiques commerciales à faible technicité (OCDE, 2021[20]).

La pandémie a accéléré plusieurs de ces tendances et la transition numérique du secteur du tourisme continue d'être une priorité pour les pays membres ou partenaires de l'OCDE. Les technologies numériques offrent des possibilités très étendues qui permettent de toucher plus facilement les consommateurs, d'améliorer la productivité et la transition vers un avenir plus durable et inclusif. Des actions sont nécessaires pour promouvoir l'équité et l'inclusion, et permettre aux micro- et petites entreprises et aux collectivités locales ainsi qu'aux visiteurs d'en tirer profit (OCDE, 2021[13]). Elles doivent également tenir compte des nouveaux défis que pose la transformation numérique, notamment accroître la cybersécurité, la sécurité des données et l'assistance technique, en particulier pour les PME.

De nombreux pays encouragent les entreprises du tourisme à opérer une transition numérique et facilitent leur démarche. Les initiatives comprennent la mise à disposition de nouvelles plateformes numériques, de formations, de services numériques et de financements. La Bulgarie, par exemple, considère que le perfectionnement numérique des PME est la clé de la hausse de la compétitivité et qu'il contribue à la transition verte. La collaboration intergouvernementale a permis à la Bulgarie de transformer les PME du secteur touristique et de placer la transition numérique du patrimoine culturel au sein du Plan national de relance et de résilience. L'Estonie propose des cours de conception de services et de transition numérique des services destinés aux sociétés de tourisme pour la deuxième année consécutive. La Grèce développe également un registre électronique unique pour les entreprises de tourisme (e-MHTE) pour améliorer la qualité des services et renforcer la compatibilité avec les nouvelles applications et entre les systèmes.

La Lettonie met en œuvre des programmes pour soutenir le passage au numérique des processus, la formation aux compétences numériques et la conception de nouveaux produits numériques. Le Programme des transitions du tourisme en Nouvelle-Zélande porte sur les mêmes thèmes. Au Portugal, seulement 47 % des entreprises du secteur de l'hôtellerie et de la restauration disposent actuellement d'un site internet. Un nouveau programme de formation amélioré, proposé dans le cadre du plan portugais Réactiver le tourisme – Construire l'avenir, s'est fixé comme priorité de veiller à ce que les entreprises soient tournées vers le numérique. La Serbie a introduit un système d'information central qui regroupe les données de tous les prestataires de services d'hébergement et les établissements hôteliers. Le Canada a lancé le Programme canadien d'adoption du numérique pour aider les entreprises, y compris celles du secteur touristique, à tirer parti des possibilités offertes par le numérique.

En Lituanie, le TravelTech Sandbox est une plateforme en ligne qui accueille les innovateurs au sein de son écosystème TravelTech qui ne cesse de s'étoffer, en leur proposant un environnement « en bac à sable » pour faire germer des idées qui pourraient faire évoluer le marché. L'Islande a également cartographié les besoins numériques de ses entreprises de tourisme et développé un « bac à sable » numérique – une plateforme qui soutient l'innovation dans le secteur du tourisme encouragée par des partenariats avec des entreprises technologiques.

Le passage au numérique offre également la possibilité d'utiliser la technologie pour apporter des solutions aux problèmes sectoriels plus vastes tels que ceux posés par la transition verte et la gestion durable du tourisme. La Suède a créé une banque de données numérique et un système de contrôle national pour accompagner le secteur du tourisme vers un fonctionnement plus durable. L'Italie étudie des solutions à moyen et à long terme en créant un pôle du tourisme numérique pour connecter et promouvoir l'offre touristique du pays, mieux gérer les flux touristiques et favoriser un tourisme durable. L'objectif est d'atténuer la forte fragmentation de l'écosystème touristique italien, en particulier les écarts entre les régions et le fossé entre les différentes destinations touristiques et les entreprises du secteur. La Corée exploite les technologies numériques innovantes non seulement pour la gestion du tourisme, mais aussi pour commercialiser et proposer des expériences uniques grâce à une plateforme du métavers (Encadré 1.10).

Encadré 1.10. Développement d'une plateforme du métavers pour le tourisme en Corée

Pour séduire les jeunes sensibles au numérique qui sont autant de visiteurs potentiels pour la Corée et pour donner à la Corée l'image d'une destination sûre, le pays envisage de se tourner vers une nouvelle technologie innovante pour promouvoir le tourisme : le métavers. Le métavers est un espace virtuel au sein d'un environnement numérique dans lequel les utilisateurs peuvent travailler, jouer, socialiser et voyager. Il cible les consommateurs de la génération Z, la génération considérée comme étant « née avec le numérique », qui a grandi avec des terminaux de poche et des tablettes.

La Corée a recréé le parc des berges du fleuve Han sur « Zepeto », une plateforme de jeu de réalité augmentée mettant en scène des avatars et qui rassemble plus de 200 millions de joueurs à travers le monde, afin de proposer des expériences de voyage numérique variées. Les joueurs peuvent profiter des activités aquatiques proposées sur le fleuve Han, comme les sorties en yacht, en bateau-taxi, en Tubester (une embarcation en forme de bouée pouvant accueillir jusqu'à six personnes), et en kayak. D'autres expériences populaires proposées sur le fleuve Han aux touristes internationaux sont également disponibles, comme visiter le marché nocturne en bordure du fleuve et déguster un poulet frit coréen et des ramens.

En plus de ces expériences virtuelles en 3D au sein du jeu, la Corée a collaboré avec la célébrité de la K-pop ITZY pour faire la promotion de la Corée en tant que destination touristique auprès des amateurs de ce style musical, elle a hébergé sur la plateforme plusieurs événements culturels et des compétitions et collaboré avec des influenceurs du numérique pour susciter l'intérêt des futurs visiteurs. La Corée prévoit d'étendre encore son paysage numérique et de recréer d'autres sites touristiques populaires, des réunions internationales, des incitations, des plateformes de conférence et d'événements et des marchés en ligne pour agences de voyages sur les plateformes du métavers.

Diversifier l'offre touristique et les marchés pour construire la résilience

Les effets de la crise sur le tourisme ont été asymétriques, certains pays, certaines destinations, entreprises et personnes étant plus exposés que d'autres. Une meilleure planification et un plus grand engagement de la communauté sont nécessaires (OCDE, 2021[20]). Trop de destinations ont connu une dépendance excessive à l'égard du tourisme qui aurait pu être évitée en recherchant la croissance de ce secteur dans le contexte d'une planification plus large du développement économique et régional. Les chaînes de valeur du tourisme deviennent moins vulnérables si les entreprises impliquées ont accès à différentes sources de revenu. Les destinations et les entreprises dont la base de marché est diversifiée sont également en général moins exposées aux défaillances potentielles du marché.

Diversifier l'écosystème touristique nécessite une approche stratégique qui tienne compte de tous les aspects de l'offre touristique, notamment :

- **Un panel de visiteurs qui ne soit pas excessivement tributaire d'un marché unique.** Pendant la pandémie, la plupart des pays ont recentré leurs efforts pour accroître la demande touristique interne. Cette stratégie était essentielle pour combler les pertes enregistrées sur le marché international compte tenu des restrictions des déplacements internationaux. Avec la reprise du tourisme, les pays ont pris conscience de l'importance du tourisme interne, mais remettent également en question la dépendance (excessive) à certains marchés internationaux spécifiques.

- **Une répartition tant géographique que saisonnière des visiteurs.** Les volumes importants de touristes dans certaines destinations prisées ont des répercussions négatives à la fois sur les touristes et les communautés. Une dépendance trop forte à l'égard d'un seul lieu ou d'une période de l'année expose l'ensemble de l'écosystème touristique à d'éventuels chocs. Les pays cherchent à créer un afflux de visiteurs plus régulier en envoyant les touristes vers des destinations en région ou en proposant de nouvelles expériences de voyage hors saison.
- **Une offre de produits touristiques unique et variée est indispensable à un tourisme durable et résilient.** Par exemple, les activités proposées en salle (au théâtre, au cinéma, au musée) ont été fortement touchées par les mesures de distanciation sociale appliquées pendant la pandémie, ce qui a eu des répercussions immédiates sur les recettes et les moyens de subsistance et sur les chaînes de valeur plus larges, comme le tourisme (OCDE, 2022[29]). Réciproquement, certains de ces produits culturels dépendent également des revenus du tourisme. En diversifiant leur offre de produits pour y inclure à la fois des activités et des attractions en intérieur et en plein air, les destinations seraient moins exposées aux chocs.

Favoriser l'innovation lors du développement d'expériences touristiques et diversifier tous les domaines de l'écosystème du tourisme permettra de gagner en résilience et de mieux le protéger contre les futurs chocs. L'offre touristique et la base de produits devront peut-être être adaptées pour répondre aux nouveaux profils de marché. Des transformations structurelles du marché, notamment pour le tourisme d'affaires, doivent être prises en compte et appellent des réponses nouvelles et innovantes. Ce point est abordé plus en détail dans le chapitre 2 consacré à la résilience de l'écosystème du tourisme.

Les pays adoptent plusieurs approches pour bâtir une économie touristique plus diversifiée. La Slovénie a mis en œuvre des stratégies pour attirer davantage de visiteurs dans les parcs nationaux populaires en dehors de la haute saison estivale. La République tchèque a lancé un système de bons pour séjourner à prix réduit dans des stations thermales. La Croatie prévoit de proposer des destinations touristiques en dehors de Dubrovnik pour diminuer sa dépendance à l'égard de cette ville.

L'innovation issue d'une approche coordonnée entre des secteurs voisins pourrait permettre de créer une offre plus diversifiée dans les destinations touristiques. Par exemple, il serait possible d'exploiter les éventuelles synergies entre le tourisme et les secteurs culturel et artistique, notamment de tirer parti du tourisme culturel et artistique pour relever le défi de la durabilité et répartir les touristes dans différents lieux, villes et villages (OCDE, 2022[30]).

Renforcer la capacité des destinations à gérer le tourisme de manière durable

Avant la pandémie, il était déjà largement admis que le tourisme avait besoin d'être mieux géré afin de proposer un développement équilibré entre évolution économique, sociale et environnementale. Ceci s'est intensifié depuis la crise, alors que le retour du tourisme exerce de nouveau des pressions sur les destinations. C'est souvent au niveau des destinations locales que les questions liées à la résilience et à la durabilité sont le mieux prises en charge et permettent de répondre à des besoins aussi divers que précis, moyennant une large participation des parties prenantes et l'implication des acteurs locaux du tourisme. Pour ce faire, la coordination des approches stratégiques est nécessaire, de même que l'amélioration des capacités de l'exécutif à tous les niveaux, et la participation du secteur privé. De nombreux lieux touristiques s'intéressent désormais en priorité à la planification de la gestion des destinations, en s'attelant à des problèmes tels que la répartition géographique et temporelle des visiteurs, et prévoient une étroite consultation avec les collectivités locales.

Cet exercice consiste en partie à faire remonter les informations relatives aux effets et aux faits constatés au niveau infranational afin d'éclairer les plans et stratégies touristiques nationaux, puis à élaborer des plans locaux et régionaux en lien avec les objectifs poursuivis et favorisant leur concrétisation (OCDE, 2021[31]). Par exemple, la stratégie colombienne de gestion intégrée des destinations repose sur un système de planification et de gestion des activités, des ressources et des parties prenantes impliquées dans le développement du tourisme sur le territoire. Elle comprend la définition, l'application et le suivi des actions qui permettent de renforcer la destination. La Colombie travaille avec des destinations au sein de leur contexte territorial, en tenant compte des besoins de développement et des difficultés individuelles afin de créer des synergies entre les pouvoirs locaux, les parties prenantes, le secteur privé et les communautés dans une perspective de développement durable.

Une gestion des destinations cohérente nécessite un financement adapté. Cependant, les données des pays montrent que la gestion des destinations a également besoin des éléments suivants :

- **Des connexions fortes :** des connexions solides entre les intérêts nationaux, régionaux et locaux améliorent la possibilité d'une réussite à long terme.
- **Une compréhension claire des rôles et des devoirs à chaque niveau :** des activités telles que la mise en place de mesures commerciales et de gestion doivent être définies en précisant clairement le rôle de chacun.
- **Un plan conjointement décidé et mis en œuvre :** il devrait s'agir d'un plan pratique, fondé sur des actions et en lien avec la stratégie nationale. Il présente généralement une vision commune et des objectifs clairs et porte sur un nombre relativement limité de priorités régulièrement évaluées.

La gestion durable du tourisme implique de renforcer les structures de gouvernance locales et de donner largement la parole aux collectivités locales (OCDE, 2021[13]). Les organismes de gestion des destinations (OGD) peuvent mobiliser les parties prenantes pour qu'elles travaillent ensemble, créent une action coordonnée au sein des destinations et produisent de meilleurs résultats pour le secteur du tourisme. Il s'agit notamment d'impliquer directement les communautés locales. Visit Berlin a récemment adopté une nouvelle méthode pour faire participer les acteurs locaux, avec la mise en œuvre du Conseil consultatif citoyen pour le tourisme qui sera composé de deux membres volontaires, issus de chacun des 12 districts, et dont l'objectif est de faire germer des idées pour le développement d'un tourisme urbain compatible avec les principes de développement durable (Berlin, 2022[32]).

De nombreux pays de l'OCDE et partenaires ont entrepris des actions pour soutenir la gestion des destinations avec la mise en œuvre de nouvelles structures d'OGD et l'examen des modèles opérationnels existants, et de nombreux pays ont cherché à proposer des activités pour le renforcement des capacités pour les régions (Encadré 1.11). Le Royaume-Uni a entrepris un examen indépendant de ses systèmes de gestion des destinations et s'est engagé à apporter un certain nombre de solutions aux problèmes relevés, notamment un nouveau système d'accréditation et un nouveau modèle de financement à plusieurs niveaux (Encadré 2.10).

La nécessité de renforcer la gestion des destinations est également reconnue au niveau international. Par exemple, le programme pour la résilience des destinations touristiques de la *Pacific Asia Travel Association* aborde l'évaluation du risque, le renforcement de la gestion du risque et de la capacité d'adaptation à travers 10 modules proposés en ligne qui portent sur les étapes nécessaires au renforcement de la résilience des destinations touristiques et à la durabilité à long terme (PATA, 2022[33]).

Encadré 1.11. De nouvelles méthodes de gestion régionale et des destinations - exemples d'initiatives menées par les pays

Bulgarie : Neuf organismes régionaux de gestion du tourisme ont été instaurés en 2018-19. De nouveaux projets ont été lancés en 2019-22 pour soutenir le fonctionnement et le renforcement des capacités des organismes à l'appui d'une gestion du tourisme efficace à l'échelle des destinations. Ils avaient pour objectif d'aider à la création et au fonctionnement des organismes de gestion et de contribuer à améliorer la qualité de service des PME du secteur touristique grâce à l'utilisation des TIC et au commerce en ligne.

Grèce : Une nouvelle législation a été introduite pour permettre l'instauration d'organismes de gestion et de promotion des destinations touristiques considérés comme un facteur indispensable à l'adoption d'une gestion et d'un développement durables des destinations. Ces organismes ont pour mission de créer un cadre pour une coopération stable et efficace entre les secteurs public et privé, apportant ainsi de la continuité à la promotion des produits touristiques et à la qualité des services proposés. Créés dans le cadre du plan de relance et de résilience, ces organismes disposeront chacun d'un observatoire de la durabilité du développement du tourisme qui gérera l'accès et le suivi des données au service d'une planification intégrée des stratégies touristiques.

Hongrie : Un nouveau réseau de services de gestion des destinations permettra une gestion unifiée et favorisera la coopération entre les acteurs locaux pour aboutir à une vision partagée des destinations. L'objectif est que ces services de gestion assurent une communication efficace entre les différents niveaux, local et central, et au sein des destinations pour promouvoir un développement des produits axé sur les destinations et favoriser une entrée réussie sur le marché.

Pays-Bas : Le *Centre of Expertise Leisure, Tourism and Hospitality* (CELTH) propose un programme pluriannuel pour le développement des connaissances des « destinations conscientes » dans le domaine de l'hôtellerie et axé autour de cinq thèmes cruciaux : le cadre de vie, le capital humain, la capacité organisationnelle, l'intelligence et l'offre de loisirs. Les destinations conscientes s'efforcent d'atteindre des résultats touristiques qui ont l'impact social, écologique et économique le plus positif possible et conduisent à la meilleure qualité de vie, d'expérience et de travail. Les efforts se concentrent expressément à l'échelle de la destination parce que c'est là que les différents sous-secteurs et acteurs se rassemblent.

Nouvelle-Zélande : Les agences régionales de tourisme sont traditionnellement responsables de la promotion de leurs destinations et se sont récemment chargées du rapprochement des acteurs locaux afin d'élaborer des plans de gestion des destinations. Les travaux de gestion des destinations de ces agences ont pu être accélérés grâce aux fonds de soutien du COVID-19 et avec l'aide de l'organisation *Regional Tourism New Zealand*.

Norvège : Des réformes régionales ont été lancées en 2020 afin de donner aux comtés de nouveaux rôles et davantage de responsabilité. Ceci devrait créer un cadre plus efficace lorsqu'il s'agit de résoudre des problèmes intersectoriels, dans l'intérêt des entreprises du tourisme.

Améliorer la base de connaissances pour les prises de décision fondées sur des données

Améliorer la base de connaissances pour étayer les prises de décisions stratégiques et professionnelles est une priorité de l'action publique. L'efficacité de l'élaboration des politiques publiques, de la planification et de la gestion dépend de la disponibilité de données solides, de préférence des données fiables, actualisées et suffisamment détaillées et comparables à l'échelle des destinations et des territoires. Il est également nécessaire de réaliser des progrès pour mieux mesurer les dimensions économique, environnementale et sociale du tourisme, et de concevoir des indicateurs actualisés et solides et des outils pour contrôler l'efficacité des mesures adoptées pour le tourisme et la résilience et la durabilité du développement du tourisme.

La pandémie a mis en évidence le manque de données disponibles sur le tourisme et les défaillances des systèmes d'information, elle a également rappelé la nécessité de recueillir plus de données intégrées, actualisées, comparables et détaillées. Le manque de données solides, comparables et actualisées permettant de quantifier les effets de la crise sur le tourisme a empêché les responsables politiques et d'entreprises de prendre des décisions fondées sur des données. Les pays ont réagi en allant au-delà des méthodes d'enquête traditionnelles afin d'obtenir des informations plus actualisées, en s'appuyant sur d'autres sources de données et des sources complémentaires. Ils ont notamment utilisé plus efficacement les sources de données administratives, les données anonymes en temps réel des téléphones mobiles, les données des transactions bancaires et des fournisseurs de cartes de crédit et les données des réservations (Encadré 1.12). La Commission européenne (Eurostat) compile également les données de quatre grandes plateformes de réservation : Airbnb, Booking.com, TripAdvisor et Expedia Group.

Compte tenu du manque de données actualisées, comparables et détaillées dans des situations qui évoluent rapidement, il est nécessaire de s'appuyer sur des indicateurs fiables et cohérents pour évaluer l'efficacité des programmes et des initiatives et pour suivre les progrès réalisés dans le domaine de la reprise et de la résilience du tourisme (OCDE, 2020[11]). Ceci se poursuit au-delà de la période de crise actuelle et la mesure de la durabilité et de la résilience grâce à des indicateurs constitue une priorité pour les pays comme pour les organisations internationales. Des données de meilleure qualité sont nécessaires pour guider l'élaboration et la mise en œuvre des mesures et des programmes en faveur du tourisme, ainsi que pour influencer le comportement des consommateurs et les pratiques des entreprises, notamment afin de rendre le secteur plus vert.

Des sources de données autres et complémentaires offrent la possibilité de développer des indicateurs plus variés et actuels pour la prise de décision. Toutefois, il est essentiel de comprendre les problèmes que cela peut poser et d'équilibrer les choix de ces éventuelles sources de données, la meilleure solution à long terme étant probablement une combinaison des données nouvelles et officielles. D'autres sources de données peuvent coûter cher et le manque d'informations ciblées peut limiter leur utilité comparativement aux données d'enquête, en particulier pour rassembler des statistiques économiques officielles comme pour le Compte satellite du tourisme. L'accessibilité constitue une autre difficulté. Le COVID-19 a notamment offert l'occasion de recréer de l'intérêt pour les données et le partage des données. Il a amené les ministères, les organes du secteur du tourisme et les organismes nationaux de la statistique à collaborer plus étroitement. Le Brésil a donné accès à un large éventail de données sur le tourisme grâce à la Coordination générale des données et de l'information. Il s'agit de données officielles fournies par les ministères du Tourisme et du Travail, la police fédérale et l'Institut de géographie et de statistiques, ainsi que d'informations communiquées par les associations du secteur touristique.

La Norvège travaille actuellement sur la conception d'un appareil de mesure qui s'appuie sur des données massives et des outils d'analyse pour proposer un aperçu plus complet du secteur du tourisme. La Hongrie a mis en œuvre des partenariats avec le secteur privé afin d'exploiter ces mêmes possibilités, en s'intéressant aux données du marché du travail pour l'hôtellerie. Au niveau européen, les données et le partage de celles-ci constituent un pilier fondamental du parcours de transition pour le tourisme de la Commission européenne.

Encadré 1.12. Élaboration et suivi de l'action publique fondé sur des données

Pour combler les lacunes persistantes en matière d'informations à une époque où les enquêtes habituelles sur les visiteurs sont devenues plus difficiles à poursuivre, certains pays se sont tournés vers de nouvelles sources de données pour suivre les performances du secteur du tourisme (y compris les perspectives de reprise) et élaborer l'action publique. Une enquête de l'OCDE et de pays partenaires menée en 2022 a mis en évidence que plus de la moitié des personnes interrogées avaient recours à de nouvelles données ou à des méthodes expérimentales pour mesurer la performance du tourisme. Les types de données les plus couramment utilisés comprenaient :

- **Données bancaires ou transactions par carte de crédit :** Utilisées ou en prévision d'utilisation par l'Autriche, la Corée, le Danemark, l'Espagne, l'Estonie, la Grèce, la Hongrie, l'Italie, la Nouvelle-Zélande, le Portugal et la Suède.
- **Suivi des réservations ou des résultats des compagnies aériennes :** Utilisé par l'Autriche, le Canada, le Danemark, l'Estonie, la Finlande, la Hongrie, l'Italie, Malte, le Portugal et la République tchèque.
- **Suivi des réservations ou des résultats des établissements hôteliers :** Utilisé par l'Autriche, le Danemark, l'Espagne, l'Estonie, la Finlande, la Hongrie, l'Italie et Malte.
- **Données administratives :** Enquêtes mensuelles (Serbie), informations sur les passages aux frontières et les visas (Canada, Costa Rica, Espagne et États-Unis) et données des services de retraite pour mesurer l'emploi (Croatie, Estonie).
- **Données de géolocalisation par téléphone :** Utilisées ou expérimentées par l'Autriche, le Danemark, l'Espagne, l'Estonie, la Hongrie, l'Indonésie et le Portugal.

Le Canada a développé un indicateur composite pour suivre une mesure plus globale sur l'activité touristique, et la comparer à des niveaux précédents. L'Italie envisage de recourir à des données comportementales pour comprendre les comportements durables et inciter les touristes et les entreprises du secteur à les adopter.

Pour comprendre les performances à venir, neuf pays se sont intéressés aux prévisions (réalisées en interne ou commandées). La majorité de ces prévisions annoncent un retour du tourisme aux niveaux de 2019 pour 2024 ou après.

Il sera important de conserver cet élan pour ne pas manquer cette occasion et continuer à s'appuyer sur les fondations déjà bâties. La fourniture de données actualisées et globales est importante non seulement pour atténuer les prochaines crises, mais aussi pour garantir le développement continu et durable du secteur. Dans la même idée, le développement de données et d'indicateurs mesurant la durabilité du tourisme fait l'objet d'une grande attention aux niveaux national et infranational, ainsi qu'au niveau international. Des travaux sont en cours pour élaborer et piloter un ensemble d'indicateurs de base sur la durabilité du tourisme au niveau infranational, notamment dans le cadre du Plan de relance et de résilience de l'Espagne. Eurostat met tout en œuvre pour préparer un ensemble d'indicateurs communs sur le tourisme durable, tandis que le Tableau de bord du tourisme de l'UE rapproche des données existantes pour aider à comprendre les performances touristiques du pays et de la région et s'articule autour des piliers du passage au numérique, des répercussions environnementales et de la vulnérabilité socio-économique. L'OMT, en partenariat avec la Division des statistiques des Nations Unies et les principaux pays, élabore un Cadre statistique de mesure de la durabilité du tourisme afin de guider la production de données fiables et comparables sur les aspects économiques, sociaux et environnementaux du tourisme.

Des améliorations importantes et des méthodes innovantes en matière de données sont nécessaires pour s'adapter au nouvel environnement des données, répondre aux besoins changeants des usagers, et permettre de meilleures prises de décision stratégiques fondées sur des données, y compris pour intégrer des sources de données et des méthodes non conventionnelles dans l'écosystème des données sur le tourisme. Dans le même temps, le numérique offre de nouvelles possibilités pour favoriser les prises de décisions stratégiques fondées sur des données et répondre aux pouvoirs publics qui demandent de nouvelles données, plus détaillées et actualisées dans un monde qui change rapidement.

Références

APEC (2022), *Policy Recommendations for Tourism of the Future: Regenerative Tourism*, https://www.apec.org/meeting-papers/sectoral-ministerial-meetings/tourism/11th-apec-tourism-ministerial-meeting/policy-recommendations-for-tourism-of-the-future-regenerative-tourism. [17]

Banque mondiale (2020), *Rebuilding Tourism Competitiveness: Tourism response, recovery and resilience to the COVID-19 crisis*. [15]

Berlin (2022), *Berlin se dote d'un conseil consultatif des touristes*, https://www.berlin.de/en/news/7711047-5559700-berlin-gets-new-citizens-council-tourism.en.html. [32]

Carlisle, S., S. Ivanov et C. Dijkmans (2021), « The digital skills divide: evidence from the European tourism industry », *Journal of Tourism Futures*, https://www.emerald.com/insight/content/doi/10.1108/JTF-07-2020-0114/full/html#sec011. [45]

CNUCED (2020), *COVID-19 and Tourism: Assessing the Economic Consequences*, https://unctad.org/webflyer/covid-19-and-tourism-assessing-economic-consequences. [44]

Commission européenne (2022), *Certificat COVID numérique de l'UE*, https://ec.europa.eu/info/live-work-travel-eu/coronavirus-response/safe-covid-19-vaccines-europeans/eu-digital-covid-certificate_fr. [21]

Commission européenne (2022), *New taxonomy of skills for the green transition*, https://ec.europa.eu/newsroom/empl/items/741088/en. [26]

European Commission (2022), *Transition pathway for tourism*, https://data.europa.eu/doi/10.2873/344425. [18]

Eurostat (2022), *base de données des statistiques du tourisme*, https://ec.europa.eu/docsroom/documents/49498?locale=fr. [7]

ForwardKeys (2022), *2022 summer travel trends: record breaking summer for flights to Greece and Turkey*, https://forwardkeys.com/2022-summer-travel-trends/. [9]

IATA (2022), *Global outlook for air transport - June 2022*, https://www.iata.org/en/iata-repository/publications/economic-reports/airline-industry-economic-performance---june-2022---report/. [10]

OACI (2021), *Équipe spéciale du Conseil sur la relance de l'aviation (CART)*, https://www.icao.int/covid/cart/Pages/default.aspx. [12]

OCDE (2022), *Financing SMEs and Entrepreneurs 2022*, https://www.oecd.org/cfe/smes/financing-smes-and-entrepreneurs-23065265.htm. [42]

OCDE (2022), *Foreign Direct Investment Statistics: Data, Analysis and Forecasts*, https://www.oecd.org/investment/statistics.htm. [41]

OCDE (2022), *G20 TWG Discussion Paper on tourism and cultural and creative sectors*. [30]

OCDE (2022), *High-Level Meeting on Safe International Travel*, https://www.oecd.org/health/safe-international-travel/. [24]

OCDE (2022), *International investment implications of Russia's war against Ukraine*, https://www.oecd-ilibrary.org/finance-and-investment/international-investment-implications-of-russia-s-war-against-ukraine_a24af3d7-en;jsessionid=0YTWIB_hhafMMhdPJK42ytgtHUuZbexF8SB86uHV.ip-10-240-5-110. [27]

OCDE (2022), *Perspectives de l'emploi de l'OCDE 2022*, https://www.oecd.org/perspectives-de-l-emploi/2022/. [38]

OCDE (2022), *Perspectives de l'emploi de l'OCDE 2022*, https://www.oecd.org/perspectives-de-l-emploi/2022/. [5]

OCDE (2022), *Perspectives économiques de l'OCDE, Rapport intermédiaire, septembre 2022 : Payer le prix de la guerre.*, https://www.oecd.org/perspectives-economiques/septembre-2022/. [8]

OCDE (2022), *Perspectives économiques de l'OCDE, Volume 2022 Numéro 1*, https://www.oecd-ilibrary.org/sites/ede49c4e-fr/index.html?itemId=/content/publication/ede49c4e-fr. [36]

OCDE (2022), *The Culture Fix: Creative people, places and industries*, https://www.oecd.org/cfe/the-culture-fix-991bb520-en.htm. [29]

OCDE (2021), *Gérer le développement du tourisme dans l'optique d'une reprise durable et inclusive*, https://www.oecd-ilibrary.org/industry-and-services/gerer-le-developpement-du-tourisme-dans-l-optique-d-une-reprise-durable-et-inclusive_081257cf-fr. [31]

OCDE (2021), *Lignes directrices du G20 de Rome pour l'avenir du tourisme : Rapport de l'OCDE au Groupe de travail du G20 sur le tourisme*, https://www.oecd-ilibrary.org/industry-and-services/lignes-directrices-du-g20-de-rome-pour-l-avenir-du-tourisme_15600ed8-fr. [20]

OCDE (2021), *OECD Global Forum on Tourism Statistics: Reshaping touirsm for a more resilient and sustainable tomorrow*, https://www.oecd.org/fr/cfe/tourisme/globalforumontourismstatisticsknowledgeandpolicies.htm [13]

OCDE (2021), *Perspectives de l'emploi de l'OCDE 2021 : Affronter la crise du COVID-19 et préparer la reprise*, https://www.oecd-ilibrary.org/sites/40fac915-fr/index.html?itemId=/content/publication/40fac915-fr. [39]

OCDE (2021), *Perspectives des migrations internationales 2021*, https://www.oecd-ilibrary.org/sites/da2bbd99-fr/index.html?itemId=/content/publication/da2bbd99-fr. [37]

OCDE (2021), *Sécurité et fluidité des déplacements et amélioration de l'expérience voyageur*, https://www.oecd-ilibrary.org/fr/industry-and-services/securite-et-fluidite-des-deplacements-et-amelioration-de-l-experience-voyageur_05df876f-fr. [22]

OCDE (2020), *Atténuer l'impact du COVID-19 sur le tourisme et soutenir la reprise.*, https://www.oecd-ilibrary.org/industry-and-services/attenuer-l-impact-du-covid-19-sur-le-tourisme-et-soutenir-la-reprise_8e56bcf9-fr. [11]

OCDE (2020), *Coronavirus (COVID-19): SME policy responses*, https://www.oecd.org/coronavirus/policy-responses/coronavirus-covid-19-sme-policy-responses-04440101/#section-d1e3087. [19]

OCDE (2020), *Les dispositifs de maintien dans l'emploi pendant la période de confinement de la crise du COVID-19 et au-delà*, https://www.oecd.org/coronavirus/policy-responses/les-dispositifs-de-maintien-dans-l-emploi-pendant-la-periode-de-confinement-de-la-crise-du-covid-19-et-au-dela-d315c5f1/. [40]

OCDE (2020), *Les réponses de l'OCDE face au coronavirus (COVID-19), From pandemic to recovery: Local employment and economic development*, https://read.oecd-ilibrary.org/view/?ref=130_130810-m60ml0s4wf&title=From-pandemic-to-recovery-Local-employment-and-economic-development. [3]

OCDE (2020), *Sécurité et fluidité des déplacements et amélioration de l'expérience voyageur : rapport de l'OCDE au Groupe de travail du G20 sur le tourisme*, https://www.oecd.org/cfe/tourism/Safe-and-seamless-travel-and-improved-traveller-experience-OECDReport-for-the-G20-TWG_merged.pdf. [23]

OCDE (2019), *Établir de nouvelles données de l'OCDE sur les échanges touristiques en valeur ajoutée*, Éditions OCDE, Paris, https://www.oecd-ilibrary.org/industry-and-services/etablir-de-nouvelles-donnees-de-l-ocde-sur-les-echanges-touristiques-en-valeur-ajoutee_ad21b57d-fr. [43]

OCDE (2019), *Providing new OECD evidence on tourism trade in value added*, https://www.oecd-ilibrary.org/industry-and-services/providing-new-oecd-evidence-on-tourism-trade-in-value-added_d6072d28-en. [4]

OCDE (2022), *Regions at a glance*, https://www.oecd.org/cfe/oecd-regions-and-cities-at-a-glance-26173212.htm. [2]

OMC (2020), *International trade in travel and touirsm services: economic impact and policy responses during the COVID-19 crisis*. [16]

OMT (2022), *Tourism Investment Report 2022*, https://www.unwto.org/investment/tourism-investment-report-2022. [28]

OMT (2022), *World Tourism Barometer, septembre 2022*, https://www.unwto.org/fr/taxonomy/term/347. [6]

ONU (2020), *Unided National Secretary General Policy Brief: COVID-19 and transforming tourism*. [14]

Organisation mondiale du travail (2022), *Réunion technique sur le COVID-19 et le relèvement durable du secteur du tourisme*, https://www.ilo.org/sector/activities/sectoral-meetings/WCMS_824068/lang--fr/index.htm. [25]

PATA (2022), *Tourism Destination Resilience*, https://crc.pata.org/tourism-destination-resilience/. [33]

Rustelli, E. et D. Turner (2021), *The economic costs of restricting international mobility*, https://doi.org/10.1787/dcad4c73-en. [1]

Skift (2021), *Hotel CEOs concede a lasting labor shortage may reshape guest experience*, https://skift.com/2021/11/08/hotel-ceos-concede-labor-shortage-is-a-structural-problem-that-may-reshape-guest-experience/. [34]

WTTC (2021), *Staff shortages*, https://wttc.org/Portals/0/Documents/Reports/2021/WTTC-Staff-Shortages.pdf. [47]

Notes

[1] Pays déclarants : Australie, Autriche, Canada, Chili, Colombie, Danemark, Espagne, États-Unis, Finlande, France, Grèce, Hongrie, Islande, Israël, Italie, Lituanie, Luxembourg, Mexique, Nouvelle-Zélande, Pays-Bas, Portugal, République slovaque, République tchèque, Royaume-Uni, Slovénie, Suède, Suisse, Türkiye.

[2] Pays déclarants : Australie, Autriche, Canada, Danemark, États-Unis, Finlande, Israël, Lituanie, Luxembourg, Mexique, Nouvelle-Zélande, Pays-Bas, République tchèque, Suède et Suisse.

[3] Pays membres déclarants : Allemagne, Australie, Autriche, Belgique, Canada, Chili, Colombie, Danemark, Espagne, Estonie, États-Unis, Finlande, France, Grèce, Hongrie, Irlande, Islande, Israël, Italie, Japon, Lettonie, Lituanie, Luxembourg, Norvège, Pays-Bas, Pologne, Portugal, République-slovaque, République-tchèque, Slovénie, Suède et Türkiye.

Chapitre 2. Renforcer la résilience de l'écosystème du tourisme

La croissance ininterrompue qu'a connue le tourisme pendant plus de six décennies est à l'origine de l'image très répandue d'une économie touristique intrinsèquement résiliente. La succession des chocs mondiaux a toutefois montré qu'il est important de renforcer la résilience de l'écosystème du tourisme. Ce chapitre présente une analyse des stratégies mises en œuvre pour soutenir la reprise et accroître la résilience de l'économie du tourisme de demain, en prenant tout particulièrement en compte la pandémie de COVID-19. Il examine les mesures possibles pour améliorer les perspectives de reprise du tourisme, faire face aux conséquences à long terme de la crise et être mieux préparé aux chocs futurs tout en encourageant le passage à des modèles touristiques plus résilients, durables et inclusifs. Il recense les principales actions que peuvent envisager les responsables publics pour remédier aux faiblesses structurelles et renforcer la résilience de l'écosystème du tourisme.

Alors que l'économie touristique se remet des conséquences dévastatrices de la pandémie de COVID-19, elle est confrontée à de nouvelles incertitudes, provoquées par la guerre menée par la Russie contre l'Ukraine. Pour répondre à ces priorités immédiates et urgentes, les pouvoirs publics doivent mener des actions pour optimiser la vigueur et la qualité de la reprise du tourisme. La crise causée par la pandémie offre l'occasion de relancer une activité plus verte et plus inclusive. Il faut aussi accroître la résilience du secteur, entreprendre des réformes structurelles et faire en sorte que le tourisme puisse mieux s'adapter et répondre aux effets des chocs futurs, qu'ils soient naturels ou anthropiques. Il convient également d'agir maintenant pour tirer avantage de cette dynamique, sous peine de l'oublier dès lors que la reprise sera engagée.

La résilience demeure un sujet peu traité dans le tourisme. La croissance ininterrompue qu'a connue le secteur pendant plus de six décennies est à l'origine de l'image très répandue d'une économie touristique intrinsèquement résiliente. Il convient de mener de nouveaux travaux pour comprendre la résilience du secteur et ses implications pour le développement et la planification du tourisme, notamment en matière de renforcement des capacités. Cela vaut à la fois pour les responsables des politiques et pour les entreprises. Les actions en faveur de la résilience actuellement menées dans le secteur sont généralement en phase avec la gestion de crise et les concepts de durabilité et l'on mesure essentiellement la reprise. Chacun de ces éléments contribue à renforcer la résilience de l'écosystème du tourisme – et permet au secteur de s'adapter et de répondre à la crise –, mais ils ne sont pas envisagés sous un angle systémique tourné vers l'avenir, indispensable pour accroître la résilience.

Compte tenu de la durée et de l'ampleur de la pandémie et des conséquences de la guerre menée par la Russie en Ukraine, le tourisme est toujours en mode « reprise ». Si nombre de pays ont enregistré une augmentation rapide de la demande touristique en 2022, la hausse de l'inflation et le ralentissement de la reprise économique pourraient entraîner des répercussions importantes l'année prochaine, avec le fléchissement des dépenses non indispensables. Aussi faudra-t-il peut-être un certain temps pour comprendre les conséquences directes et indirectes de la pandémie et les stratégies de riposte adoptées par le secteur qui se sont avérées efficaces. Alors que les pouvoirs publics et les entreprises se tournent désormais vers le long terme, il importe de s'interroger dès à présent sur la manière de réduire au minimum ou d'éviter les effets perturbateurs des chocs futurs et de renforcer plus généralement l'économie touristique.

Le tourisme s'est révélé vulnérable aux chocs exogènes, mais la crise a aussi mis en lumière des difficultés endogènes. Ce sont ces dernières que les pouvoirs publics et les entreprises doivent s'employer à résoudre, pour parvenir à une résilience systémique et créer des possibilités de croissance future. Ce chapitre vise à mieux faire comprendre ce que recouvre le concept de résilience dans le secteur du tourisme. Il examine les vulnérabilités endogènes à cet écosystème, en ciblant particulièrement la pandémie de COVID-19, et en les étudiant sous l'angle des interventions institutionnelles et des mesures de soutien. Il présente les stratégies et les cadres mis en place pour remédier à ces fragilités en s'appuyant sur des exemples d'actions menées récemment dans le secteur et de travaux en faveur de la résilience conduits dans d'autres secteurs. Enfin, il propose aux responsables des politiques une voie à suivre pour intégrer des considérations de résilience dans la définition des stratégies et les décisions relatives au tourisme.

Éléments de contexte : résilience du tourisme, gestion de crise et durabilité

La résilience désigne l'aptitude des systèmes à absorber un dérèglement, à se remettre d'une perturbation et à s'adapter à l'évolution de la situation tout en conservant, pour l'essentiel, la même fonction qu'avant le choc. Ce concept est plus large que la gestion des risques et concerne la performance d'un système économique dès lors qu'une menace s'est concrétisée (Hynes et al., 2020[1]). Il se caractérise par la vitesse et l'ampleur de la reprise, en particulier grâce à l'adaptation et à la transformation.

La résilience renvoie aux actions menées avant et après la survenue d'un événement :

- **avant le choc :** actions destinées à atténuer les risques et limiter l'ampleur des répercussions en repérant les vulnérabilités endogènes et en diminuant les conséquences futures ;
- **après le choc :** actions destinées à favoriser la reprise grâce à l'adaptation et à la transformation, notamment en tirant des enseignements des crises précédentes et en s'adaptant afin de mieux répondre aux menaces futures de nature similaire (OCDE, 2021[2]).

Encadré 2.1. S'adapter à l'évolution des tendances du tourisme d'affaires

Les tendances du tourisme d'affaires ont fortement évolué depuis le début de la pandémie et ce changement s'est accentué avec l'accélération du passage au numérique et du télétravail. Avant la pandémie, les voyages d'affaires représentaient environ 12 % des arrivées de touristes internationaux, soit 175 millions de visiteurs en 2018 (OMT, 2021[3]). Du fait des progrès accomplis dans les technologies de l'information et des communications pour soutenir les économies pendant les périodes de confinement, les voyages d'affaires apparaissent beaucoup moins nécessaires, du moins sur le court terme, les réunions et les conférences en présentiel ayant été remplacées par des séances en ligne ou hybrides.

Certains pans du secteur s'adaptent aux nouveaux espaces de travail virtuel en encourageant le « nomadisme numérique », plutôt que de miser sur une reprise complète du tourisme d'affaires. Le prestataire de services d'hébergement Accor reconnaît qu'il est peu probable que les voyages d'affaires internationaux retrouvent leurs niveaux antérieurs car ils sont remplacés par des réunions virtuelles et hybrides. Il compte plutôt sur l'augmentation du nomadisme numérique, en particulier parmi la jeune génération, et le potentiel qu'elle représente, pour compenser une partie de cette baisse. Le groupe s'adapte de manière à proposer des espaces de *co-living*, qui comprennent des services hôteliers et associent espace de vie et espace de travail, et privilégie l'utilisation des établissements locaux (Accor, 2020[4]).

Certains pays, tels le Costa Rica, l'Estonie, la Grèce et l'Islande, s'emploient aussi à tirer parti de cette nouvelle tendance. Le Costa Rica a adopté une loi visant à attirer les « nomades numériques », l'Islande a créé un visa de long terme pour les télétravailleurs et l'Estonie dispose désormais d'un visa de télétravail qui permet aux télétravailleurs de vivre dans le pays tout en travaillant légalement pour leur employeur ou leur propre entreprise enregistrés dans un autre pays pendant une durée maximale d'un an. Enfin, la Grèce a voté une loi qui lui a permis de mettre en place des mesures incitatives et des visas pour les nomades numériques.

Le secteur du tourisme a déjà montré quelques signes d'adaptation, comme en témoignent les évolutions visant à profiter des nouvelles tendances du tourisme d'affaires (Encadré 2.1). Les politiques et les stratégies relatives au tourisme doivent toutefois tenir compte de tous les aspects de la résilience pour préparer le secteur aux chocs futurs. Il convient notamment de s'intéresser particulièrement à l'absorption des répercussions et à la reprise grâce à l'adaptation et à la transformation, ce qui peut nécessiter des mesures différentes mais complémentaires.

La gestion de crise désigne les actions conduites pendant une crise pour en atténuer les premières conséquences négatives. Dans ses précédents travaux, le Comité du tourisme de l'OCDE a incité les décideurs publics à élaborer des stratégies de gestion de crise pour être mieux préparés et savoir mieux répondre à des événements en grande partie imprévisibles, tels que des incidents de sécurité, des phénomènes d'instabilité politique, des pandémies et des catastrophes naturelles (OCDE, 2019[5]). Bien que des plans de gestion de crise et de gestion des risques solides soient indispensables dans le tourisme, la crise actuelle a révélé la nécessité de prendre en compte également la phase de reprise et d'adopter des mesures pour se préparer aux chocs futurs. La résilience se construit au-delà des chocs initiaux et prévoit des actions pour se rétablir et s'adapter une fois que la crise s'est résorbée.

La résilience et la durabilité sont des concepts interdépendants mais bien distincts. Le développement durable a pour objectif de satisfaire aux besoins du présent sans compromettre la capacité des générations futures à satisfaire leurs propres besoins. Il nécessite d'harmoniser croissance économique, inclusion sociale et protection de l'environnement (Nations Unies, 2022[6]) et peut être abordé par le biais de différentes initiatives, comme l'instauration d'une économie circulaire. Les stratégies de développement d'un tourisme durable tiennent généralement compte des tendances et des prévisions qui existent et définissent les mesures destinées à mettre en place une activité économique qui assurera la prospérité à l'avenir. La résilience est au contraire centrée sur la capacité à résister et à se rétablir après un choc.

Une entreprise ou une destination touristique économiquement viable, qui a un impact environnemental négatif minimum et des résultats positifs sur la société résistera probablement davantage aux difficultés. La résilience peut aussi résulter d'une combinaison d'effets positifs, un environnement plus stable et plus durable entraînant moins de chocs à l'avenir. Il s'agit d'une relation bilatérale, puisque sans résilience, une destination ne pourrait en aucun cas poursuivre ses efforts de durabilité (PATA, 2022[7]).

Le tourisme est un secteur mondial qui repose sur les déplacements et les interactions efficaces des personnes et des chaînes de valeur mondiales. Cela s'accompagne de risques qui ne sont pas contrôlés par le secteur et crée des vulnérabilités au sein de l'écosystème touristique. Le tourisme constitue aussi un système d'acteurs complexe et intégré, dépendant tous les uns des autres. C'est un secteur très fragmenté et composé de nombreuses petites entreprises qui coopèrent avec les grands acteurs mondiaux qui structurent l'économie mondiale du tourisme. Cela met bien en évidence le besoin de résilience du secteur, car une perturbation se produisant sur un élément de la chaîne de valeur aura des répercussions sur les autres.

Le renforcement de la résilience au moyen d'une approche systémique aiderait le secteur du tourisme à résister aux chocs et à se reconstruire en s'adaptant à une nouvelle normalité, qui n'est souvent pas connue. Les approches stratégiques fondées sur la pensée systémique reconnaissent que, bien qu'il soit impossible de savoir ce qui provoquera la prochaine crise, certains facteurs peuvent la rendre plus probable et plus destructrice, et qu'il est préférable d'agir plutôt que d'attendre qu'elle se produise (OCDE, 2020[8]). Les processus de la résilience systémique permettent aussi de poursuivre plusieurs objectifs politiques en même temps (Hynes et al., 2022[9]).

Il est difficile d'anticiper les besoins du tourisme à l'avenir alors que le secteur est toujours en phase de reprise et est confronté à des incertitudes à moyen et long terme (Encadré 1.1). Il est toutefois possible d'utiliser la crise pour encourager la mise en œuvre de réformes structurelles (souvent difficiles) et la transformation du secteur, largement reconnue comme nécessaire. Cela suppose d'intégrer la résilience aux actions actuellement menées par les autorités dans le tourisme et à la planification future. Le secteur court sinon le risque de laisser la planification de la résilience de côté jusqu'à la prochaine crise, et de subir alors des conséquences plus lourdes que nécessaire.

Tirer des enseignements des chocs exogènes précédents pour remédier aux vulnérabilités du tourisme

Par son ampleur, la pandémie de COVID-19 a eu des conséquences sur toutes les composantes de l'écosystème touristique. Il a fallu apporter des réponses rapides et multiples pour restaurer la demande, soutenir les travailleurs et les entreprises du secteur et les destinations, et améliorer les capacités des institutions à prendre des décisions.

Les actions menées pour soutenir le tourisme face à la crise du COVID-19 ont fortement différé selon les pays mais peuvent généralement être classées sous 11 thèmes principaux. En mettant en relation les mesures adoptées et les bénéficiaires ciblés, on obtient un cadre permettant de cerner les fragilités de l'écosystème touristique et les domaines qu'il convient de renforcer à l'avenir (Graphique 2.1). Ce cadre est utilisé ici pour analyser les vulnérabilités du secteur ; il reprend les piliers adoptés par les précédents travaux sur la résilience menés par l'OCDE – économie, environnement, société et pouvoirs publics (ou institutions) (Encadré 2.2).

Graphique 2.1. Utiliser les mécanismes de soutien mis en place pendant la crise du COVID-19 pour évaluer les vulnérabilités du tourisme

Ce cadre est défini à partir des dispositifs de soutien mis en place face au COVID-19, mais les analyses des crises précédentes montrent des vulnérabilités de même nature.

- Les attaques terroristes du 11 septembre 2001 aux États-Unis, qui ont été suivies de larges répercussions en termes de sécurité perçue pour les voyageurs du monde entier. Les attentats ont entraîné l'adoption de mesures internationales de sûreté aérienne, dont beaucoup sont toujours en place, telles que le renforcement des contrôles dans les aéroports et la coopération entre le secteur aéronautique et les institutions (IATA, 2021[10]).
- La crise économique et financière mondiale de 2009, qui a eu des répercussions sur les entreprises et la consommation. Les actions menées ont essentiellement pris la forme de plans de relance budgétaire comprenant des allègements fiscaux et des mesures favorisant les dépenses pour les entreprises et les ménages (OCDE, 2009[11]).
- Les pandémies et crises sanitaires antérieures (par exemple, SRAS en 2002, grippe porcine en 2009), qui ont eu des conséquences sur les déplacements et les interactions des populations. Les mesures prises pour limiter la propagation du virus comprenaient des confinements locaux, puis des actions ont été menées pour restaurer la confiance des consommateurs et la demande lorsque les conditions de sécurité ont été de nouveau réunies.
- Des catastrophes naturelles (incendies, tsunamis, séismes et événements climatiques extrêmes), avec des conséquences négatives sur le tourisme, mais généralement isolées. Les mesures reposent sur la gestion de crise et des plans budgétaires pour restaurer la demande des entreprises et des consommateurs sur les destinations concernées lorsque tout danger est écarté.

Encadré 2.2. Évaluer les vulnérabilités du tourisme à partir des mécanismes de soutien mis en place pendant la crise du COVID-19

Une conception efficace des politiques publiques commence généralement par un diagnostic précis du problème ou des vulnérabilités qu'elles visent à résoudre. Adopter une démarche inverse après un choc peut aussi aider à comprendre quelle personne ou quel mécanisme ont été spécialement désignés ou définis pour apporter un soutien. Le rapprochement des actions engagées face au COVID-19 et des bénéficiaires ciblés permet de mettre en évidence un certain nombre de vulnérabilités en différents points de l'écosystème.

- **Entreprises :** les mesures d'urgence et les initiatives d'atténuation ont surtout consisté à maintenir le revenu des travailleurs du tourisme et à faire en sorte que les entreprises du secteur, en particulier les PME, puissent reprendre leur activité dès la levée des mesures de confinement (OCDE, 2020[12]). Les pays ont largement appliqué des mesures d'aide au revenu pour garantir le maintien de la relation entreprises-employés pendant les périodes de confinement. Des mécanismes de soutien aux entreprises, tels que les mesures de soutien à la trésorerie et les mesures fiscales ont été mis en œuvre pour aider les entreprises à honorer ou à diminuer leurs charges fixes au moment où leur activité était suspendue ou limitée. Pour favoriser la reprise après la pandémie et se préparer aux chocs futurs, le Danemark a versé une indemnité compensatrice d'un montant total de 15 milliards DKK aux entreprises du tourisme. Cette somme a permis de maintenir en activité un grand nombre d'entreprises et de faciliter la reprise du secteur dès la fin des restrictions.
- **Destinations :** de nouveaux protocoles ont été définis pour accroître la sûreté des touristes et des travailleurs. Au Luxembourg, la campagne « *Safe to serve* » rassemblait une série d'initiatives destinées à préserver la santé et la sûreté des travailleurs du secteur et des consommateurs. Elle comprenait une charte dans laquelle les professionnels garantissaient à leurs clients un haut niveau de sécurité sanitaire, étayée par des obligations juridiques et conçue pour rassurer les consommateurs. Des programmes spécifiques ont apporté un soutien aux destinations dépendantes du tourisme qui risquaient de se trouver en difficultés en l'absence d'aide supplémentaire. L'*Australian Recovery for Regional Tourism Programme* a par exemple versé des aides ciblées à neuf régions qui dépendaient économiquement des visiteurs internationaux.
- **Consommateurs :** les programmes destinés à stimuler la demande après la levée des restrictions comprenaient des bons de voyage ou des aides financières, des opérations de marketing et de nouvelles garanties pour les consommateurs, concernant notamment les remboursements. La Bulgarie a versé des indemnités compensatrices aux opérateurs de voyages pour qu'ils remboursent leurs clients et l'Autriche a accordé des garanties aux tour-opérateurs pour compenser les acomptes des touristes en 2021 et 2022. En 2020, l'Islande a augmenté de 3 milliards ISK le budget alloué aux services chargés du tourisme pour financer des actions de marketing et de promotion, dont des bons de voyage à utiliser dans le pays et une campagne marketing internationale.
- **Institutions :** de nouvelles procédures ont été adoptées pour favoriser une prise de décisions rapide et fondée sur des données dans les institutions. De nouveaux canaux de communication officiels ont par exemple été créés entre le secteur privé et les institutions pour faciliter la collecte des informations et assurer la réussite des mesures de soutien ciblées. Le Brésil a mis à disposition un large éventail de données officielles par le biais de son dispositif général de coordination des données et des informations pour étayer les décisions du secteur privé. Certains pays ont acheté de nouvelles séries de données ou signé des accords de partage des données, les données relatives aux hébergements et aux réservations figurant parmi les sources les plus recherchées.

Pendant la crise du COVID-19, et lors des crises précédentes, les pouvoirs publics ont mis en œuvre des programmes pour encourager le tourisme, stimuler la demande et inciter les consommateurs à réserver. Les garanties et les remboursements versés par les autorités ont permis de compenser les réticences des consommateurs, liées aux annulations ou à la faillite des entreprises. Des bons de voyage et des subventions ont été proposés pour stimuler la demande en créant un sentiment d'urgence parmi les voyageurs, pour les convaincre de réserver et de voyager à court terme.

Dans le secteur du tourisme, les crises s'accompagnent de la nécessité de favoriser une reprise fondée sur la demande, alimentée par des consommateurs qui voyagent de nouveau et contribuent à chaque élément de l'écosystème. Il ne s'agit pas forcément d'une faiblesse structurelle qui peut être résolue avant la crise, mais il est indispensable de relancer l'écosystème touristique pour que les mesures de résilience puissent produire leurs effets.

Encadré 2.3. Variables exogènes exerçant une incidence sur la reprise du tourisme

Les variables exogènes sont par nature difficiles à planifier puisqu'il est impossible de les contrôler depuis l'intérieur même du système touristique. Il est indispensable de les prendre en compte et de les comprendre pour remédier aux difficultés et renforcer la résilience du système. Les variables exogènes susceptibles d'influer sur le tourisme à court et moyen terme comprennent notamment les éléments ci-après.

Inflation : les tensions inflationnistes se sont intensifiées depuis l'invasion de l'Ukraine par la Russie et se sont étendues à d'autres domaines que l'alimentation et l'énergie, les entreprises répercutant désormais la hausse des prix de l'énergie, des transports et du coût du travail (OCDE, 2022[13]). Les dépenses non indispensables, telles que le tourisme, seront les premières à être réduites.

Prix du pétrole : en raison des incertitudes d'approvisionnement, les prix ont bondi début 2022 – en avril 2022, les prix du brut et du kérosène avaient quasiment doublé par rapport à leurs niveaux d'avant la pandémie (IATA, 2022[14]). Même si les prix du pétrole devraient s'inscrire en baisse jusqu'en 2023 au moins (IATA, 2022[15]), le tourisme dépend du transport des voyageurs et des marchandises et restera exposé à leur volatilité.

Pénuries d'approvisionnement : des perturbations mondiales affectent les chaînes d'approvisionnement du monde entier et accentuent les pressions inflationnistes. Des pénuries et des retards d'approvisionnement pour les matériaux de construction pourraient ralentir les investissements dans les infrastructures. Cela pourrait se répercuter plus largement sur la croissance et la compétitivité du secteur du tourisme, ainsi que sur les transitions durable et numérique.

Évolutions sociétales : la croissance des revenus intermédiaires stagne dans de nombreux pays de l'OCDE. Les emplois semi-qualifiés auparavant occupés par les travailleurs des classes moyennes sont désormais automatisés, ce qui diminue la capacité d'épargne des classes moyennes (OCDE, 2019[16]). Conjugué au vieillissement de la population, en particulier dans les catégories moyennes à supérieures de la population, ce facteur pourrait diminuer le nombre des voyageurs.

Changement climatique : l'accélération des effets du changement climatique a des conséquences négatives sur le tourisme, notamment dans les plaines côtières et les régions montagneuses. Il accroît aussi le risque de catastrophes naturelles, qui devraient devenir plus fréquentes. Il faut prendre des mesures d'adaptation pour renforcer la résilience du secteur. Ce dernier doit également contribuer aux efforts d'atténuation et remplir ses objectifs de neutralité en gaz à effet de serre.

Dresser le bilan des fragilités mises en évidence par la pandémie de COVID-19 et lors des crises précédentes apporte un éclairage sur les domaines à privilégier à l'avenir et le moment où ces vulnérabilités peuvent se concrétiser. Associé à des exercices de prospective stratégique, cela peut aider les responsables des politiques du tourisme à envisager d'autres solutions pour l'avenir et à étayer l'élaboration de politiques tournées vers l'avenir (OCDE, 2019[5]). Même si ce chapitre se concentre sur les vulnérabilités structurelles endogènes du tourisme, les activités de prospective stratégique s'attachent à répondre aux différents scénarios possibles et à prendre en compte les conséquences des variables exogènes (Encadré 2.3).

Diversifier les destinations pour renforcer la résilience aux chocs

L'ampleur des répercussions économiques d'un choc dépend de plusieurs facteurs interdépendants. Outre la nature du choc en lui-même, ces facteurs peuvent comprendre le type d'offre touristique, l'impact des restrictions de déplacement sur les flux de visiteurs, la coïncidence éventuelle de l'événement avec les périodes de forte affluence touristique, les dommages éventuels subis par les infrastructures touristiques, l'ampleur et la complexité des opérations commerciales, la reprise des principaux marchés émetteurs, la taille du marché touristique et sa dépendance à l'égard des marchés émetteurs internationaux. Par ailleurs, les lieux où l'économie est peu diversifiée et où l'emploi et les entreprises locales sont très dépendantes du tourisme sont plus vulnérables (OCDE, 2021[17]).

Les conséquences des chocs sur l'emploi et les activités économiques peuvent être asymétriques et très localisées au sein des pays et entre eux. Ceux dans lesquels le tourisme contribue largement au PIB (la France et l'Espagne, par exemple) ont davantage pâti de l'impact négatif de la pandémie de COVID-19 (Rusticelli et Turner, 2021[18]). L'arrêt prolongé de l'activité touristique a exercé une incidence sur l'ensemble de l'économie et nécessité des aides publiques pour soutenir le secteur. On le constate également au niveau des destinations, car les lieux où l'économie est peu diversifiée et où l'emploi et les entreprises locales sont très dépendantes du tourisme ont été plus vulnérables (OCDE, 2021[17]).

Dans de nombreuses destinations, la dépendance accrue au tourisme, le manque de diversité en matière de visiteurs et d'offres de produits et l'absence d'intégration du tourisme à un développement économique plus large ont accentué les risques pour le secteur touristique et l'ensemble de l'économie. On le voit au niveau des pays, mais encore plus au niveau des destinations régionales et locales, car la croissance continue du tourisme enregistrée dans le passé a suscité des attentes en la matière et conduit à cibler les marchés des visiteurs internationaux à forte croissance.

Dans les lieux où le tourisme représentait une part importante de l'activité économique, sa disparition a été catastrophique pour l'ensemble de l'économie locale. Pendant la pandémie, des pays tels que l'Australie et le Mexique ont dû pour cette raison mettre en place des programmes de soutien au tourisme régional. La dépendance au tourisme a aussi provoqué de fortes pressions et conduit à l'adoption de mesures pour soutenir en toute sécurité dès lors que la situation sanitaire l'a permis la réouverture du secteur et sa réorientation vers de nouveaux marchés.

Outre une forte dépendance économique, ces destinations présentent souvent des vulnérabilités qui se recoupent et qui sont déjà bien documentées, en particulier :

- la saisonnalité, avec une concentration des visiteurs à certaines périodes, comme c'est souvent le cas sur les zones côtières ;
- la dépendance à un marché, c'est-à-dire une dépendance envers certains visiteurs, soit un marché émetteur soit un type de visiteurs précis, comme les voyageurs d'affaires ;
- la dépendance à un produit, fondée sur une attraction emblématique unique ou une seule offre de produit, telle que les sports d'hiver.

Avec la reprise du tourisme, il convient de remédier à ces vulnérabilités qui se chevauchent afin que les destinations soient plus solides et mieux préparées à s'adapter à l'avenir. Étant donné que les compétences en matière de prises de décision diffèrent selon que l'on se situe au plan national, régional ou local et que le tourisme se compose principalement de petites entreprises qui disposent de peu de capacités hormis celles assurant la gestion de leurs activités courantes, les organismes de gestion des destinations peuvent jouer un rôle à cet égard (OCDE, 2020[19]).

La sûreté et la sécurité restent des sujets de préoccupation majeurs pour les touristes du monde entier, la perception, en la matière étant souvent aussi importants que la réalité des faits. Ces questions peuvent influer sur l'image d'une destination, les arrivées des visiteurs et la croissance touristique, et concourent aussi fortement à bâtir une économie du tourisme plus solide et plus durable. Les touristes qui pensent pouvoir se rendre facilement et en toute sécurité dans une destination donnée seront davantage enclins à visiter des attractions secondaires.

La pandémie a créé de nouvelles menaces et de nouvelles incertitudes pour les voyageurs, et placé la sécurité sanitaire au cœur des décisions de voyages non indispensables. Au Portugal, le label Clean & Safe constitue un bon exemple des mesures prises pour encourager la mobilité en toute sécurité. Il prend en compte les menaces sanitaires provoquées par le COVID-19 et envisage également les répercussions des éventuelles crises futures (Encadré 2.4).

Encadré 2.4. Renforcer la confiance des consommateurs au Portugal

Afin que les touristes, les employés du secteur et la population en général, perçoivent le Portugal comme destination touristique sûre, une nouvelle version du label *Clean & Safe*, élargie pour soutenir les entreprises dans la gestion de la crise, a été lancée en juin 2022. Le label promeut l'excellence des pratiques sanitaires et d'hygiène des entreprises et constitue également un outil de gestion des futures crises sanitaires (pandémies ou vagues de chaleur, par exemple). Il intègre désormais un nouvel aspect concernant la sécurité des activités touristiques, qui couvre les risques occasionnés par des événements naturels extrêmes (incendies, inondations, séismes, tsunamis) et des événements internationaux (cybercriminalité, rapatriement, réfugiés). Il a été initialement élaboré en étroite coopération avec le ministère de la Santé, et des partenariats avec *NOVA Medical School*, l'AGIF (agence pour la gestion des incendies ruraux), l'Autorité nationale d'urgence et de protection civile, le Haut Commissariat pour les migrations et le Centre national de cybersécurité ont aussi été établis. Un soutien technique comprenant des modèles de plans d'action Clean & Safe et des guides de soutien technique est disponible sur la plateforme portugalcleanandsafe.com. Le logo/label *Clean & Safe* est facultatif et gratuit et reste valable jusqu'en juin 2024.

Accroître le degré de préparation des entreprises, et des PME du tourisme en particulier, aux chocs futurs

Pour renforcer la résilience du tourisme, il faut que les entreprises, quelles que soient leur taille et leur nature, soient mieux préparées aux chocs futurs. Dès le début de la pandémie, les entreprises touristiques ont connu de longues périodes pendant lesquelles leur chiffre d'affaires a chuté parce que leur activité était suspendue ou restreinte et que leurs capacités étaient limitées. Cela a profondément bouleversé les modèles économiques en place. Les grandes entreprises du secteur ont subi des pertes considérables et ont sollicité l'aide des pouvoirs publics, en particulier les compagnies aériennes. Les petites entreprises ont été confrontées à des difficultés particulières.

Les PME constituent un maillon essentiel de la chaîne d'approvisionnement du tourisme. Elles représentent environ 85 % des entreprises du secteur et leur survie est indispensable à la reprise de celui-ci. Elles ne possèdent toutefois ni les capacités ni les ressources nécessaires pour faire face aux changements et aux coûts engendrés par des chocs de cette nature (OCDE, 2021[17]) et doivent répondre à des impératifs uniques qui créent des vulnérabilités et affaiblissent leur résilience (OCDE, 2009[20]). Ceux-ci comprennent l'impossibilité à réduire leur taille, qui est déjà petite, des activités moins diversifiées et des structures financières plus faibles, assorties de moindre possibilités de financement. Des programmes de soutien ont été mis en place pour alléger les charges financières des entreprises ou accroître leur trésorerie. Ils incluaient notamment, mais pas exclusivement, des aides financières directes, des emprunts garantis par l'État, des mesures d'incitation fiscale et des reports de paiement pour les loyers ou les factures des services publics.

Un grand nombre des dispositifs d'aide destinés aux PME et aux entrepreneurs ont pris la forme d'une dette, qui si elle était dénouée trop rapidement, pourrait déclencher une série de faillites qui mettrait la reprise en péril (OCDE, 2021[21]). Le haut niveau d'endettement et le report de la reprise du tourisme ont encore rehaussé le profil de risque des entreprises du secteur, déjà très élevé, ce qui rend l'accès au financement encore plus difficile et crée de nouvelles barrières à l'entrée ou à l'expansion.

Les PME du secteur touristique rencontrent également des difficultés associées à la structure et à la nature même de l'économie du secteur, qui sont exacerbées en temps de crise. Très fragmenté et hétérogène, le secteur recouvre un large éventail de domaines, dont beaucoup se distinguent par la présence d'un nombre très restreint de grandes entreprises côtoyant de nombreuses PME (OCDE, 2021[22]). Il affiche des interconnexions à l'échelle mondiale et dépend de la disponibilité de travailleurs possédant un ensemble de compétences permettant de fournir des services de qualité et se caractérise aussi souvent par une concentration des activités dans le temps et l'espace. Ces caractéristiques sont bien prises en compte dans les Lignes directrices du G20 de Rome pour l'avenir du tourisme et les Lignes directrices du G20 de Bali pour le renforcement des communautés et des MPME en tant qu'agents de la transformation du tourisme, qui indiquent que la résilience du secteur va de pair avec les besoins des PME. Consciente de ces problèmes, la Grèce a élaboré une feuille de route pour aider les PME touristiques à se redresser, en ciblant particulièrement les micro-entreprises et le maintien dans l'emploi.

Un grand nombre de travailleurs et d'entreprises du tourisme ont fortement bénéficié des programmes de maintien dans l'emploi appliqués dans l'ensemble de l'économie, mais, depuis la fin de la crise, le secteur connaît toujours d'importantes pénuries de main-d'œuvre et de compétences, pour les raisons suivantes :

- départ de travailleurs vers des emplois plus stables et mieux rémunérés dans d'autres secteurs, en raison de la persistance des bouleversements et des incertitudes dans le tourisme ;
- diminution de la mobilité des travailleurs à l'intérieur des pays et entre eux pendant la pandémie, conjuguée au retour dans leur pays de nombreux travailleurs temporaires (OCDE, 2021[23]) ;
- concurrence d'autres secteurs, les entreprises du tourisme ayant cherché à accroître rapidement leur activité pour répondre à la reprise de la demande dans un contexte de marché de l'emploi tendu.

Les efforts à déployer pour attirer et conserver une main-d'œuvre adéquate posent de sérieuses difficultés au secteur, à l'heure où il s'emploie à se redresser. Les pénuries de main-d'œuvre limitent la capacité des entreprises à rouvrir et les contraignent à revoir à la baisse leurs capacités ou leurs heures d'ouverture.

Bien que les chocs successifs causés par le COVID-19 et la guerre menée par la Russie en Ukraine aient été globalement imprévus et sans précédent, il faut aider les entreprises du tourisme à élaborer et mettre en place des plans de gestion des risques complets et itératifs afin qu'elles soient mieux préparées aux crises futures. Dans une approche prospective, le Japon a créé et publié un guide sur l'introduction de la gestion de crise dans le tourisme, à l'attention des collectivités locales et des opérateurs du tourisme. Ce guide a été élaboré après avoir recueilli et analysé des exemples de bonnes pratiques en matière de gestion de crise dans le secteur, au Japon et dans d'autres pays. Il est prévu que chaque région et opérateur de tourisme prépare son propre plan de gestion de crise à partir de ces documents, qui contribuent ainsi à renforcer la résilience du secteur dans le pays.

Actions menées par les pouvoirs publics pour diminuer les répercussions des chocs et favoriser une reprise rapide

La résilience d'une société est déterminée par sa population, mais les institutions peuvent et doivent soutenir la résilience individuelle. Cela suppose donc une résilience des institutions, qui comprend la capacité à fournir des résultats et à les améliorer au fil du temps, de manière crédible, légitime et évolutive, ainsi que l'aptitude à gérer les chocs et les changements (OCDE, 2020[24]). Pour soutenir la résilience du tourisme, les institutions doivent être préparées, promptes à réagir et agiles. L'on a besoin de davantage de données détaillées et actualisées pour comprendre les conséquences de la crise sur le tourisme et prendre des décisions agiles et réactives adaptées à leur objectif.

Des processus institutionnels stratégiques et évolutifs peuvent accélérer les réponses et les mesures de transformation. Les cadres de conception des politiques sont toutefois souvent structurés et rigides. Les institutions suivent des processus qui exigent des effets avérés, plusieurs niveaux d'approbation et des méthodes de mise en œuvre précises. Lors d'une crise, ces éléments de bonne gouvernance peuvent ralentir le temps de réaction et allonger la durée d'exposition des entreprises et des consommateurs au choc, ce qui en alourdit encore les conséquences et aggrave les séquelles pendant la phase de reprise. L'absence de processus agiles et souples pour la conception des politiques freine l'application rapide de mesures publiques ciblées qui peuvent être facilement adaptées aux besoins le cas échéant.

La résilience se nourrit de l'expérience acquise à la faveur de chocs précédents et des actions menées pour s'y adapter. Pendant la pandémie, les pays qui avaient tirés les enseignements de situations similaires par le passé disposaient déjà de mécanismes et étaient mieux préparés à réagir. L'Allemagne par exemple a su mobiliser un programme de soutien à l'emploi mis en place pendant la crise financière mondiale. Associé au plan de préparation national aux pandémies, il a permis au pays de réagir rapidement et d'alléger les charges financières des entreprises et des employés en complétant les salaires.

La mise en place d'une action rapide, ciblée et efficace en période de crise dépend de la disponibilité de données fiables, pour pouvoir prendre des décisions fondées sur des éléments factuels. L'insuffisance des données et des informations a freiné l'élaboration de politiques ciblées et pragmatiques dès le début de la pandémie. Le recours à des sources de données différentes et complémentaires, telles que les données administratives ou les mégadonnées, s'est toutefois accéléré pendant cette période. Certains pays utilisent des données provenant d'autres secteurs que le tourisme pour anticiper les performances du tourisme par extrapolation (encadré 1.12, au chapitre 1).

Ces données fournissent un éclairage plus actualisé que les données traditionnelles, mais dans la mesure où elles ne se focalisent pas sur le tourisme, elles présentent des limites. Elles ne peuvent résoudre totalement les problèmes liés aux lacunes en matière de données et d'informations et il faut aller plus loin pour explorer de nouvelles méthodes et améliorer celles existant déjà.

Renforcer la résilience de l'écosystème du tourisme

Il est difficile de prévoir, et encore plus de contrôler, les chocs exogènes, tels que le COVID-19 ou la guerre menée par la Russie en Ukraine, et cela peut entraver la capacité de réaction, en particulier dans les environnements systémiques comme le tourisme. Le renforcement de la résilience aidera le secteur du tourisme à se transformer et à évoluer en cas de chocs graves à l'avenir et à continuer à s'adapter aux mégatendances que sont l'évolution de la demande touristique, la croissance durable du tourisme, l'émergence de technologies structurantes et le passage au numérique, et l'évolution de la mobilité des voyageurs (OCDE, 2019[5]).

Le renforcement de la résilience du tourisme suscite beaucoup d'attention et il convient d'agir pour remédier aux faiblesses qui pèsent depuis longtemps sur le secteur ou sont apparues récemment, sous peine de les oublier lorsque la crise actuelle sera terminée. Depuis la pandémie, la résilience constitue un thème majeur des plans, stratégies et lignes directrices consacrés à la relance du secteur touristique, aux niveaux national (stratégie américaine 2022 sur les voyages et le tourisme, par exemple) et international (parcours de transition pour le tourisme de la Commission européenne, lignes directrices du G20 de Rome pour l'avenir du tourisme). La mise en application et l'action sont désormais indispensables pour tirer parti des changements et de la collaboration nés de la crise, et mieux gérer le développement du tourisme et la transition vers un système touristique plus solide, plus juste et plus durable (Encadré 2.5).

Adopter des systèmes de gouvernance du tourisme intégrés, agiles et souples

Il est essentiel des définir des approches stratégiques agiles, souples et coordonnées pour réagir et s'adapter au changement et renforcer la résilience du système du tourisme. Compte tenu de sa nature transversale, le tourisme influence, et est influencé par, de nombreux domaines de l'action publique. Aussi la coordination entre ceux-ci et les différents niveaux d'administration est-elle importante pour garantir que le tourisme est bien intégré aux stratégies globales de riposte à la crise et de gestion des risques. Lorsqu'ils sont en place, il importe également que ces stratégies et ces programmes puissent être adaptés à l'évolution des besoins, sachant que les mesures qui freinent les activités touristiques dureront juste le temps nécessaire.

Pour définir une stratégie bien conçue, il convient en premier lieu de bien circonscrire et comprendre le problème, puis d'élaborer les mesures appropriées pour le résoudre (OCDE, 2021[25]). Cela s'effectue souvent en trois étapes :

- identifier un problème précis ou une difficulté exerçant une incidence défavorable sur l'économie du tourisme ;
- rassembler les données pour comprendre le problème et évaluer ses répercussions ;
- définir une action qui, tout à la fois, remédie au problème, satisfait aux obligations légales et constitutionnelles, s'inscrit dans les programmes plus généraux des pouvoirs publics et répond aux attentes des parties prenantes du secteur, qui ont aussi d'autres difficultés à prendre en compte.

En période de crise, il faut adopter et enchaîner les mesures nécessaires plus rapidement qu'à l'accoutumée. La mise en œuvre prend du temps et nécessite souvent une large participation des parties prenantes et plusieurs niveaux d'approbation.

Pendant la pandémie, des pays ont réagi rapidement pour proposer des mesures sans précédent touchant l'ensemble de l'économie, afin de protéger les populations, les entreprises et les collectivités de ses répercussions. Si le tourisme a bénéficié de ces aides, il a aussi été constaté que les approches stratégiques applicables à l'ensemble de l'économie peuvent entraîner des disparités dans les mécanismes de soutien, surtout s'ils sont adoptés rapidement. Compte tenu de la nature très morcelée et hétérogène du tourisme, les entreprises sont souvent « passées à travers les mailles du filet » si elles ne remplissaient pas les critères d'attribution, en particulier lorsqu'elles ne comptaient pas de salariés ou dépendaient fortement de revenus saisonniers. Interrogés sur les principaux enseignements tirés de la crise (en septembre 2021), le Canada et la Nouvelle-Zélande ont reconnu des difficultés à créer une aide ciblée pour le tourisme, en particulier pour les PME, et l'Estonie a indiqué que la résolution de ces difficultés se faisait grâce à un « apprentissage par la pratique ».

Encadré 2.5. La crise du COVID-19 : une occasion de s'engager dans la transition numérique et durable

Les crises entraînent des conséquences graves, mais elles offrent aussi l'occasion de s'adapter et d'agir en faveur du développement durable. On ne peut raisonnablement analyser la résilience sans prendre en compte les occasions que peuvent apporter les bouleversements et il s'avère indispensable de recenser toutes ces possibilités et leurs avantages potentiels à long terme. Selon les résultats des enquêtes menées dans le monde entier, près de 70 % des PME ont intensifié leur usage des technologies numériques en raison de la pandémie de COVID-19 (OCDE, 2021[26]). Dans le tourisme, cela peut comprendre l'introduction de modes de paiement électronique, de systèmes modernisés de commandes et de vente de billets et des technologies permettant de suivre les contacts. Bien que provoquée par la force des choses, cette percée des innovations n'en continuera pas moins à accroître la productivité du secteur à l'avenir. L'avancée des technologies numériques et la mise au point de modèles de services numériques offrent aux petites entreprises un accès plus largeaux outils commerciaux, qui leur permettent d'adapter rapidement leur activité en cas de crise avec peu d'investissements en amont (OCDE, 2021[27]).

La baisse du nombre de touristes a donné aux pouvoirs publics, aux destinations, aux entreprises et aux consommateurs la possibilité de repenser l'avenir du tourisme en se recentrant sur la durabilité, le développement vert et l'inclusion des populations locales dans la planification des destinations et des collectivités. Il est indispensable d'agir immédiatement pour que ces questions soient ancrées dans la planification future et que le tourisme ne retrouve pas simplement le même mode de fonctionnement, qu'avant lorsque les visiteurs reviendront. Il importe de préciser que ces différentes possibilités peuvent coexister car les technologies numériques peuvent fortement favoriser la transition verte, ce qui donne à penser qu'il faut tenir compte de ces innovations et de celles à venir pendant la phase de reprise et au-delà. La mise en œuvre de l'action publique peut apporter des synergies et des occasions d'accroître les dividendes (OCDE, 2021[28]).

Exemples d'approches adoptées par certains pays :

- **Finlande :** en 2020, un appel à financements a été lancé à l'intention des organismes régionaux de tourisme, afin de soutenir la reprise du tourisme et des régions. Les projets, qui répondaient aux besoins de développement local, ont profité à différents opérateurs des régions et ont eu des répercussions positives sur le long terme pour l'ensemble du secteur. Il a été alloué 4 millions EUR à 28 projets qui portaient essentiellement sur le développement des solutions et des capacités numériques, destinés à accroître le tourisme tout au long de l'année, à créer de nouveaux produits touristiques et à toucher de nouveaux groupes cibles.
- **Canada :** annoncé en 2021, le Programme canadien d'adoption du numérique a été mis en place pour aider les PME, y compris celles du tourisme, à réaliser tout leur potentiel en recourant aux technologies numériques. D'un montant de 4 milliards CAD, il comprend deux dispositifs de financement distincts, dont la subvention « Développez vos activités commerciales en ligne » pour les petites entreprises en contact direct avec la clientèle, telles celles opérant dans les services comme le tourisme.
- **Grèce :** la plan national de reprise et de résilience comporte un volet axé sur la transformation numérique des PME, y compris celles du tourisme, qui prévoit un soutien aux investissements dans les services et technologies numériques, tels que les paiements électroniques, les outils publicitaires numériques, les solutions analytiques, la mise à niveau des compétences numériques, l'intelligence artificielle, les solutions intégrées de continuité des services, des systèmes de cybersécurité et la mise à niveau des TPV.

Réfléchir aux leçons tirées de la riposte à la pandémie et adapter les processus futurs permettra d'être mieux préparé aux crises futures. Dégager les enseignements de la riposte à la pandémie constitue un élément majeur du Parcours de transition pour le tourisme de la Commission européenne, afin de mettre en place les structures, procédures et règles permettant de répondre rapidement à l'avenir à des circonstances exceptionnelles, avec des perturbations minimales dans les voyages et le tourisme (Commission européenne, 2022[29]).

Une coordination horizontale et verticale de l'action publique est indispensable à la résilience du tourisme (OCDE, 2019[5]). Des décisions sont prises à tous les niveaux d'administration, mais il convient d'adopter une approche unifiée et des objectifs communs, étayés par une planification et une coopération fortes, pour créer un secteur résilient. Les décisions budgétaires peuvent incomber aux administrations nationales, mais les administrations locales sont souvent mieux placées pour gérer les programmes et veiller à ce que leur mise en application réponde aux besoins des entreprises du tourisme. Les administrations locales peuvent entretenir des relations plus étroites avec les entreprises, ce qui peut permettre de mieux concevoir et appliquer les programmes, évaluer les résultats et réagir si des modifications s'avèrent nécessaires. L'Allemagne a créé un nouvel instrument central pour élaborer sa prochaine stratégie nationale de tourisme de façon coordonnée (Encadré 2.6).

Encadré 2.6. Élaboration d'une politique touristique intégrée en Allemagne

En mai 2022, l'Allemagne a créé un comité de pilotage composé de membres de haut rang issus des différents ministères compétents en matière de tourisme. La première tâche de ce comité consiste à définir les principaux axes de la stratégie nationale du tourisme et de s'accorder avec les autorités fédérales sur un programme de travail. L'Allemagne met actuellement en place la plateforme «L'avenir du tourisme », qui constituera l'instrument central de coopération et d'intégration pour l'élaboration de la stratégie nationale sur le tourisme. La plateforme sera élargie pour inclure des représentants des 16 Länder et des parties prenantes du secteur du tourisme début 2023. Tous les acteurs travailleront ensemble pour évaluer, ajuster et modifier les mesures du programme de travail. Différents groupes de travail seront formés pour que les questions soient traitées par les personnes compétentes.

Pour que la gouvernance pluri-niveaux soit efficace, il convient de préciser le mode d'attribution des responsabilités aux différents échelons de l'administration publique, et il importe que ce processus soit explicite, compris par tous, et clair pour tous les acteurs. Un réexamen périodique des responsabilités des différentes adminsitrations doit être réalisé pour garantir la flexibilité du système (OCDE, 2021[30]).

Le renforcement de la résilience nécessite aussi la coopération et l'intervention des secteurs public et privé. Une collaboration étroite entre les pouvoirs publics et le secteur privé permet de riposter plus rapidement et de manière plus ciblée à une crise, en réduisant ses répercussions et en augmentant l'efficacité des actions conduites et des mesures de relance. Pendant la pandémie de COVID-19, un grand nombre de pays a déployé des stratégies de communication et de collaboration entre les organes publics et privés, telles que des partenariats, des rencontres bilatérales fréquentes et des partages d'informations et de données. Il s'est ainsi créé une base permettant de nouer des relations de confiance et d'accroître les décisions fondées sur des données. Le maintien de ces relations une fois la crise passée contribuerait à apporter une réponse plus rapide et plus complète aux chocs futurs et, plus généralement, à concevoir une action publique mieux ciblée, avec des mesures institutionnelles fondées sur les besoins du secteur.

Cette question est traitée par la constitution de comités consultatifs et de groupes de travail sur le développement continu du tourisme (pour plus de détails, voir l'encadré 1.2, au chapitre 1), et la création de nouveaux canaux de communication pour partager les informations. En République slovaque, le rassemblement de toutes les parties prenantes du tourisme constitue une priorité. Le pays développe de nouveaux canaux d'informations à l'échelle nationale par le biais des offices du tourisme régionaux, du conseil national du tourisme, des municipalités et des entités privées. Poursuivant de grandes ambitions en matière de collaboration, la République slovaque souhaite aussi créer de nouveaux canaux de communication entre les parties prenantes nationales et étrangères, en particulier dans les pays de l'UE, au titre de la stratégie nationale de tourisme durable pour 2030.

Les approches de prospective stratégique et de planification institutionnelle tournée vers l'avenir peuvent aider les pays à prévoir des scénarios et à s'y préparer, afin d'être prêts à réagir rapidement aux événements lorsqu'ils se produisent. Comme la résilience, les méthodes stratégiques prospectives et tournées vers l'avenir tiennent compte des incertitudes et encouragent l'analyse et la prise en considération d'un éventail de possibilités pour étayer les prises de décision et l'action publique (OCDE, 2020[31]). Les exercices de prospective stratégique peuvent aider les responsables des politiques du tourisme à envisager d'autres solutions pour l'avenir et à étayer l'élaboration de politiques tournées vers l'avenir (OCDE, 2019[5]). Les principes de la prospective stratégique appliquée au tourisme sont exposés dans l'Encadré 2.7.

Encadré 2.7. Principes d'une utilisation efficace de la prospective stratégique à l'appui de l'élaboration des politiques du tourisme

La prospective stratégique peut aider les responsables de l'action publique à anticiper des possibilités et à concevoir des politiques tournées vers l'avenir. Il est possible d'utiliser différentes méthodes de prospective stratégique pour analyser les tendances, envisager différents scénarios plausibles et se préparer efficacement aux défis et possibilités que recèle l'avenir. Certains grands principes peuvent aider les responsables de la politique du tourisme à tirer le meilleur parti de la prospective stratégique et à l'utiliser comme instrument de l'action publique, en particulier :

- **l'agilité :** utiliser les données et les projections existantes tout en faisant preuve de suffisamment d'agilité pour s'adapter aux nouvelles réalités et en sachant qu'il faudra faire face à des défis et possibilités inattendus ;
- **la multiplicité :** envisager différents scénarios d'avenir et s'y préparer lors de la conception des programmes et des politiques – il est impossible de prévoir l'avenir avec certitude et le champ des possibles est vaste ;
- **la proactivité :** prendre des mesures proactives pour œuvrer en faveur de l'avenir souhaité ; l'action ou l'inaction auront une incidence sur l'avenir ;
- **la durabilité à long terme :** envisager l'impact des politiques sur les générations futures et prendre des mesures responsables dans le présent ; les décisions relatives à l'action publique ne doivent pas répondre uniquement à des objectifs de court ou moyen terme ;
- **la participation et l'inclusion :** coopérer avec différentes parties prenantes qui représentent tout un éventail de points de vue et d'intérêts différents, de manière à ne pas avoir une vision étroite de l'avenir ;
- **la collaboration internationale :** les politiques et les décisions doivent être durables à l'échelle mondiale. La mondialisation devient de plus en plus importante, et les responsables des politiques ne peuvent pas opérer de manière cloisonnée, mais doivent collaborer au niveau international pour faire en sorte que les avantages pour le tourisme soient inclusifs, équitables et durables dans le monde entier.

Source : OCDE (2018), Analyser les mégatendances pour mieux façonner l'avenir du tourisme (OCDE, 2019[5]).

Les cadres de gouvernance collaborative permettent d'aligner les initiatives et les processus et de concevoir et mettre en œuvre plus rapidement les politiques lorsque cela est nécessaire. Ils fournissent aussi des mécanismes pour améliorer l'apprentissage mutuel et une approche intégrée pour anticiper les difficultés futures, au lieu de se contenter de réagir aux chocs. En explorant les mesures susceptibles de soutenir le tourisme, l'Australie a étudié les principales avancées et initiatives adoptées au plan international afin de simplifier le processus de l'action publique en s'inspirant des différentes stratégies de soutien mises en œuvre dans les autres pays. Cela a permis de détecter les lacunes et de constituer une base de connaissances sur un large éventail de programmes de soutien au tourisme appliqués dans le monde et leur capacité à résoudre les problèmes . Les éclairages fournis par différentes mesures incitatives axées sur la demande (dispositifs de bons ou réductions de voyage, par exemple) ont contribué à élaborer et mettre en œuvre le programme de soutien au réseau de l'aviation touristique, conçu pour relancer les voyages et accroître la confiance.

Promouvoir des destinations touristiques diversifiées, robustes et stables

La croissance régulière enregistrée par le tourisme pendant de nombreuses années a laissé croire qu'il était résilient par nature et a parfois conduit à privilégier « la croissance avant tout ». Cette optique a contribué aux problèmes de gestion et de développement déséquilibré du secteur qui existaient déjà avant la pandémie. Elle consiste par exemple à faire reposer excessivement le développement économique et la création d'emploi sur le tourisme, à s'installer dans une dépendance (excessive) envers les principaux marchés émetteurs et offres de services, et dans une forte concentration géographique et temporelle des activités touristiques. Cette absence de diversification rend le secteur plus vulnérable aux chocs et freine la reprise, et le secteur se révèle finalement moins résilient et moins concurrentiel.

La pandémie a mis au jour les fragilités causées par une trop grande dépendance aux visiteurs internationaux dans de nombreux pays. Les autorités ont dû prendre des mesures pour aider les destinations et des entreprises ont réorienté leur activité sur le marché intérieur au début de la pandémie. Un grand nombre de destinations ont pris conscience du flux de visiteurs internationaux et des conséquences défavorables d'une dépendance excessive envers des marchés émetteurs uniques. D'après une enquête menée récemment par l'OCDE auprès des pays membres et partenaires, pour près de la moitié des pays qui ont répondu, la fermeture des frontières de certains marchés clés reste un obstacle à la reprise du tourisme.

Les destinations comme les entreprises touristiques doivent s'assurer que leur offre de produits peut attirer un large public, de manière à pouvoir conserver une activité basique en cas de perturbation. Cela comprend à la fois la répartition géographique des touristes et la présence d'attractions à même de garantir le maintien de l'activité touristique en cas de crise localisée. Dans la plupart des pays, la création d'un secteur plus diversifié aux plans géographique et temporel est une priorité, ce qui suscite des débats plus larges sur la gestion des destinations et les approches à suivre pour que le tourisme soit à l'avenir plus durable, plus inclusif et plus résilient (Encadré 2.8).

La diversification peut nécessiter d'adapter l'offre touristique afin d'en diminuer le caractère saisonnier. Les destinations et les activités de montagne, du littoral ou des parcs nationaux sont des exemples pour lesquels l'activité économique annuelle se concentre sur une courte période, réduite parfois à quelques mois, voire à quelques semaines. Le tourisme saisonnier peut exercer de fortes tensions sur les infrastructures locales et exacerber les dommages environnementaux causés par le secteur. Il a par exemple été constaté que les déchets marins augmentent de près de 40 % pendant la saison touristique en région méditerranéenne (One Planet, 2022[32]). Diversifier l'offre touristique pour augmenter le nombre de visiteurs pendant les périodes d'inter- et de basse saison peut contribuer à diminuer l'impact des perturbations des périodes très touristiques et favoriser le maintien des entreprises et des emplois tout au long de l'année.

Soutenue par le programme européen React EU, la Slovénie a alloué 69 millions EUR à 20 projets qui visent à transformer des destinations de montagne en stations ouvertes toute l'année et proposant des vacances actives en dehors de la saison de ski traditionnelle. Cela permettra de restructurer les installations et d'investir dans des hébergements neufs et existants. En France, le plan Avenir montagnes, lancé en 2021, a pour objectif d'aider les territoires de montagne à mettre en œuvre une stratégie de développement touristique pour promouvoir la diversification du tourisme et l'adaptation aux défis que représente la transition écologique. Il vise en particulier à assurer que les destinations ont accès aux infrastructures et ressources nécessaires à une offre de produits diversifiée et à réduire la saisonnalité des activités.

Encadré 2.8. Gérer le développement du tourisme dans la perspective d'un avenir plus résilient, plus durable et plus inclusif

Pour parvenir à un avenir durable et inclusif, il est essentiel d'adopter une approche intégrée de la politique touristique, bénéficiant de la contribution et du soutien des professionnels du secteur et de la société civile. Dans ce contexte, il convient d'accorder une attention particulière à la viabilité écologique, à l'inclusivité, à la diversification et à l'innovation, tout en s'attachant à gérer les touristes plutôt que de chercher à en attirer davantage. Il n'existe pas de stratégie universelle. Les destinations adoptent diverses approches pour mettre la durabilité au centre du développement touristique. Ces approches ont toutefois en commun l'objectif de faire évoluer, parfois de façon radicale, les modèles économiques actuels de la filière. Pour toutes les destinations, il sera essentiel de mettre en place des dispositifs de gouvernance pluri-niveaux efficaces et représentatifs. Parmi les principaux aspects à prendre en compte pour éviter les écueils de la période pré-COVID-19 et donner corps à une vision durable de l'avenir, on peut citer :

- redéfinir ce que l'on considère comme de bons résultats en matière de tourisme ;
- adopter une approche associant responsables publics, acteurs du tourisme et populations locales ;
- généraliser les politiques et les pratiques durables ;
- élaborer des modèles économiques plus durables pour le secteur du tourisme ;
- mieux mesurer pour mieux gérer.

Source : OCDE (2021), Gérer le développement du tourisme dans l'optique d'une reprise durable et inclusive (OCDE, 2021[30])

Un cadre de gestion des destinations solide est indispensable pour accroître la résilience de ces dernières, ce qui met particulièrement l'accent sur l'aspect fonctionnel des organismes de gestion des destinations (OGD), qui sont bien plus que de simples entités marketing. Selon ce point de vue plus contemporain et plus managérial, ces organismes devraient se préoccuper du développement touristique dans son acception la plus large (OCDE, 2020[19]). Le programme pour la résilience des destinations touristiques de la Pacific Asia Tourism Association s'attache aussi à prendre en compte la nécessité de passer d'une approche marketing des destinations à une vision fondée sur la gestion et l'administration (Encadré 2.9).

Dans de nombreux pays, la transition des structures de gouvernance vers un mode de gestion des destinations plus contemporain est toujours en cours. Au Royaume-Uni, un examen indépendant des OGD conduit en 2021 a montré que ces organismes sont sous-utilisés et devraient bénéficier de structures de financement de meilleure qualité pour pouvoir aller au-delà des activités marketing centrées sur les entreprises et appuyer l'application des politiques visant à garantir la compétitivité et la viabilité des destinations. Les autorités britanniques se sont engagées à mener plusieurs actions pour remédier à ces difficultés (Encadré 2.10).

Encadré 2.9. Favoriser la résilience des destinations de tourisme

Le programme pour la résilience des destinations touristiques de la *Pacific Asia Tourism Association* a été élaboré pour aider les destinations à sortir de la crise du COVID-19 et à les préparer aux crises qui se produiront à l'avenir. Il a pour objectif ultime de créer un secteur du tourisme plus résilient.

Le programme vise à permettre aux destinations de « résister à l'adversité et rebondir après une crise ». Pour les aider à renforcer leurs capacités d'évaluation et de gestion des risques et d'adaptation, la *Pacific Asia Tourism Association* a mis au point une formation qui couvre les différentes étapes à suivre pour parvenir à la résilience et à la durabilité sur le long terme. Les résultats potentiels de cette formation sont les suivants :

- comprendre la nécessité de passer d'une approche marketing des destinations à une vision axée sur la gestion et l'administration ;
- recenser les capacités fondamentales qu'il convient de renforcer dans la destination pour accroître sa résilience ;
- redéfinir les modèles économiques et les valeurs de la destination pour qu'ils soient plus complets et inclure différentes parties prenantes dans la transition vers la résilience ;
- reconnaître les avantages à long terme de la résilience pour la collectivité, l'environnement et l'économie ;
- comprendre comment garantir les investissements dans les projets et les programmes de résilience.

Source : Tourism Destination Resilience (PATA, 2022[7]).

La Grèce a défini un cadre de gouvernance pour renforcer la gestion des destinations dans le cadre de la loi sur l'organisation marketing et la gestion des destinations, et l'Islande a officialisé la création de nouveaux OGD et actualisé des plans régionaux de gestion des destinations. Les cadres de gouvernance qui prévoient des liens étroits entre les décisions prises au niveau national et au niveau de la destination offrent des possibilités de garantir que la reprise et la croissance future soient en adéquation avec les programmes d'actions nationaux.

On observe un chevauchement important des politiques destinées à assurer la résilience des économies et la prospérité économique des régions, notamment celles qui soutiennent un environnement économique dynamique, une base sectorielle diversifiée et le développement des compétences locales (OCDE, 2022[34]). Les destinations résilientes favorisent aussi le développement durable, le bien-être et la croissance inclusive. On reconnaît de plus en plus l'importance de l'inclusion sociale et de la perception des populations locales en matière de gestion des destinations, comme en témoigne par exemple l'enquête Mood of a Nation menée en Nouvelle-Zélande, qui mesure la perception du tourisme par les habitants. Les approches axées sur les lieux offrent un autre moyen de tenir compte des attentes et des besoins des collectivités locales. Les dirigeants doivent comprendre la destination et investir dans une planification et un développement à même d'améliorer la résilience et d'accroître les liens qui unissent les individus et les territoires (Chand, 2018[35]).

Encadré 2.10. Examen indépendant des organismes de gestion des destinations au Royaume-Uni

En 2021, conscientes du rôle que les OGD peuvent jouer dans les économies touristiques régionales, les autorités britanniques ont demandé un examen indépendant des organismes de gestion des destinations, qui a sollicité la participation d'un nombre important de parties prenantes pendant un court laps de temps. L'examen a formulé plusieurs recommandations pour améliorer le fonctionnement et la structure des OGD, et les autorités se sont engagées à mener plusieurs actions, telles que :

- rebaptiser les OGD *Local Visitor Economy Partnerships* (LVEP, partenariats économiques locaux pour les visiteurs), afin de prendre en compte l'orientation stratégique donnée à l'économie des visiteurs et l'ampleur des activités et des relations qu'ils mettront en place pour la soutenir ;
- introduire un nouveau système d'accréditation en 2022-23, avec des financements alloués à *VisitEngland* pour développer et administrer le dispositif. La constitution de ce nouveau portefeuille de LVEP performants accrédités a pour objectif de réduire leur éparpillement et d'apporter de la cohérence à la gestion des destinations, en aidant les acteurs des secteurs public et privé ;
- piloter une approche à plusieurs niveaux des LVEP et apporter un financement pluriannuel à une région d'Angleterre. Cela donnera à un LVEP de premier niveau, ou à un groupe de LVEP (qui constituerait alors un « partenariat de développement d'une destination ») l'assise nécessaire pour mener toute une panoplie d'activités de gestion des destinations, tout en incitant le secteur privé à investir.

Source : autorités britanniques (2021) *The de Bois Review: an independent review of Destination Management Organisations in England* (Gouvernement du Royaume-Uni, 2021[33]).

Les politiques touristiques territorialisées gagnent en importance dans un certain nombre de pays. En Suède, cette approche représente un axe majeur de la stratégie nationale pour un tourisme durable et la croissance du secteur du tourisme. Elle montre ainsi que le développement durable et la résilience doivent être fortement ancrés au niveau local, ce qui est d'autant plus facile à réaliser que les collectivités locales sont considérées et traitées comme des parties prenantes essentielles. Aux Pays-Bas, le *Centre of Expertise on Leisure, Tourism and Hospitality* (CELTH) a élaboré un programme pluriannuel de développement des connaissances dans le cadre de ce qu'il nomme « la gestion raisonnée des destinations ». Le CELTH a précisément choisi l'échelle de la destination parce que c'est là que les différents sous-secteurs et acteurs se rassemblent. Dans une gestion raisonnée, les parties s'efforcent d'atteindre des résultats touristiques qui ont les répercussions sociales, écologiques et économiques les plus positives possible et entraînent la meilleure qualité de vie, d'expérience et de travail.

Remédier aux fragilités existant du côté de l'offre, en mettant l'accent sur les PME

Le grand nombre de PME présentes dans le tourisme est source d'avantages économiques, de possibilités d'entrepreneuriat et d'emploi pour les économies locales, mais il est aussi synonyme de fragilité. Depuis le début de la pandémie, les capacités d'adaptation de nombreuses PME du tourisme ont été restreintes par des contraintes opérationnelles, un déficit de compétences, et des retards dans l'adoption des technologies numériques (OCDE, 2021[27]).

Il est indispensable de renforcer la résilience des PME, à titre individuel et globalement, pour assurer la résilience du secteur et plus largement, de l'économie. Il faut tout d'abord mieux comprendre ce dont a besoin une entreprise touristique pour être résiliente, mais il convient de suivre à cet égard un processus itératif qui sera actualisé au fur et à mesure de l'évolution de l'entreprise ou de l'environnement. Dans le secteur privé, il est possible de renforcer la résilience en adoptant des stratégies visant à améliorer la gestion des risques et le devoir de diligence, qui mettent l'accent sur la sensibilisation, la transparence, la redevabilité et la réactivité (OCDE, 2021[2]).

Encourager les entreprises touristiques de toute taille à adopter une approche proactive de la détermination des risques qui tient compte des répercussions possibles des événements économiques et sociétaux concourra à mieux les préparer aux crises futures. Des initiatives telles que le « manuel évolutif » créé par le Wharf Hotel constituent un exemple concret de la manière dont les entreprises du secteur peuvent se montrer plus proactives. Le manuel évolutif désigne un système de gestion de crise fondé sur un registre des risques actualisé au fil des évolutions de l'environnement d'exploitation. Cela suppose d'analyser précisément le climat économique, environnemental et politique pour actualiser les réponses apportées. Cette idée d'une adaptation permanente et d'une communication transparente est à la base de l'évolution des entreprises résilientes. Il est possible d'adapter une approche de ce type aux entreprises touristiques de toute taille.

Cependant, même avec l'application de stratégies de long terme, les PME conserveront des vulnérabilités fondamentales, en particulier en matière de trésorerie. Les dirigeants doivent répertorier les points faibles des entreprises touristiques et se préparer à y remédier à l'avenir. En juillet 2022, le Chili a lancé un nouveau plan de relance, qui cible les MPME. Le programme 2022 de soutien au tourisme du pays vise à financer des projets de formation, de planification des activités des entreprises, de conseil, d'assistance technique, de fonds de roulement et/ou d'investissements. Il sera appliqué dans 16 régions du pays et financera intégralement les coûts des projets liés au tourisme à hauteur de 4 millions CLP. Il est indispensable d'évaluer en continu les mesures de soutien mises en place pendant la pandémie pour comprendre leur efficacité et leurs lacunes, afin de préparer les actions à mener à l'avenir.

Les PME ont aussi besoin d'un soutien ciblé pour accéder au financement, y compris au financement vert, qu'elles peinent souvent à obtenir en raison d'obstacles financiers, politiques, de taille ou liés aux connaissances. Il importe de développer les structures, les stratégies, les mesures incitatives et les politiques conçues pour les besoins des acteurs de petite taille et de sensibiliser ces derniers à l'existence de ces mécanismes (PNUE, 2021[36]). Sans une aide ciblée, les PME ne pourront souvent pas assumer financièrement l'application des mesures visant à les rendre plus durables et donc plus résilientes.

Toutes les entreprises de tourisme ne survivront pas à une crise. La résilience repose sur leurs capacités à s'adapter et à se transformer. L'appui sans précédent qui a été apporté aux PME du secteur a limité les faillites pendant la pandémie, mais ces mesures peuvent freiner le dynamisme des entreprises, et entraîner un ralentissement de l'innovation et une diminution de la concurrence et de l'efficience, d'où l'importance de veiller à ce qu'elles soient ciblées et temporaires. Les pouvoirs publics peuvent aussi lever les freins réglementaires à la concurrence qui s'avèrent inutiles, abaisser les barrières à l'entrée, telles qu'une vigilance et une évaluation des profils de risques accrues de la part des institutions financières, améliorer l'efficacité judiciaire et la réglementation des faillites, et garantir une application rigoureuse de la législation sur la concurrence (OCDE, 2021[2]). Dans le domaine du crédit, quelques modifications ont été apportées aux cadres régissant l'appétence pour le risque pour les secteurs vulnérables : la plupart des banques ont revu leurs critères d'évaluation et les ont manifestement durcis pour les secteurs comme l'énergie, le tourisme, l'art et les loisirs (BRI, 2022[37]).

L'adoption du numérique peut permettre aux entreprises du tourisme de tirer parti des nouvelles technologies applicables au marketing et au développement des produits et des destinations, de même que l'investissement dans le capital humain et les compétences peut les aider à accroître et fidéliser une main-d'œuvre qualifiée (OCDE, 2021[22]). La Corée soutient la transition numérique du tourisme en offrant des bons destinés à renforcer les compétences numériques des PME du secteur. Cette mesure comprend le partage des connaissances entre MPME et opérateurs de voyages traditionnels pour tirer avantage de la transformation numérique en élaborant de nouveaux modèles d'activité, des formations professionnelles sur les nouvelles tendances et la création de programmes de renforcement des capacités numériques pour comprendre les systèmes, les processus, ainsi que la planification et la création de contenus numériques.

En Finlande, le DataHub a pour objectif d'encourager la transition numérique des PME du tourisme, qui tardent généralement à adopter ces technologies. Cette base de données nationale du secteur du tourisme offre à toutes les entreprises du secteur la possibilité de se doter gratuitement d'une présence numérique, avec des offres marketing proposées sur les différents canaux de Visit Finland (Encadré 2.11). Dans certains pays, les mesures et les initiatives prises par les pouvoirs publics en matière de transition numérique pour aider le secteur à devenir plus résilient et à s'adapter à l'accélération du passage au numérique se sont intensifiées, mais elles demeurent globalement largement insuffisantes.

Encadré 2.11. Constituer une base de données nationale des entreprises et des services de tourisme en Finlande

Le *DataHub* est une base de données nationale qui permet aux entreprises de tourisme finlandaises d'enregistrer et de présenter des informations sur leur entreprise et les produits et services qu'elles proposent. *Visit Finland* a pour objectif de créer la base de données la plus complète pour les offres de tourisme en Finlande, par région et par catégorie de produits. Les opérateurs de tourisme nationaux et internationaux peuvent rechercher et publier des informations sur un produit sur l'interface *DataHub*, par exemple sur certaines plateformes de marché ou dans des catalogues de produits. Les données peuvent être consultées sur la page web *DataHub* et intégrées facilement à une application tierce. Elles seront aussi utilisées à des fins marketing sur les différents canaux numériques de *Visit Finland*, dont son nouveau site web visitfinland.com. L'utilisation du *DataHub* est gratuite et *Visit Finland* s'est engagé à en assurer le développement et la maintenance. Depuis son lancement en août 2021, la base de données a enregistré près de 1 500 entreprises et organismes et comptait près de 5 000 produits de tourisme en octobre 2022.

Il s'est toutefois avéré difficile de rallier les PME du tourisme, en particulier les entreprises les plus petites, à ces initiatives. Cela peut s'expliquer par l'existence de difficultés systémiques touchant précisément les entreprises qui pourraient le plus profiter du passage au numérique. Certains pays comptent sur les liens naturels existant entre les OGD et les PME pour favoriser la mise en avant et la promotion de ces avantages (OCDE, 2021[22]). Le projet « Office du tourisme 3.0 » a été lancé par la Suisse pour appuyer le passage au numérique en rassemblant les différents partenaires technologiques, les offices du tourisme et d'autres parties prenantes à l'échelle locale pour analyser la signification et la fonction qui seront celles d'un office du tourisme à l'avenir, compte tenu de la transformation numérique et de l'évolution des besoins et des attentes des hôtes et des prestataires de services dans un secteur situé au cœur de la stratégie nationale pour le tourisme. Celle-ci reconnaît que les OGD sont à même de favoriser la transition numérique par l'exemple et en s'appuyant sur leurs liens naturels pour établir des relations avec les PME locales.

Le Parcours de transition pour le tourisme de la Commission européenne reconnaît les difficultés rencontrées par les PME dans leur transition vers le numérique, telles que la méconnaissance des bonnes pratiques existantes et de la manière d'accéder aux outils pour les mettre en œuvre. Il préconise de créer une plateforme collaborative à l'intention des PME du tourisme et des destinations, qui leur donnera accès aux informations, aux outils spécifiques, aux bonnes pratiques et à des possibilités de partage des connaissances afin de les soutenir sur la voie de cette double transition (Commission européenne, 2022[29]).

Améliorer les conditions pour développer une main-d'œuvre qualifiée et inclusive

Le tourisme est un secteur qui nécessite une main-d'œuvre très importante et il est à même de soutenir une reprise créatrice d'emplois. Il dépend aussi de la qualité de ses ressources humaines, afin de créer et de proposer des offres de tourisme concurrentielles. Le secteur souffre toutefois depuis longtemps de problèmes de main-d'œuvre. De nombreux pays étaient déjà confrontés à des pénuries de personnel et de compétences dans le tourisme avant la pandémie, imputables à un ensemble complexe de facteurs, tels que le manque de travailleurs qualifiés, une forte dépendance envers une main d'œuvre internationale, le faible niveau des salaires, le niveau élevé de travail informel et occasionnel, la saisonnalité des emplois, et le sentiment répandu que le tourisme offre des emplois de court terme et non des possibilités de faire carrière.

La pandémie a accentué ces difficultés ancrées de longue date, qui compromettent la capacité du secteur à attirer et fidéliser ses travailleurs (par exemple l'insécurité de l'emploi, le niveau des salaires, les perspectives de carrière, la concurrence des autres secteurs). Compte tenu de l'interdépendance du secteur, les pénuries rencontrées par un élément de l'écosystème se répercutent sur tous les autres. Par exemple, des pénuries de main d'œuvre dans l'aviation empêchent les voyageurs de rejoindre leur destination et leur hôtel, et d'effectuer d'autres activités touristiques. D'après une enquête menée récemment par l'OCDE auprès des pays membres et partenaires, les pénuries de main-d'œuvre demeurent l'un des principaux freins à la reprise du tourisme, après l'insécurité économique et énergétique et l'inflation. L'on constate toutefois que dans certains pays, en Irlande par exemple, les entreprises augmentent le niveau des salaires et revoient les conditions de travail pour attirer les travailleurs (Encadré 2.12).

Les pays et les entreprises doivent mettre en place des plans sur le long terme pour résoudre ces problèmes de fond et faire en sorte de préserver leur capacité à rebondir après une crise. La Nouvelle-Zélande mène actuellement une politique de rééquilibrage de l'immigration, qui limitera à terme le nombre de migrants temporaires faiblement rémunérés, dans l'optique d'améliorer les salaires et les conditions de travail, et ouvrira de nouvelles possibilités de carrière à ses ressortissants. Le pays s'appuie aussi sur l'organisme financé par des fonds publics *Go with Tourism* pour mener des activités destinées à changer la perception des Néo-Zélandais sur les carrières dans le tourisme et les inciter à travailler dans le secteur. Le groupe Accor a reconnu qu'un changement était nécessaire et lancé les programmes *Work your way* (Travaillez comme vous voulez) et *Same-day hire* (Embauché le jour même) dans la région du Pacifique, afin de procurer plus de flexibilité aux travailleurs et d'accélérer les processus de recrutement. Le groupe a aussi amélioré les possibilités d'évolution professionnelle avec l'Accor Academy et des offres de mobilités entre les pays.

L'essor du numérique, les technologies vertes et le vieillissement de la population auront une incidence sur les compétences dont on aura besoin à l'avenir. La transition numérique nécessitera d'élargir les connaissances sur l'offre et la demande de compétences en la matière dans le tourisme, d'accroître les mesures incitant à développer les compétences numériques et de faire en sorte que ces dernières soient accessibles aux travailleurs et aux dirigeants (OCDE, 2021[22]). Pour garantir que la main-d'œuvre possède les compétences adéquates pour répondre aux besoins futurs, il conviendra de travailler en collaboration étroite avec les prestataires du tourisme et de l'éducation (OCDE, 2019[5]). Le Portugal investit dans des équipements et des infrastructures innovants pour placer la formation aux métiers du tourisme à un niveau plus élevé et permettre aux programmes de s'adapter aux nouveaux besoins et aux nouvelles demandes des consommateurs. La Grèce a mis en place un programme de travail avec Google pour accroître les compétences numériques de la main-d'œuvre du tourisme.

Encadré 2.12. Améliorer les conditions de travail pour remédier aux pénuries de main-d'œuvre en Irlande

Après la pandémie, les pénuries de main-d'œuvre ont été considérées comme un frein majeur à la reprise du secteur du tourisme en Irlande. Selon certains rapports, il manquait près de 40 000 travailleurs dans le secteur début 2022. Une enquête réalisée auprès des entreprises du tourisme a montré que 30 % de celles-ci risquaient de fermer si leurs problèmes de recrutement n'étaient pas résolus. Le niveau des salaires et les conditions de travail figuraient parmi les principaux obstacles pour les employés, qui se disaient néanmoins disposés à retravailler dans le secteur si ces questions étaient prises en compte. En octobre 2022, les pénuries de main-d'œuvre restaient problématiques dans le tourisme en Irlande, mais les pressions s'atténuaient car les employeurs avaient augmenté les taux de rémunération, introduit davantage de souplesse dans les conditions de travail et prévu des primes spécifiques. Le nombre d'emplois vacants est passé de 40 000 à 22 000 dans le secteur du tourisme et de l'accueil. Une campagne a de surcroît été menée par les responsables nationaux du tourisme et les leaders du secteur pour remédier aux problèmes de fond de la crise du personnel et renforcer les moyens d'action des entreprises pour les aider à tirer au mieux parti de cette campagne et se démarquer sur un marché de l'emploi très concurrentiel. Un pôle d'apprentissage a été créé, qui propose des formations gratuites, de qualité et autodirigées pour améliorer les compétences du personnel et accroître les capacités des entreprises.

La transition verte nécessitera de nouvelles compétences pour répondre à la demande croissante de voyageurs sensibilisés à la question environnementale. Les « compétences vertes » comprennent par exemple la manière de réaliser des audits énergétiques ou d'évaluer la durabilité des activités touristiques, et la formation du personnel à des programmes de recyclage (Commission européenne, 2022[38]).

Le tourisme peut favoriser une reprise créatrice d'emplois, en particulier pour les jeunes qui pâtissent toujours de certaines conséquences de la pandémie et pour les femmes et les migrants, qui éprouvent des difficultés persistantes à s'intégrer sur le marché du travail. La main-d'œuvre touristique compte un grand nombre de femmes, mais en ce qui concerne l'inclusion, une augmentation de la participation des groupes de population minoritaire contribuerait à remédier aux pénuries. Il est également essentiel que les femmes et les groupes minoritaires occupent davantage de postes de direction. Il ne s'agit pas d'un problème facile à résoudre et il n'existe pas non plus de solution universelle. Il reste encore beaucoup à faire pour comprendre les attentes et les freins des employés et des employeurs, afin de disposer d'une main-d'œuvre plus solide et plus résiliente. L'Égypte a dressé un état des lieux du personnel du tourisme, à la fois formel et informel, qui lui permettra de définir un fonds d'urgence pour le soutenir en cas de crise à l'avenir. Au Chili, le plan stratégique actualisé pour le capital humain sur la période 2023-26, qui sera appliqué par une commission publique-privée, rassemblera différents acteurs du tourisme pour développer et renforcer le capital humain.

Accroître les données, les éléments d'appréciation et les indicateurs pour mesurer et suivre la résilience du tourisme

Pour accroître la résilience, il est indispensable d'améliorer le socle des données servant à étayer les décisions des pouvoirs publics et des entreprises par le biais de la collecte d'information, de la recherche et de l'analyse des données. Il convient de disposer de données fiables et cohérentes, d'éléments d'appréciation et d'indicateurs pour évaluer l'efficacité des programmes et des initiatives menés pour riposter et s'adapter à une crise et suivre les progrès de la reprise et de la résilience du tourisme à long terme (OCDE, 2020[39]). Il faut aussi élaborer des méthodes permettant de quantifier la résilience afin de pouvoir procéder explicitement à des arbitrages entre efficacité d'un système et résilience (OCDE, 2020[8]). Les responsables des politiques ont également besoin d'outils leur permettant de détecter les vulnérabilités qui peuvent apparaître en cas de crises graves et de prendre des mesures avant qu'il ne soit trop tard (OCDE, 2021[2]).

Idéalement, cela supposerait d'élaborer des outils traitant les données en temps réel, qui intègrent les données et proposent automatiquement différentes solutions de gestion en fonction d'arbitrages clairs définis en temps réel (OCDE, 2020[8]). Les données du tourisme ne permettent toutefois pas de procéder ainsi pour le moment. La pandémie a mis en évidence le manque de données actualisées, comparables et détaillées dans des situations qui évoluent rapidement (OCDE, 2020[39]). Si de nombreuses institutions et entreprises ont adapté leurs capacités, cela n'a souvent pas suffi à répondre aux besoins de données nécessaires à des prises de décisions efficaces en temps voulu.

Les pouvoirs publics et le secteur privé doivent prendre en compte les déficits de données qui ralentissent les prises de décisions et chercher des solutions alors que ce problème est encore bien présent dans les esprits. La Grèce prend des mesures en ce sens, en conduisant des travaux pour examiner et évaluer les lacunes de données et les besoins mis en évidence par la pandémie, améliorer le recueil des données permettant de mesurer l'impact de la pandémie et mieux répondre aux chocs futurs. Ces travaux comprennent le lancement récent d'une plateforme web permettant de partager des données et des informations touristiques, qui devrait s'élargir à d'autres sources de données.

Le Parcours de transition pour le tourisme de la Commission européenne reconnaît la nécessité d'étendre la couverture des statistiques du tourisme, ce qui supposera très probablement une révision de la base juridique pour la collecte de données harmonisées, avec notamment la mise au point de comptes Satellites du tourisme et d'approches innovantes en matière de sources de données statistiques (Commission européenne, 2022[29]). Compte tenu des avancées importantes accomplies en matière de capacité des données pendant la crise, il sera indispensable de mettre en place une coopération internationale et des formations inter-institutions et sectorielles pour comprendre ce que pourront permettre de réaliser les données de tourisme à l'avenir.

En raison de la complexité du tourisme, l'on dépend des modes d'étude traditionnels pour établir des mesures, qui s'avèrent souvent coûteuses et longues et nécessitent d'être agrégées pour pouvoir produire un rapport. Elles fournissent des statistiques fiables, rigoureuses et comparables, mais qui ne sont peut-être ni suffisamment détaillées ni suffisamment réactives pour étayer les prises de décisions. Exploiter de manière fiable les données obtenues grâce à la transformation numérique pour améliorer l'actualité et la granularité des informations et continuer à s'adapter au fur et à mesure de la mise à disposition de nouvelles sources offrira de nouvelles possibilités de prendre des décisions plus réactives et fondées sur des éléments factuels.

Les travaux menés pour comprendre la fiabilité des sources de données différentes et complémentaires pour le tourisme ont surtout porté sur les données des télécommunications, de transactions et de réservations (Encadré 2.13). De nombreux pays utilisent aussi des données administratives et sectorielles, telles que les données quasiment en temps réel sur les vols aériens et les hébergements. La Norvège a engagé une étude préalable sur la possibilité de créer un outil d'analyse des mégadonnées du tourisme à l'échelle nationale, pour obtenir une vue complète du secteur.

La Corée a pour sa part créé le Korea Tourism Data Lab en 2021, une plateforme qui regroupe des mégadonnées sur le tourisme et de services d'analyse de convergence. Elle concourt au fonctionnement des entreprises de tourisme, des administrations locales et du secteur au sens large.

La Slovénie a adopté une approche différente, fondée sur deux sources administratives fiables, le registre des établissements d'hébergement et le système électronique de déclaration obligatoire *eTurizem* utilisé par les prestataires d'hébergements de tourisme. Le pays est ainsi en mesure de recueillir quasiment en temps réel des données sur les flux touristiques (arrivées, nombre de nuitées) et les capacités des établissements d'hébergement touristiques (nombre d'unités, nombre de places permanentes, nombre total de places). Cette méthode garantit des données très détaillées, précises, fiables, comparables et actualisées sur les arrivées des touristes et le nombre de nuitées passées dans des établissements d'hébergement du pays.

La mesure et le suivi de la résilience du tourisme demeurent peu pratiqués, et se limitent à quelques études destinées à définir un cadre de mesure rigoureux et complet pour gérer et développer une destination du point de vue de la résilience (Della Corte et al., 2021[41]). Des travaux ont néanmoins commencé à établir des indicateurs et des outils de mesure de la résilience du tourisme, y compris à l'échelle internationale. Ils sont indiqués ci-après.

- Commission européenne : utilisation des données disponibles selon une approche ascendante pour créer un tableau de bord du tourisme européen mesurant des piliers environnementaux, numériques et socio-économiques pour suivre la résilience du tourisme.
- Banque mondiale : modèle de risques pour la résilience du tourisme ou score de vulnérabilité, reprenant les données de l'indice de compétitivité du secteur des voyages et du tourisme du Forum économique mondial (Banque mondiale, 2020[42]). Il tient compte des facteurs de risques menaçant la résilience, tels que le contexte général, la santé et l'hygiène, la préparation aux TIC, la priorité accordée au tourisme par les pouvoirs publics, le transport aérien et la qualité des infrastructures de tourisme.
- OMT : le *Tourism Recovery Tracker* envisage la reprise du tourisme en fonction du nombre de visiteurs internationaux, de la capacité du transport aérien et du sentiment des voyageurs en rassemblant des données provenant de différentes sources nationales, telles que l'OACI, ForwardKeys, Google, STR, AirDNA, Sojern et TCI Research.
- Indice de développement du secteur des voyages et du tourisme du Forum économique mondial : modifié en 2022 pour mettre l'accent sur la durabilité et la résilience, l'indice mesure une série de 112 indicateurs recouvrant 17 piliers (WEF, 2022[43]), en particulier un pilier des conditions et de la résilience socio-économiques, qui prend en compte les droits des travailleurs, l'égalité entre les femmes et les hommes et la protection sociale. Les autres piliers concernent la viabilité écologique, la sûreté et la sécurité, les ressources humaines et le marché de l'emploi.
- Il faut faire davantage pour comprendre les indicateurs appropriés à la résilience et savoir comment les mesurer. Ils doivent être concrets, solides et comparables. Si les mesures des données nouvelles ou complémentaires apportaient plus d'enseignements, cela pourrait indiquer que les données utilisées ne sont pas cohérentes ou actualisées selon le pays. Les indicateurs existants déjà pourraient reprendre des séries de données nationales ou internationales susceptibles d'être manipulées (OCDE, 2021[44]). La mutualisation et le partage des connaissances et des résultats des travaux actuellement menés sur la résilience et d'autres indicateurs du tourisme (comme la durabilité, la compétitivité ou la transition numérique) contribueront à mettre à disposition des données comparables et à établir des programmes rassemblant des éléments factuels.
- Les séries d'indicateurs extérieurs au tourisme peuvent fournir un cadre permettant d'étayer les réflexions préliminaires. Les indicateurs de résilience peuvent être organisés autour de quatre axes pertinents qui peuvent constituer le point de départ des travaux sur les indicateurs de résilience du tourisme : social, économique, environnemental et institutionnel (OCDE, 2018[45])

Encadré 2.13. Utilisation des nouvelles sources de données pour éclairer la prise de décisions : exemples d'initiatives prises par certains pays

Australie : examen du paysage des données en 2017 pour déterminer comment les données officielles répondent aux besoins des consommateurs de données de tourisme et l'adéquation des autres sources de données pour réaliser des statistiques sur le tourisme. L'examen a mis au jour des lacunes concernant les parcours et le sentiment des visiteurs, la qualité de leur expérience et la granularité des données. L'Australie a par ailleurs approfondi ses connaissances sur les autres sources de données par le biais de nombreux projets prototypes pour validation. Ces différents enseignements ont conduit à réaliser des travaux prioritaires sur les données concernant la mobilité et les réservations. Les tests relatifs aux données sur la mobilité ont prouvé que ces données peuvent permettre de définir et de mesurer tout un éventail d'éléments d'appréciation du tourisme interne à des niveaux géographiques plus détaillés.

Japon : mise en place du *Regional Economy and Society Analysing System* (RESAS, système régional d'analyse de l'économie et de la société) permettant d'accroître l'élaboration des politiques fondées sur des données probantes par les administrations locales. Ce système apporte un éclairage sur les structures des secteurs, les mouvements démographiques et les flux de population, et propose des infographies faciles à comprendre à partir des données économiques et sociales provenant de sources de données publiques et privées. Il analyse le comportement des touristes et les classements des recherches de destinations touristiques. Les administrations locales peuvent ainsi repérer les escales les plus prisées et définir ensuite des itinéraires de visite qui relient ces différents sites. Le système analyse et représente visuellement l'impact du COVID-19 au Japon en temps réel, à l'aide notamment des données de géolocalisation des téléphones portables, d'hébergement et de consommation de produits d'alimentation et de biens. Les administrations locales utilisent ces données pour prendre des mesures relatives au COVID-19.

Indonésie : utilisation des données de géolocalisation des téléphones portables pour compléter les études officielles et combler les lacunes de données concernant les arrivées internationales, le tourisme interne et les voyages à l'étranger. Le bureau indonésien des statistiques a conclu un accord commercial avec la société estonienne Positium spécialisée dans les données de géolocalisation des mobiles à des fins de statistiques officielles. L'utilisation de ces données a posé des difficultés, mais elle permet d'obtenir des données plus précises, plus détaillées et plus fréquentes, qui ont des répercussions favorables sur la performance des entreprises.

Nouvelle-Zélande : utilisation des données agrégées des transactions par carte électronique pour créer des indicateurs régionaux de tourisme. Elle permet d'obtenir des estimations détaillées et fiables que ne fournissaient pas l'enquête sur les visiteurs internationaux et l'enquête sur les voyages internes. En plus de suivre la croissance à long terme et l'évolution des dépenses de tourisme, les indicateurs régionaux de tourisme évaluent l'impact des actions de marketing et d'autres facteurs influençant les dépenses de tourisme. Les données sont publiées dans un délai inférieur à un mois et apportent ainsi aux responsables des politiques et aux opérateurs de tourisme des informations actualisées régulièrement sur les dépenses et la croissance du tourisme, à un rythme et un degré de détail jamais atteints auparavant.

Singapour : la plateforme du *Singapore Tourism Analytics Network* (STAN, réseau d'analyse du tourisme de Singapour) apporte un éclairage approfondi sur les mégadonnées administratives et sectorielles grâce à 15 accords de partage des données conclus avec plusieurs des plus grands fournisseurs de données au monde, tels que Expedia, Grab et Tencent. Le conseil du tourisme de Singapour l'utilise pour analyser les principaux marchés émetteurs, aider les distributeurs à adapter leurs campagnes d'information et leurs produits et analyser les habitudes en matière d'hôtellerie pour que les hôteliers puissent proposer des formules mieux ciblées et augmenter les ventes croisées.

Thaïlande : l'initiative « *Tourism Smart Data, The Time Is Now* » a été lancée fin 2018 à l'appui de la planification stratégique et des prises de décisions fondées sur des données. Un tableau de bord présentant en direct les statistiques du tourisme calculées par province est accessible au public à l'échelle nationale. Pour gérer efficacement les volumes de touristes et la sécurité, Phuket a installé plus de 1 000 points d'accès WiFi, un système CCTV de reconnaissance des plaques minéralogiques et des capteurs intelligents pour accroître la sécurité sur les plages et dans l'océan. L'objectif est d'associer ces éléments à d'autres sources de mégadonnées dans une base centralisée pour obtenir une plus grande visualisation et une meilleure analyse des données.

Source : réponses à l'enquête OCDE et Banque asiatique de développement (2022), *Big data for better tourism policy, management and sustainable recovery from COVID-19* (Banque asiatique de développement, 2021[40]).

Le Tableau 2.1 reprend des travaux plus larges menés par l'OCDE sur des indicateurs de résilience pour proposer quelques idées d'indicateurs qui pourraient être adoptés ou adaptés pour mesurer et suivre la résilience du tourisme dans des travaux futurs. Ce sont là des pistes destinées à susciter la réflexion. Cette liste s'inspire du tableau de bord de l'OCDE à l'appui de la reprise post-COVID-19 et des travaux sur les villes résilientes, ainsi que d'autres travaux sur des indices de tourisme. Elle se fonde également sur le tableau de bord du tourisme de l'UE et des travaux conduits par d'autres institutions, telles que la Banque mondiale et le Forum économique mondial. Il convient de mener d'autres travaux pour examiner et mettre au point une série bien délimitée d'indicateurs significatifs et rigoureux que les dirigeants pourraient utiliser pour évaluer et mesurer la résilience du tourisme et orienter leurs choix en matière d'action publique. Il faut aussi que ces derniers soient en mesure de comprendre, d'analyser et d'utiliser les indicateurs afin de pouvoir prendre des décisions éclairées qui concourent à la réussite à long terme et à la résilience des destinations touristiques.

Les indicateurs de résilience doivent aussi fournir des données permettant aux responsables des politiques et aux acteurs du secteur de réduire l'impact d'une crise et de bien comprendre les conditions de la reprise afin de faire en sorte que les programmes institutionnels et les décisions prises par les entreprises sont ciblés et fondés sur des éléments factuels. Comme pour la durabilité, le cadre de mesure de la résilience du secteur nécessitera donc de recourir à de nouvelles méthodes de mesure, avec des indicateurs reposant sur des données et des technologies actualisées (Banque asiatique de développement, 2021[40]). Des recherches considérables doivent être menées pour déterminer les indicateurs les plus adaptés pour la résilience du tourisme et la manière dont ils seront mesurés de manière fiable dans le monde entier.

Tableau 2.1. Premières idées d'indicateurs de résilience du tourisme

Social	Salaires dans le tourisme comparés à la moyenne nationale
	Degré de sécurité des emplois dans le tourisme – proportion des employés à plein temps dans la main-d'œuvre touristique
	Sentiment des populations locales à l'égard du tourisme et des touristes
	Mesure de la satisfaction du visiteur et de l'intention de renouveler la visite
	Ouverture et facilité des voyages – visas et fermetures des frontières
	Inclusivité de la main-d'œuvre – ratio femmes-hommes et inclusion des travailleurs handicapés et locaux
Économique	Part directe du tourisme dans l'activité économique (VAB/PIB)
	Part directe du tourisme dans l'emploi total
	Diversification des visiteurs – dépendance à des marchés individuels
	Dispersion des visiteurs entre les destinations – proportion des visiteurs sur les destinations principales
	Dépendance du secteur envers les PME – proportion des PME dans les entreprises et le chiffre d'affaires du tourisme

	Fidélisation des employés et pénuries de main-d'œuvre
	Insolvabilité ou taux de mortalité des entreprises du tourisme
	Disponibilité des assurances pour les entreprises du tourisme et taux de souscription
	Éventail des transports utilisés pour le tourisme – proportion des visiteurs utilisant des modes de transport donnés (avion, train)
	Rendement d'un touriste – dépenses moyennes par touriste
Environnemental	Existence de politiques de tourisme durable
	Niveau des émissions de CO_2
	Proportion des entreprises « durables » lorsqu'il existe une certification de durabilité
	Probabilité de survenue d'un choc – occurrence moyenne des catastrophes naturelles graves (séismes, cyclones, inondations)
	Nombre de sites patrimoniaux naturels reconnus et de zones préservées
	Pourcentage de l'alimentation produite localement
	Pourcentage de la consommation énergétique annuelle totale issue de sources renouvelables
Institutionnel	Existence d'un plan d'action en cas de catastrophe
	Part des dépenses publiques dans le tourisme
	Existence d'un plan de communication dans le tourisme (public et sectoriel)
	Degré de confiance envers les pouvoirs publics
	Fourniture de sources de données sur des forums ouverts pour appuyer les prises de décisions
	Infrastructures numériques – couverture internet et vitesse moyenne de connexion

Actions que peuvent envisager les responsables des politiques du tourisme

Les pouvoirs publics et les responsables des politiques ont un rôle important à jouer pour garantir un écosystème du tourisme plus résilient à l'avenir. Remédier aux vulnérabilités structurelles qui ont été provoquées par les pressions récentes et se préparer aux nombreux scénarios qui pourraient se produire dans un futur en pleine mutation, incertain et marqué par des crises permettra de définir les bases d'un cadre plus résilient. Alors que le secteur se concentre sur la reprise à court terme et s'efforce de s'adapter à une nouvelle normalité, il appartient aux pouvoirs publics d'adopter une approche stratégique pour être mieux préparés aux chocs futurs.

- **Adopter des systèmes de gouvernance intégrés, proactifs et tournés vers l'avenir dans le tourisme.** La résilience est un pilier essentiel du développement futur du tourisme et il convient d'intégrer les considérations sur la résilience aux stratégies et aux processus décisionnels relatifs au tourisme. La gestion de crise de ce secteur doit faire partie des plans de gestion de crise nationaux. Les responsables des politiques peuvent conduire des activités prospectives pour élaborer des actions proactives et préventives en appréhendant les possibles perturbations futures et les principales vulnérabilités du secteur. Associés à la prospective stratégique, des tests de résistance du secteur et une législation future pourraient être intégrés à l'élaboration des politiques pour comprendre et évaluer la viabilité et la résilience du tourisme. Ce processus peut permettre de définir des mesures préventives et novatrices qui peuvent être appliquées rapidement et efficacement. Les pouvoirs publics recourent peu à la prospective de qualité axée sur l'action publique en raison de la culture dominante de la planification fondée sur les prévisions.
- **Créer un environnement d'entreprises dans lequel les PME peuvent réussir, devenir plus solides et profiter de la transition numérique et verte.** Les PME représentent des acteurs essentiels de la chaîne d'approvisionnement du tourisme, mais elles en sont aussi les plus vulnérables. Les responsables des politiques doivent prendre des mesures pour faire en sorte que l'environnement des entreprises favorise la résilience des PME et encouragent la transition vers des opérations durables et numériques. Ces mesures pourraient englober un renforcement de l'utilisation des technologies numériques, l'adoption de pratiques professionnelles plus vertes et plus durables, une amélioration de l'accès au financement, en particulier pour les PME qui

présentent davantage de risques, et le développement des compétences et des capacités des entreprises et de leurs dirigeants.

- **Faciliter la viabilité et la diversité des destinations avec des plans de gestion des destinations adaptés.** Il convient de mener des actions pour créer des destinations plus durables et plus résilientes. C'est souvent au niveau des destinations locales que ces questions sont le mieux prises en charge et permettent de répondre à des besoins aussi divers que précis, moyennant une large participation des parties prenantes et l'implication des acteurs locaux. Cela nécessite d'appliquer des plans de gestion de crise correspondant aux besoins précis des destinations, qui doivent aborder les risques potentiels et pouvoir s'adapter aux changements. Les critères de la résilience soulignent l'importance du suivi de la mise en œuvre et de l'impact des stratégies et des plans d'action, ce qui permet de leur consacrer davantage de capacités et de ressources lorsque cela est nécessaire. Il a été réalisé de nombreux travaux dans le domaine de la gestion durable des destinations, qui peuvent servir de base pour accroître la résilience de ces dernières.
- **Encourager une plus grande collaboration entre tous les niveaux de l'écosystème touristique.** Mettre à profit les mesures de collaboration significatives élaborées pendant la pandémie peut concourir à mettre en place une approche plus intégrée au sein de l'écosystème touristique. Cela doit s'accompagner d'un renforcement de la collaboration internationale entre les différents gouvernements, les organisations internationales et le secteur privé pour garantir que les actions menées sont efficaces et complémentaires et qu'elles répondent et s'adaptent aux perturbations. La création de structures collaboratives peut favoriser le partage des informations, et permettre de mieux comprendre les risques et les possibilités qui se font jour, et de dégager des enseignements des expériences passées. Ces actions doivent être appuyées par des possibilités d'échange informel des connaissances, par le biais notamment des plateformes numériques.
- **Produire des données pour suivre la résilience.** Il est nécessaire de mieux comprendre les sources de données solides et comparables qui pourraient être utilisées pour évaluer la résilience et combler les lacunes présentées par les séries de données actuelles. Les pays peuvent dégager des enseignements des outils créés pour suivre la reprise, mais ils doivent aussi poursuivre des objectifs ambitieux de long terme pour mesurer et suivre la résilience du tourisme. Il conviendra de disposer de ressources pour comprendre les répercussions des événements perturbateurs et les mesures qui pourraient constituer les indicateurs les plus adaptés. Si le recours aux données existantes pourrait représenter une solution rapide, il s'avère néanmoins important de bien comprendre toutes les questions en jeu pour faire en sorte d'apporter des réponses rapides et de prendre des décisions efficaces en cas de crise à l'avenir.

Références

Accor (2020), *2020 Integrated report*, https://group.accor.com/. [4]

Banque asiatique de développement (2021), *Big data for better tourism policy, management and sustainable recovery from COVID-19*, https://www.adb.org/publications/big-data-tourism-policy-management-recovery-covid-19. [40]

Banque mondiale (2020), *Rebuilding Tourism Competitiveness: Tourism response, recovery and resilience in the Covid-19 crisis*, https://openknowledge.worldbank.org/handle/10986/34348. [42]

BRI (2022), *Newsletter on Covid-19 related credit risk issues*, https://www.bis.org/publ/bcbs_nl26.htm. [37]

Chand, A. (2018), « Place Based Approach to plan for Resilient Cities: a local government perspective », *Procedia Engineering*, vol. 212, pp. 157-164, https://www.sciencedirect.com/science/article/pii/S1877705818300304. [35]

Commission européenne (2022), *New taxonomy of skills for the green transition*, https://ec.europa.eu/newsroom/empl/items/741088/en. [38]

Commission européenne (2022), *Transition Pathway for Tourism*, https://ec.europa.eu/docsroom/documents/49498. [29]

Della Corte, V. et al. (2021), « Destination resilience and innovation for sdvanced sustainable tourism management: A bibliometric analysis », *Sustainability*, vol. 13/22, pp. 1-19. [41]

Gouvernement du Royaume-Uni (2021), *The de Bois Review: An independent review of destination management organisations in England*, https://assets.publishing.service.gov.uk/government/uploads/system/uploads/attachment_data/file/1011664/2585-C_The_de_Bois_Review_ACCESSIBLE__for_publication_.pdf. [33]

Hynes, W. et al. (2022), « Systemic resilience in economics », *Nature Physics*, vol. 18, pp. 381-384, https://www.nature.com/articles/s41567-022-01581-4.pdf?origin=ppub. [9]

Hynes, W. et al. (2020), *Bouncing forward: A resilience approach to dealing with COVID-19 and future systemic shocks*, Springer. [1]

IATA (2022), *Jet fuel price monitor*, https://www.iata.org/en/publications/economics/fuel-monitor/. [14]

IATA (2022), *Soaring jet fuel prices now trending downward*, https://www.iata.org/en/iata-repository/publications/economic-reports/soaring-jet-fuel-prices-now-trending-downward/. [15]

IATA (2021), *How the industry learned the lessons from 9/11*, https://airlines.iata.org/analysis/how-the-industry-learned-the-lessons-from-911. [10]

Nations Unies (2022), *Le programme de développement durable*, https://www.un.org/sustainabledevelopment/fr/development-agenda/. [6]

OCDE (2022), *Perspectives économiques de l'OCDE, Rapport intermédiaire, septembre 2022 : Payer le prix de la guerre*, https://www.oecd-ilibrary.org/economics/perspectives-economiques-de-l-ocde/volume-2022/issue-1_4c8d9c61-fr. [13]

OCDE (2022), *Policies for resilient local economies*, https://www.oecd-ilibrary.org/industry-and-services/policies-for-resilient-local-economies_872d431b-en. [34]

OCDE (2021), *Atténuer l'impact du COVID-19 sur le tourisme et soutenir la reprise*, https://www.oecd-ilibrary.org/industry-and-services/attenuer-l-impact-du-covid-19-sur-le-tourisme-et-soutenir-la-reprise_8e56bcf9-fr. [17]

OCDE (2021), *Cadre d'action en matière de bonne gouvernance publique*, https://www.oecd-ilibrary.org/governance/cadre-d-action-en-matiere-de-bonne-gouvernance-publique_0ad89895-fr. [25]

OCDE (2021), *Economic resilience during crisis: Opportunities and challenges from Covid-19*, https://www.oecd.org/digital/strengthening-economic-resilience-following-the-covid-19-crisis-2a7081d8-en.htm. [28]

OCDE (2021), *Enhancing SMEs' resilience through digitalisation: The case of Korea*, https://www.oecd.org/economy/enhancing-smes-resilience-through-digitalisation-23bd7a26-en.htm. [27]

OCDE (2021), *Fostering economic resilience in a world of open and integrated markets*, https://www.oecd.org/newsroom/OECD-G7-Report-Fostering-Economic-Resilience-in-a-World-of-Open-and-Integrated-Markets.pdf. [2]

OCDE (2021), *Gérer le développement du tourisme dans l'optique d'une reprise durable et inclusive*, https://www.oecd-ilibrary.org/industry-and-services/gerer-le-developpement-du-tourisme-dans-l-optique-d-une-reprise-durable-et-inclusive_081257cf-fr. [30]

OCDE (2021), *High-level dashboard of indicators to guide a strong, resilient, green and inclusive recovery*, https://www.oecd.org/fr/rcm/Tableau-de-Bord-de-l%27OCDE-%C3%A0-l%27appui-d%27une-Reprise-Post-Covid-19-Forte,-R%C3%A9siliente,-Verte-et-Inclusive.pdf. [44]

OCDE (2021), *La transformation digitale des PME*, https://www.oecd.org/industry/smes/PH-Digitalisation-french.pdf. [26]

OCDE (2021), *Perspectives de l'OCDE sur les PME et l'entrepreneuriat 2021*, https://www.oecd-ilibrary.org/sites/dbe26a97-fr/index.html?itemId=/content/publication/dbe26a97-fr. [21]

OCDE (2021), *Perspectives des migrations internationales 2021*, https://www.oecd.org/migration/international-migration-outlook-1999124x.htm#:~:text=3.7%20million%20people,level%20of%20migration%20since%202003. [23]

OCDE (2021), *Preparing the tourism workforce for the digital future*, https://www.oecd.org/publications/preparing-the-tourism-workforce-for-the-digital-future-9258d999-en.htm. [22]

OCDE (2020), *A systemic resilience approach to dealing with Covid-19 and future shocks*, https://www.oecd.org/coronavirus/policy-responses/a-systemic-resilience-approach-to-dealing-with-covid-19-and-future-shocks-36a5bdfb. [8]

OCDE (2020), *Coopération pour le développement 2020 : Apprendre des crises, renforcer la résilience*, OCDE, https://www.oecd-ilibrary.org/sites/b8d7cf8c-fr/index.html?itemId=/content/publication/b8d7cf8c-fr. [24]

OCDE (2020), *Les actions engagées dans le domaine du tourisme face au coronavirus (COVID-19)*, https://www.oecd.org/coronavirus/policy-responses/les-actions-engagees-dans-le-domaine-du-tourisme-face-au-coronavirus-covid-19--86db4328/. [12]

OCDE (2020), *Observatoire de l'innovation dans le secteur public : Futurs et prospective*, https://oecd-opsi.org/guide/futures-and-foresight/. [31]

OCDE (2020), *Operationalisation of destination management organisations in Romania*, https://www.oecd-ilibrary.org/industry-and-services/operationalisation-of-destination-management-organisations-in-romania_9074fc18-en. [19]

OCDE (2020), *Reconstruire le tourisme de demain : réponses des pouvoirs publics au Covid-19 et reprise*, https://www.oecd.org/coronavirus/policy-responses/reconstruire-le-tourisme-de-demain-reponses-des-pouvoirs-publics-au-covid-19-et-reprise-56639ffa/. [39]

OCDE (2019), *Analyser les mégatendances pour mieux façonner l'avenir du tourisme*, https://www.oecd-ilibrary.org/industry-and-services/analyser-les-megatendances-pour-mieux-faconner-l-avenir-du-tourisme_b6b7c938-fr. [5]

OCDE (2019), *Sous pression : la classe moyenne en perte de vitesse*, https://www.oecd.org/fr/social/sous-pression-la-classe-moyenne-en-perte-de-vitesse-2b47d7a4-fr.htm. [16]

OCDE (2018), *Indicators for resilient cities*, https://www.oecd-ilibrary.org/development/indicators-for-resilient-cities_6f1f6065-en. [45]

OCDE (2009), *L'impact de la crise mondiale sur le financement des PME et de l'entrepreneuriat et les réponses en termes d'action des pouvoirs publics*, https://www.oecd.org/fr/cfe/pme/limpactdelacrisemondialesurlefinancementdespmeetdelentrepreneuriatetlesreponsesentermesdactiondespouvoirspublics.htm. [20]

OCDE (2009), *Policy Responses to Economic Crisis: Investing in innovation for Long-term growth*, https://www.oecd.org/sti/42983414.pdf. [11]

OMT (2021), *Global and regional tourism performance*, https://www.unwto.org/global-and-regional-tourism-performance. [3]

One Planet (2022), *Le problème de la pollution plastique du tourisme*, https://www.oneplanetnetwork.org/programmes/sustainable-tourism/global-tourism-plastics-initiative/tourisms-plastic-pollution-problem. [32]

PATA (2022), *Tourism Destination Resilience*, https://crc.pata.org/tourism-destination-resilience/. [7]

PNUE (2021), *Greening the SMEs: Improving SME access to green finance in Mauritius*, https://www.unepfi.org/wordpress/wp-content/uploads/2021/11/Greening-the-SMEs-Improving-SME-Access-to-Green-Finance-in-Mauritius.pdf. [36]

Rusticelli, E. et D. Turner (2021), *« The economic costs of restricting international mobility »*, *Documents de travail du Département des Affaires économiques de l'OCDE*, https://www.oecd-ilibrary.org/docserver/dcad4c73-en.pdf?expires=1647524633&id=id&accname=guest&checksum=D627A429C0984FEF572E929667DE75DD. [18]

WEF (2022), *Travel & Tourism Development Index 2021: Rebuilding for a sustainable and resilient future*, https://www.weforum.org/reports/travel-and-tourism-development-index-2021/. [43]

Chapitre 3. Promouvoir une reprise verte du tourisme

Des avancées considérables ont été réalisées pour mieux comprendre les conséquences du tourisme sur l'environnement naturel et prendre davantage en compte la notion de durabilité dans les politiques touristiques. Des efforts supplémentaires devront cependant être consentis, avec un sentiment d'urgence encore plus prononcé, pour accélérer la transition vers une économie du tourisme plus verte, traduire les engagements pris en actions concrètes et en résultats tangibles, et intégrer les objectifs environnementaux dans les politiques du tourisme. Le présent chapitre examine les approches stratégiques permettant de soutenir une reprise du tourisme qui soit verte et écologiquement viable, tout en procurant des avantages aux populations et aux économies locales. Dans ce chapitre, les auteurs présentent certaines des principales considérations d'action publique destinées à promouvoir une transition vers des modèles économiques et des destinations plus verts, lesquels sont nécessaires pour transformer le système touristique et obtenir des résultats durables sur le long terme.

Plus que la plupart des autres secteurs, le tourisme entretient une relation complexe avec l'environnement, en ce sens que le secteur est tributaire de la qualité de l'environnement alors même qu'il a une incidence sur elle. Des avancées considérables ont été réalisées ces dernières décennies pour mieux comprendre les conséquences du tourisme sur l'environnement naturel et les sociétés d'accueil, et prendre davantage en compte la notion de durabilité dans les politiques touristiques. L'adaptation aux nouvelles évolutions, dont le changement climatique, doit être abordée parallèlement aux actions visant à atténuer et réduire les répercussions négatives du tourisme sur l'environnement, tout en œuvrant au bien-être des populations. Des efforts supplémentaires devront cependant être consentis, avec un sentiment d'urgence encore plus prononcé, pour accélérer la transition vers une économie du tourisme plus verte, traduire les engagements pris en actions concrètes et en résultats tangibles, et intégrer les objectifs environnementaux dans les politiques du tourisme.

La pandémie de COVID-19 a favorisé une plus grande prise de conscience de ces enjeux, créant par là même une plus forte incitation à s'y atteler et une occasion de le faire dans l'ensemble de l'écosystème du tourisme. Cette rupture offre des possibilités considérables de réimaginer le secteur du tourisme, de stimuler l'adoption de modèles de développement touristique plus verts et plus durables par la mise en œuvre de politiques novatrices, et de faire en sorte que les plans de relance s'inscrivent dans le prolongement de l'Accord de Paris et des objectifs de développement durable (ODD). L'invasion de l'Ukraine par la Russie a renforcé les tensions sur les prix, ce qui pourrait imprimer un nouvel élan pour accélérer la transition vers la neutralité carbone et inciter les économies à mettre la sécurité énergétique en tête de leurs priorités et les entreprises à s'orienter vers des pratiques plus économes en ressources.

Les chances d'intégrer des mesures vertes dans les plans de relance du tourisme et de garantir que la transition verte ne sera pas reléguée au second plan dans le contexte d'un redressement du tourisme tiré par la demande s'amenuisent toutefois rapidement. Il est donc urgent d'agir face aux menaces que le changement climatique fait peser sur notre existence même, d'œuvrer à une réduction des émissions de CO_2 et de la pollution, de renforcer l'efficience énergétique et l'efficacité de l'utilisation des ressources, et d'empêcher que les activités touristiques n'entraînent une perte de biodiversité et la disparition d'écosystèmes. Pour cela, il conviendra de mettre en œuvre des politiques du tourisme actives et des mesures de relance efficaces, capables de faire avancer la transition vers des chaînes de valeur et des modèles économiques du tourisme plus verts, mais aussi d'améliorer les résultats environnementaux des destinations tout en procurant des avantages aux communautés et aux économies locales. Les domaines qui devraient ainsi faire l'objet d'une attention particulière sont les suivants :

- **Décarbonation** : promouvoir les schémas de production et de consommation durables en renforçant l'efficience énergétique, en encourageant les modèles d'économie circulaire et en réduisant les émissions de gaz à effet de serre (GES) issues du tourisme, et ce, afin d'atteindre la neutralité carbone à l'horizon 2050.
- **Adaptation au changement climatique** : renforcer la résilience du tourisme pour se préparer aux aléas climatiques et aux conséquences environnementales et socioéconomiques associées et y faire face efficacement.
- **Restauration des écosystèmes** : enrayer et inverser, lorsque cela est encore possible, la perte de biodiversité et la destruction des habitats fragiles, et contribuer activement à l'amélioration de la santé des systèmes écologiques.
- **Inclusivité** : améliorer l'égalité et l'autonomisation des individus, des communautés et des cultures conformément aux objectifs de développement durable.

Avant la pandémie, la croissance touristique de ces dernières années était déséquilibrée sur le plan économique, social et environnemental pour de nombreux pays et destinations, le plus souvent sous l'effet d'une augmentation rapide et non planifiée du nombre de visiteurs. Le secteur du tourisme a aujourd'hui la possibilité de tirer parti d'une dynamique plus large pour favoriser la transition vers des modèles économiques plus verts et encourager le verdissement des chaînes de valeur touristiques regroupant un grand nombre de processus et d'acteurs en amont comme en aval. Des mutations profondes devront donc être engagées par les entreprises de toutes tailles et de tous les secteurs de l'écosystème touristique, qu'il s'agisse du passage d'une économie linéaire à une économie circulaire afin de créer un système économique durable par une réduction draconienne de la consommation et du gaspillage de ressources, ou du découplage de l'extraction de ressources naturelles et de l'amélioration du bien-être et de l'activité économique (OCDE, 2021[1]) (PNUE et Banque mondiale, 2021[2]).

Dans un premier temps, le présent chapitre met en avant l'urgence de déployer des actions plus rapides en faveur de la relance verte, puis propose une évaluation de la manière dont les pouvoirs publics peuvent soutenir des destinations et des modèles économiques plus verts. Il aborde ensuite différentes approches stratégiques novatrices, en mettant l'accent sur certains leviers essentiels, ainsi que les mesures qu'il est possible d'adopter pour soutenir les acteurs de la chaîne de valeur du tourisme et les aider à contribuer de façon durable et efficace à la transition verte. En conclusion, ce chapitre attire l'attention sur la nécessité d'intégrer la transition verte dans tous les aspects de la reprise du tourisme et dans les stratégies pour l'avenir (y compris de manière à renforcer la résilience face aux crises successives).

Accélérer la transition vers une économie verte du tourisme

Les dix prochaines années s'avéreront déterminantes aussi bien dans la lutte contre la crise écologique que face aux menaces que le changement climatique fait peser sur notre existence même, car tout retard supplémentaire dans l'adoption de mesures contre le dérèglement climatique ne fera qu'augmenter les risques de bouleversement irréversible des systèmes environnementaux. Une dynamique de verdissement du tourisme s'était déjà engagée avant la pandémie, mais elle connaît aujourd'hui un nouveau souffle étant donné que les pouvoirs publics reconnaissant de plus en plus la nécessité d'agir et de façon urgente.

Assurer la reprise du tourisme tout en redéfinissant le système est une entreprise complexe, freinée par un vaste éventail de facteurs qui mettent à rude épreuve la résilience du secteur, et dont la difficulté est encore accentuée par une capacité d'action relativement restreinte. Les pénuries de main-d'œuvre, associées à une forte demande de rattrapage, se sont traduites par une situation de chaos dans les principales plateformes de transport et pèsent sur la reprise de manière générale dans la mesure où les entreprises peinent à attirer aussi bien des travailleurs qualifiés que non qualifiés. L'invasion de l'Ukraine par la Russie fragilise par ailleurs la stabilité géopolitique et mine la confiance des voyageurs. Elle a également pour effet d'allonger la durée des trajets en avion puisque la trajectoire de certains vols a dû être modifiée. La hausse des prix de l'énergie et la crise du coût de la vie ont également une incidence sur la capacité financière des populations à voyager et sur le coût global de l'activité économique.

Les pays membres de l'OCDE et des économies partenaires ont mis en œuvre des mesures ciblées en soutien aux ménages et aux entreprises. La crise de l'énergie a mis en évidence les synergies qui existent entre la transition verte et la sécurité énergétique, ainsi que la nécessité pour les pouvoirs publics de soutenir les améliorations en faveur de l'efficience énergétique et d'investir dans la capacité des entreprises à adapter leur consommation énergétique et à abandonner les combustibles fossiles (OCDE, 2022[3]). L'association de ces facteurs forme un mélange explosif, tout en accentuant la nécessité d'adopter un modèle touristique plus vert et plus résilient.

Une relance verte réussie passe par une redéfinition des notions de prospérité, de richesse et de succès du tourisme. Le tourisme peut contribuer à cette transition durable, en s'appuyant sur des principes renforcés dans le contexte de la pandémie, et notamment sur une gestion améliorée des volumes et des flux de visiteurs, et sur le souhait des touristes de renouer avec la nature (Encadré 3.1).

Encadré 3.1. Les possibilités de promouvoir une reprise verte du tourisme

Les événements récents, dont la crise provoquée par la pandémie de COVID-19 et par l'évolution du paysage économique et géopolitique, ont entraîné une modification importante de l'environnement pour les touristes, les entreprises et les destinations. Ces changements offrent cependant de nouvelles possibilités de promouvoir la transition verte dans le secteur du tourisme, et ce, par les biais suivants :

- Le développement des destinations et des produits locaux durables, en adaptant l'offre aux touristes plus soucieux de l'environnement et désireux de renouer avec la nature.
- Une réorientation du tourisme vers le tourisme local, encouragée par l'augmentation des coûts, le contexte d'incertitude et le souci de durabilité dans les choix de destinations. Cette évolution peut permettre une réduction des émissions de GES et encourager une diversification des visiteurs au-delà des seuls publics locaux.
- Un allongement de la durée de séjour des visiteurs (y compris des nomades du numérique), par la création de nouvelles possibilités grâce au développement du travail à distance et à une flexibilité accrue du travail, permettant une augmentation de la valeur aussi bien pour les destinations concernées que pour les voyageurs.
- Une meilleure gestion des destinations, en analysant les volumes de visiteurs et en investissant dans les infrastructures et systèmes nécessaires pour gérer ces volumes de manière durable.
- La mise en œuvre de modèles économiques novateurs. Dans le cadre des efforts de relance, les entreprises ont la possibilité de se restructurer, d'améliorer leurs compétences et d'investir dans de nouvelles technologies, de manière à être davantage numérisées, durables, résilientes et inclusives.
- Un renforcement de la coopération entre les pouvoirs publics et le secteur privé. La pandémie a suscité une réponse à l'échelle de l'administration donnant aux pays l'occasion d'analyser les intégrations et interactions transsectorielles positives pour appliquer ces innovations en matière de gouvernance aux enjeux de demain.

Les avancées seront cependant limitées si le secteur du tourisme revient à son fonctionnement antérieur, fondé sur un modèle économique axé sur les volumes plutôt que sur la valeur. Ces avancées dépendront également des changements opérés dans d'autres secteurs ou segments de l'économie, compte tenu du caractère fortement interconnecté de l'économie du tourisme (ex. : transport et agriculture). Alors que le tourisme redémarre et que les pouvoirs publics cherchent à repenser et refaçonner l'économie du tourisme pour la rendre plus verte et plus durable, il est possible de soutenir ces efforts en s'appuyant sur des initiatives visant notamment à réfléchir à une nouvelle approche de l'économie ou à identifier de nouveaux moyens de mesurer le progrès, tel que proposé par l'OCDE dans ses travaux sur les Éléments d'un nouveau discours autour de la croissance (OCDE, 2018[4]).

Atténuation du changement climatique et adaptation du tourisme à ses effets

Les risques climatiques sont un problème majeur, non seulement car le secteur du tourisme contribue de façon importante aux émissions de gaz à effet de serre, mais aussi parce qu'il est exposé aux nombreux effets, souvent cumulés, du changement climatique (Scott et al., 2019). Il est particulièrement difficile d'évaluer avec précision l'empreinte carbone du tourisme, mais d'après les évaluations récentes il représenterait entre 8 % et 11 % des émissions mondiales (WTTC et PNUE, 2021[5]). La température dans le monde a augmenté de 1.1 °C entre 1850 et 1900, et entre 2010 et 2019 (GIEC, 2021[6]). À l'horizon 2030, le réchauffement climatique devrait atteindre 1.5 °C, avec de multiples conséquences pour les destinations de tourisme. Les graves inondations comme celles qu'ont connues l'Allemagne et la Belgique, ou encore les feux de forêt qui ont menacé les touristes et les populations locales ces dernières années en Australie, aux États-Unis, en France, en Grèce et au Portugal en sont des exemples notables. Les vagues de chaleur de 2022 dans l'hémisphère nord rappellent également à quel point les conditions climatiques ont changé.

Les politiques du tourisme visant à lutter contre les émissions de gaz à effet de serre (politiques d'atténuation) et à se préparer au changement climatique (politiques d'adaptation) restent limitées, et l'intégration des politiques liées au tourisme et au changement climatique doit également être renforcée. Des politiques efficaces font également défaut dans le domaine des transports, l'un des principaux maillons de la chaîne de valeur du tourisme et l'un des principaux secteurs émetteurs de CO_2. L'analyse réalisée conjointement par l'Organisation mondiale du tourisme des Nations unies et le Forum international des transports (FIT) a mis en évidence que les émissions de CO_2 imputables au secteur du tourisme ont augmenté d'au moins 60 % sur la période 2005-16 (sachant que les émissions liées au transport touristique représentaient 5 % des émissions mondiales en 2016) et qu'elles pourraient encore augmenter d'au moins 25 % d'ici à 2030 (OMC et FIT, 2019[7]). D'après le FIT, les politiques de décarbonation actuelles restent insuffisantes pour engager le transport aérien de voyageurs sur la voie de la durabilité (FIT, 2021[8]). Dans ce contexte, il convient de saluer l'objectif ambitieux défini récemment par le Groupe d'action du transport aérien de l'Organisation de l'aviation civile internationale (OACI) de parvenir à la neutralité des émissions de carbone à l'horizon 2050, et ce, par la transition énergétique, l'innovation et une accélération des mesures d'efficacité énergétique sur l'ensemble du secteur aéronautique et en partenariat avec les pouvoirs publics.

Les acteurs du tourisme s'accordent de plus en plus sur la nécessité de lutter de manière urgente contre les risques climatiques et d'accélérer les efforts. Les signataires de la Déclaration de Glasgow sur l'action climatique dans le tourisme adoptée lors de la COP26 de 2021 se sont engagés à agir pour réduire leurs émissions de 50 % d'ici à 2030 et parvenir à la neutralité carbone dès que possible avant 2050. En 2021, le Conseil mondial du tourisme et des voyages (*World Travel and Tourism Council*, WTTC) a établi, en collaboration avec le Programme des Nations unies pour l'environnement (PNUE), une feuille de route vers la neutralité carbone des entreprises du secteur des voyages et du tourisme, et la coalition *Clean Skies for Tomorrow* du Forum économique mondial a adopté comme objectif de couvrir 10 % des besoins énergétiques mondiaux du secteur aéronautique avec du carburant d'aviation durable d'ici à 2030.

Les initiatives comme le programme de tourisme durable du réseau One Planet et le Cadre décennal de programmation concernant les modes de consommation et de production durables contribuent également à faire avancer cet important programme d'action. Sous la présidence italienne du G20 en 2021, les dirigeants du G20 ont entériné les Lignes directrices de Rome pour l'avenir du tourisme, établissant la transformation verte comme l'un des sept domaines d'action pour repenser et remodeler le secteur du tourisme (OCDE, 2021[9]). Lié au Pacte vert pour l'Europe, le Parcours de transition pour le tourisme de la Commission européenne comporte un volet consacré à la transition vers des modèles économiques plus verts, y compris par la promotion de la mobilité durable et de la circularité intégrée des services touristiques (Commission européenne, 2022[10]).

Promotion de l'exploitation efficiente des ressources et réduction de la destruction des écosystèmes grâce au tourisme

Les liens entre le changement climatique et la dégradation des écosystèmes sont largement reconnus. Le changement climatique a entraîné ou accéléré la disparition irréversible d'espèces dans l'ensemble des écosystèmes naturels (terrestres, maritimes et en eau douce). Il porte également atteinte au maintien de la structure et des fonctions des écosystèmes et nuit à leur résilience. On estime ainsi qu'environ 1 million d'espèces sont aujourd'hui menacées d'extinction, et que 75 % des milieux terrestres et 66 % des milieux marins sont « fortement affectés » par les activités humaines (IPBES, 2019[11])). La Décennie des Nations unies pour la restauration des écosystèmes (2021-30) a pour objectif de prévenir, endiguer et inverser la dégradation des écosystèmes à travers le monde. Restaurer la santé des écosystèmes est une condition essentielle au rétablissement de la « santé planétaire », une nouvelle notion établissant une corrélation entre la santé des individus et des populations et la santé des écosystèmes (GIEC, 2022[12]).

À l'instar de nombreux autres secteurs, le tourisme contribue de différentes manières au déclin écologique, alors que la biodiversité et les paysages naturels sont de véritables atouts et moteurs de développement pour le tourisme. L'un des principaux défis à relever reste la pollution par les plastiques, tel que reflété par l'accord adopté pour l'élaboration d'un traité international sur la pollution plastique. La production mondiale de plastique a connu une envolée considérable, passant de 234 millions de tonnes en 2000 à 460 millions de tonnes en 2019 (OCDE, 2022[13]). Bien que la baisse de l'activité économique provoquée par la crise du COVID-19 ait temporairement freiné cette hausse, certains segments du secteur des plastiques ont enregistré une croissance notable, comme celui des équipements de protection individuelle. La pollution par les plastiques représente des risques considérables pour les acteurs du tourisme, en particulier ceux dont la survie économique dépend de l'intégrité des écosystèmes terrestres et marins.

La lutte contre les incidences négatives de l'exploitation des ressources par le secteur du tourisme nécessite un basculement vers un mode d'économie circulaire, par lequel les activités économiques permettent une régénération du capital humain et environnemental (PNUE et Banque mondiale, 2021[2]). Ceci passe par le recensement, la promotion et le financement de procédés durables axés sur les principes de réduction, de réutilisation, de réparation, de rénovation, de recyclage et de reconversion (interentreprises). Ces modifications peuvent contribuer à diminuer les déchets, à réduire les émissions et à endiguer les pertes économiques dans le secteur du tourisme tout en créant de nouvelles possibilités commerciales et en encourageant la mise en place de chaînes d'approvisionnement locales plus courtes. Le tourisme étant un secteur de services, il existe de nombreuses façons de dissocier activités économiques et conséquences pour l'environnement, notamment par le développement d'activités à faible consommation (ex. : les excursions guidées à pied).

Dimension sociale des défis environnementaux liés au tourisme

Le développement de la résilience au changement climatique réunit à la fois les pouvoirs publics, la société civile et le secteur privé dans un effort de gouvernance multidimensionnelle fondée sur la réduction des risques, l'équité et la justice (GIEC, 2022[12]). La transition vers un tourisme vert nécessite de repenser les mécanismes de gouvernance et la collaboration sur l'ensemble de la chaîne de valeur du tourisme. La gouvernance multipartite dans le secteur du tourisme a continué de se renforcer tout au long de la pandémie, y compris par le biais de cadres et d'accords mondiaux multilatéraux proposant des orientations pour l'élaboration des politiques nationales. Les dispositifs de gouvernance en réseau permettent d'établir un lien entre les opportunités nationales et le contexte local, et contribuent à optimiser la prise de décisions. En soutenant les réseaux développés pendant la pandémie et en renforçant l'intégration des systèmes de gouvernance, il est possible d'augmenter la capacité du secteur du tourisme à opérer sa transition verte, dans la mesure où les parties prenantes de tout niveau sont activement impliquées dans le processus d'élaboration des politiques. Les approches participatives permettant une contribution de l'ensemble des acteurs ayant intérêt à assurer des résultats durables dans une destination spécifique peuvent augmenter les chances de réussite sur le long terme.

Une sensibilisation accrue des consommateurs peut également contribuer à l'efficacité des mesures mises en place par le secteur public et par le secteur privé en faveur d'un modèle de tourisme durable. Une enquête récente d'Eurobarometer relative à l'attitude des Européens vis-à-vis du tourisme a mis en évidence que 82 % d'entre eux déclarent souhaiter soutenir un tourisme plus durable, par exemple consommant des produits locaux (55 %), en choisissant un mode de transport respectueux de l'environnement (36 %) ou en payant davantage pour protéger la nature (35 %) ou dans l'intérêt des communautés locales (33 %) (Commission européenne, 2021[14]). Ces observations sont confirmées par les enquêtes réalisées par Booking.com et Skyscanner en 2021, et par l'essor du mouvement « *flight shaming* » (« honte de prendre l'avion ») qui témoigne d'une évolution de l'opinion des consommateurs.

Vers un avenir du tourisme plus vert et plus durable

Une certaine dynamique s'est engagée dans le secteur en faveur d'une transition vers un tourisme vert. Pour traduire cette dynamique en actions concrètes et efficaces, les décideurs doivent cependant relever différents défis systémiques particulièrement complexes :

- Contraintes financières : compte tenu des budgets serrés, la transition doit être à la fois efficace par rapport à son coût et créatrice de valeur.
- Pénuries de main-d'œuvre et déficits de compétences : la persistance des pénuries de main-d'œuvre et des déficits de connaissances ou de compétences, y compris dans le cadre de la fourniture de services verts, pourrait ralentir la reprise du tourisme.
- Actifs et infrastructures peu efficients : un tourisme vert et durable doit pouvoir s'appuyer sur de nouvelles infrastructures plus efficientes (ex. : bornes de recharge pour les véhicules électriques, pistes cyclables ou parc immobilier renouvelé).
- Intégration limitée des politiques touristiques : les domaines critiques de l'action publique, comme le transport, l'environnement, les infrastructures, le développement économique régional ou les services d'urgence, sont déterminants pour parvenir à une transition verte, et le manque d'intégration nuit à la mise en œuvre de stratégies cohérentes pour faciliter le développement du tourisme vert.

Les mesures de soutien sans précédent adoptées en réponse à la pandémie ont été l'occasion d'aider de manière stratégique les segments du système touristique les plus susceptibles de contribuer à la transition verte. Les analyses montrent néanmoins que seulement un tiers de ces dispositifs d'aide et plans de relance étaient considérés comme ayant des effets positifs sur l'environnement et favorisaient la durabilité et la transformation (OCDE, 2022[15]). À titre d'exemple, on estime ainsi à seulement 2 % la part des aides au financement allouées au secteur de l'aviation sur la période 2020-21 à avoir un effet positif sur l'environnement. Les pouvoirs publics devraient par conséquent saisir cette occasion pour conditionner l'octroi d'aides à la réalisation d'avancées en matière de lutte contre les défis environnementaux et pour catalyser les conditions favorables à un verdissement renforcé du tourisme.

Promouvoir des modèles économiques et des destinations plus respectueux de l'environnement

Les autorités publiques ont un rôle essentiel à jouer pour soutenir les entreprises et les destinations plus respectueuses de l'environnement, et pour veiller à ce que les principes de durabilité soient intégrés de manière étroite dans les plans de relance. Cela passe par l'adoption de mesures visant à intégrer la décarbonation, l'inclusion, la résilience au changement climatique et la restauration des écosystèmes dans des politiques, des programmes et des stratégies tournées vers l'avenir qui sont également conformes à l'Accord de Paris et aux ODD. Il convient ainsi de disposer d'une vision stratégique sur l'ensemble du système touristique et de créer les conditions-cadres favorables au niveau national, de manière à guider efficacement l'élaboration des politiques et la prise de décisions.

La mise en œuvre d'actions cohérentes et coordonnées entre les différentes sphères de l'action publique s'avère essentielle pour faire avancer les objectifs communs, maximiser les résultats positifs en matière de tourisme et les mesures plus générales de verdissement, et éviter les conséquences indésirables. Les pouvoirs publics, à tous les échelons, ont également un rôle important à jouer pour faciliter la collaboration entre les acteurs clés, et les administrations régionales et locales œuvrent de plus en plus activement à la réalisation de cet objectif. La réussite de tels changements systémiques dépend de l'implication de l'ensemble des acteurs concernés. En Irlande par exemple, le groupe de travail sur le tourisme durable s'est fixé pour principe directeur de favoriser une étroite collaboration entre l'ensemble des services de l'administration et les acteurs du secteur pour faire du tourisme un secteur durable (Encadré 3.2).

Les entreprises sont en première ligne de la transition verte, et les nombreuses petites et moyennes entreprises (PME) qui créent des expériences pour établir un lien entre les visiteurs et leurs destinations ont un rôle particulièrement important à jouer. Une consultation bien plus importante des PME est ainsi nécessaire pour atteindre les objectifs de développement durable et de réduction des émissions de CO_2, dans la mesure où elles représentent en moyenne environ 85 % des entreprises du secteur du tourisme dans les pays de l'OCDE. Il convient pour cela de mettre en place des aides financières ciblées, ainsi que des mesures à l'appui du renforcement des capacités, de manière à encourager l'innovation et les nouvelles possibilités commerciales en matière de durabilité (OCDE, 2021[1]).

Encadré 3.2. Mesures de promotion des pratiques durables dans le secteur du tourisme en Irlande

Le groupe de travail sur le tourisme durable (*Sustainable Tourism Working Group*) a été créé dans le cadre du plan d'action irlandais en faveur du tourisme pour 2019-21, et a pour ambition de placer l'Irlande parmi les pays à l'avant-garde en matière de pratiques de développement durable du tourisme. Dans son plan d'action provisoire pour la période 2021-23, ce groupe de travail a ainsi identifié toute une série d'actions destinées à encourager les pratiques touristiques durables. Cela implique une sensibilisation accrue des acteurs du tourisme et du grand public aux questions de durabilité, ainsi qu'une prise compte de la durabilité dans l'élaboration des politiques, la planification des activités commerciales, la gestion des destinations et les activités promotionnelles. Sont répertoriées ci-dessous certaines des principales recommandations :

- Assurer une participation renforcée des communautés dans la planification des destinations, afin de maximiser le potentiel des solutions fondées sur la nature dans le tourisme local.
- Garantir un meilleur accès des visiteurs aux informations et aux outils leur permettant de pratiquer un tourisme plus responsable, et ce, par le développement de calculateurs de carbone grâce auxquels les visiteurs peuvent évaluer leur empreinte carbone sur l'environnement.
- Encourager une évolution du secteur du tourisme en élaborant et en proposant des dispositifs d'incitation permettant de surmonter les principaux obstacles au changement et de renforcer les facteurs de changement.
- Développer un pacte de durabilité par lequel les visiteurs s'engagent à soutenir les efforts de l'Irlande dans la préservation de l'environnement et à agir de manière durable et responsable.
- Confier aux agences de tourisme des responsabilités afin de définir les orientations stratégiques et de renforcer le développement du tourisme durable.
- Nommer un haut représentant pour le secteur chargé de jouer un rôle d'ambassadeur de la durabilité.
- Identifier et développer les destinations ayant le potentiel d'être mises en avant en tant qu'exemples en matière de durabilité.

Les travaux d'élaboration d'une nouvelle politique nationale du tourisme s'appuieront sur les contributions du groupe de travail sur le tourisme durable. Les efforts visant à créer une base de connaissances et des mécanismes de mesure applicables à l'ensemble des considérations sociales et communautaires, en particulier, contribueront à façonner les politiques publiques.

Les arguments qui militent en faveur de mesures de durabilité n'ont jamais été plus forts pour les entreprises, et la possibilité de capitaliser sur une évolution sociétale plus générale vers des modes de consommation durables n'a jamais été aussi attractive. L'augmentation rapide des coûts d'exploitation pèse sur un grand nombre d'entreprises du tourisme, mais suscite également un intérêt considérable pour les économies d'énergie et les programmes de gestion des ressources, et encourage fortement les entreprises à envisager des investissements dans l'efficience énergétique et à opérer les changements nécessaires pour préserver leurs ressources. La sensibilisation croissante des clients à ces problématiques et la multiplication des possibilités pour les entreprises de verdir leur image de marque contribuent à favoriser de telles évolutions.

Encadré 3.3. Promotion de pratiques touristiques plus vertes en Afrique du Sud

Mis en œuvre en Afrique du Sud en 2017, le programme d'incitation en faveur du tourisme vert (*Green Tourism Incentive Programme*) vise à encourager l'efficacité dans l'utilisation des ressources en aidant les petites et micro-entreprises du secteur à adopter des pratiques touristiques durables. Ce programme s'inscrit dans la lignée de la politique sud-africaine de promotion d'un tourisme durable et responsable, telle que définie dans la stratégie nationale pour le secteur du tourisme (*National Tourism Sector Strategy*) et dans le livre blanc sur le développement et la promotion du tourisme (*White Paper on the Development and Promotion of Tourism*).

Reposant sur le versement de subventions, le programme vise à encourager le secteur du tourisme à adopter des procédés efficaces sur le plan énergétique. Il assure ainsi le financement des évaluations de l'efficacité des entreprises en matière d'énergie et de consommation d'eau, lesquelles évaluations permettent de déterminer les solutions les plus performantes sur le plan écologique pour chaque établissement contrôlé. Ces solutions sont ensuite financées sur une échelle mobile de 50 % à 90 %, avec un plafonnement à 1 million ZAR (54 553 USD). Les participants au programme jouissent à terme d'une réduction de leurs coûts totaux d'exploitation et des avantages associés en termes de compétitivité. Les bénéficiaires sont notamment des propriétaires de maisons d'hôtes et de bungalows, reflétant bien l'attention portée aux petites et micro-entreprises.

Avant le déploiement à grande échelle de ce programme, une étude pilote a été mise en œuvre pour équiper de systèmes de production solaire photovoltaïque les équipements touristiques de huit sites de premier plan, parmi lesquels le musée de Robben Island, inscrit au patrimoine mondial de l'UNESCO. Grâce à ce projet, Robben Island a bénéficié de l'installation d'un microréseau d'énergie solaire, représentant un investissement de 25 millions ZAR (1.4 million USD). Auparavant, l'alimentation électrique de l'île était entièrement assurée par des groupes électrogènes fonctionnant au diesel, dans la mesure où elle n'avait jamais été raccordée au réseau électrique du pays. Cette installation devait permettre de diminuer de plus de 40 % le recours aux groupes électrogènes, pour une économie de 5 millions ZAR (274 492 USD) par an et de plusieurs tonnes d'émissions de CO_2. Le projet serait par conséquent « amorti » en cinq ans.

Les décideurs et les entreprises des lieux de destination sont souvent confrontés à des difficultés du même ordre, mais peuvent unir leurs forces pour tirer le meilleur parti possible des possibilités qui s'offrent à eux. Les autorités publiques peuvent quant à elles contribuer à la transition des entreprises et des destinations en limitant les obstacles (en termes d'information ou de ressources, par exemple), et ce, en favorisant la sensibilisation aux évolutions législatives et technologiques (solutions fondées sur les énergies renouvelables, compteurs intelligents, solutions zéro déchet, etc.), en assurant un meilleur accès aux compétences (planification à long terme, compétences numériques, compétences techniques de réparation et de reconversion, etc.) et en proposant les financements nécessaires pour mener à bien des actions en faveur de l'environnement (OCDE, 2021[1]).

Les travaux de l'OCDE consacrés aux PME montrent que la part des dépenses en faveur de l'écologie à destination des PME reste généralement faible, puisqu'elle représente seulement 2.9 % des plans de relance verte (OCDE, 2022[16]). Des mesures supplémentaires devront ainsi être mises en œuvre pour faire en sorte que les PME puissent financer les actions nécessaires pour réduire leur empreinte carbone et contribuer à la réalisation des objectifs de durabilité. Les pays cherchent à mettre en œuvre des mesures de soutien aussi bien financier (prêts, subventions ou réductions d'impôt, par exemple) que non financier (conseils, outils, etc.) à destination des entreprises. Pour en tirer le meilleur parti, les PME du secteur du tourisme doivent pouvoir accéder facilement à ces dispositifs. Les entreprises assurant différents types de services touristiques (professionnels, événementiels ou de villégiature) dans différentes destinations (montagne, plage, ville, etc.), ainsi que différents types d'expériences touristiques, ont des profils et des besoins spécifiques. Un certain niveau de flexibilité et d'adaptabilité peut dont être nécessaire pour garantir que les mesures de soutien sont adaptées à l'ensemble des entreprises de l'écosystème touristique. En Afrique du Sud par exemple, le programme d'incitation en faveur du tourisme vert (*Green Tourism Incentive Programme*) a pour objectif d'encourager et de soutenir les entreprises du secteur à adopter des pratiques commerciales plus durables (Encadré 3.3).

Réduction de l'empreinte carbone du tourisme pour une meilleure gestion de l'environnement

La réduction de l'intensité en carbone contribue de façon significative à l'objectif plus large de transition vers un tourisme vert. La baisse de la consommation d'énergie, plus particulièrement, a souvent des répercussions sur les gains d'efficience dans l'utilisation d'autres ressources (notamment en rapport avec l'articulation énergie-eau) et sur la dématérialisation des produits. Par ailleurs, les entreprises qui investissent dans des technologies, des procédés ou des marchés adaptés au passage du temps ont tendance à enregistrer de meilleurs résultats commerciaux, un niveau plus élevé de conservation du personnel, une fidélisation supérieure de leurs clients et un soutien plus important des populations locales (Whelan et Fink, 2016[17]).

Culture du carbone et innovation bas carbone

Pour inciter à l'action et identifier de nouvelles solutions, il est important de favoriser le développement d'une culture du carbone sur l'ensemble de l'écosystème touristique et auprès de tous les acteurs du secteur. Renforcer la culture du carbone permet de mieux sensibiliser au changement climatique et a un impact direct sur les pratiques et comportements au quotidien. Cette culture peut être améliorée dans le cycle formel d'enseignement et de formation, ou par le biais de ressources en ligne, de réseaux ou de pôles d'entreprises ou encore d'outils et de programmes de sensibilisation à destination des décideurs du secteur du tourisme, comme les cadres et modèles d'aide à la prise de décision. Grâce à une meilleure compréhension du profil d'émissions de GES du tourisme, les autorités sont plus à même de déterminer où et comment investir dans l'innovation pour optimiser leurs efforts de décarbonation.

L'approche consistant à aider les entreprises et les destinations à mesurer leur empreinte carbone et leur impact sur l'environnement au sens large (en matière de consommation d'eau, par exemple) peut contribuer à une certaine prise de conscience. L'accès à des données concrètes sur les émissions de carbone imputables aux différents segments du marché ou activités touristiques permet aux entreprises de concevoir des offres sobres en carbone et d'investir efficacement dans la gestion de l'énergie (Encadré 3.4). Ces mesures aident également les organismes de gestion des destinations à développer des stratégies sobres en carbone et à attirer une clientèle de choix. L'évaluation de l'empreinte carbone des touristes est complétée par les initiatives du secteur privé visant à informer les voyageurs des émissions de CO_2 générées par les différents modes de transport et à leur permettre de faire des choix plus durables (ex. : Skyscanner, Google ou Bookdifferent.com).

Le calcul de l'empreinte carbone par destination n'est en qu'à ses tout premiers stades, mais il peut s'appuyer sur les initiatives de réduction des émissions de GES et constitue une opportunité pour les organismes locaux/urbains et nationaux de mieux intégrer leurs politiques. Différents exemples de mesures spécifiques aux destinations sont présentés ci-après (Encadré 3.5).

La Norvège a ainsi développé un outil de planification stratégique pour mesurer les émissions et promouvoir un tourisme respectueux du climat. Le calculateur CO2rism (jeu de mots basé sur la prononciation anglaise de *CO_2* et *tourism*) est un outil capable d'évaluer le volume d'émissions générées par le transport des voyageurs à destination de la Norvège et pendant leur séjour dans le pays (Encadré 3.6). Sur le même principe, le site *Visit Finland* œuvre actuellement à proposer des recommandations de trajets durables, ainsi qu'un moteur numérique de planification de voyage à destination des visiteurs responsables.

Encadré 3.4. Développement de la culture du carbone dans le secteur du tourisme : échantillon d'approches nationales

Colombie : une plateforme de formation en ligne enrichie de contenu pratique interactif a été mise en place pour renforcer les compétences des entreprises du secteur et leur permettre d'adopter les meilleures pratiques de tourisme durable. Un cours complémentaire sur la gastronomie durable, élaboré en collaboration avec la section colombienne du Fonds mondial pour la nature et le Programme des Nations unies pour l'environnement, a également été mis en ligne en octobre 2020.

Malte : en partenariat avec SUN^x (*Strong Universal Network*), le ministère du Tourisme maltais œuvre à accélérer les actions en faveur du climat par la création d'un diplôme visant à renforcer les compétences pour des voyages respectueux du climat et destiné à la prochaine génération d'ambassadeurs du climat dans le secteur du tourisme.

Nouvelle-Zélande : le défi de réduction des émissions lancé par l'association *Tourism Industry Aotearoa* encourage les entreprises du tourisme à mesurer leur empreinte carbone, à prendre les mesures nécessaires pour baisser de manière sensible leurs émissions de CO_2 à l'horizon 2030, et à contribuer à faire du secteur du tourisme un secteur neutre en émissions de carbone avant 2050, soit l'objectif de neutralité GES fixé pour l'ensemble du pays. Ce défi s'inscrit en complément des projets *Tourism Sustainability Commitment* et Qualmark, deux programmes d'assurance qualité et durabilité mis à disposition des entreprises.

Pérou : en coordination avec le ministère de l'Énergie et des Mines, le ministère du Commerce extérieur et du Tourisme a développé un manuel d'éco-efficience à l'intention du secteur hôtelier dans le but d'améliorer la gestion de l'énergie. Le ministère du Commerce extérieur et du Tourisme travaille actuellement à l'harmonisation de son système de bonnes pratiques, lequel a pour objectif de promouvoir l'économie circulaire, le recours aux technologies propres et la réduction des émissions de gaz à effet de serre auprès des prestataires de services touristiques. Des travaux ont également été engagés avec le ministère de l'Environnement afin de développer un outil d'évaluation de l'empreinte carbone (*Huella de Carbono Perú*) à l'intention des entreprises du tourisme.

Arabie saoudite : des mesures d'action en faveur du climat sont mises en œuvre dans le cadre du projet *Saudi Green Initiative* et par le *Sustainable Tourism Global Centre* issu de la collaboration entre le ministère du Tourisme et le ministère de l'Énergie. Ce nouveau centre mondial du tourisme durable appuie les travaux du panel d'experts du tourisme sur le changement climatique (*Tourism Panel on Climate Change*), un groupement indépendant d'experts internationaux exploitant des données scientifiques pour établir une évaluation, axée sur le tourisme, des connaissances et actions en matière de lutte contre le changement climatique.

Encadré 3.5. Mesures de réduction des émissions de CO_2 propres aux destinations : échantillon d'approches nationales

Autriche : les deux destinations Nassfeld-Pressegger See/Lesachtal/Weissensee et Zell am See-Kaprun ont été désignées régions modèles en matière de climat et d'énergie. Depuis 2021, elles bénéficient ainsi chacune d'une dotation de 1 million EUR du Fonds pour le climat et l'énergie (*Klima- und Energiefonds*), destinée à renforcer le recours aux sources d'énergie locales, améliorer l'efficience énergétique et œuvrer à la décarbonation des solutions de mobilité. Le projet *Clean Alpine Region* déployé dans le Tyrol aide également les régions touristiques à adopter des mesures dans les domaines de la protection du climat, de la durabilité et de l'énergie, mais aussi à se développer en tant que régions respectueuses du climat.

Canada : depuis près de dix ans, la municipalité de villégiature de Whistler a mis en place un plan d'action local en matière de climat et d'énergie (*Community Energy and Climate Action Plan*). Mis à jour en 2020, ce plan d'action prévoit un engagement de réduction des émissions de GES de 50 % par rapport aux niveaux de 2007, et ce, à l'horizon 2030. S'appuyant sur la stratégie d'action « *Big Moves* » de lutte contre le changement climatique, ce plan permet à Whistler de montrer la voie en redéfinissant le tourisme dans un monde sobre en carbone. Ces changements de grande ampleur touchent les secteurs du transport (ex. : 50 % des voyages se font par transport en commun ou par transport actif), du bâtiment (ex. : en 2030, les nouvelles constructions sont toutes neutres en carbone, de sorte que les émissions des bâtiments résidentiels sont réduites de 20 % et celles des bâtiments commerciaux de 40 %) et de la gestion des déchets (ex. : les émissions liées aux déchets sont réduites de 95 %).

Grèce : un projet novateur a été lancé pour faire d'Astypalée la première ville de Méditerranée à la fois durable, intelligente et autonome sur le plan énergique, et lui permettre de proposer des services de mobilité neutres en carbone d'ici à 2030. Cela passe par le remplacement progressif des véhicules conventionnels de transport individuel et collectif par des véhicules électriques, et par l'introduction d'un système de transport innovant fondé sur la mobilité partagée. Ce projet encourage également la production d'électricité à partir de sources d'énergie renouvelables. Élaboré en partenariat avec le groupe Volkswagen, le projet est prévu pour une durée de six ans.

Espagne : l'office du tourisme de Valence (*Visit Valencia*) a pris des mesures pour faire de la ville une destination neutre en émissions de CO_2 à l'horizon 2025 et s'appuie sur le guide des ODD (*SDG Compass*) pour contrôler et améliorer ses performances. La feuille de route pour la décarbonation comprend trois étapes : i) le calcul de l'empreinte de référence ; ii) la mise en œuvre d'un système de gestion informatique ; et iii) le développement de projets de compensation sur le territoire. La stratégie climatique adoptée a également pour objectif d'améliorer la qualité de vie des résidents et d'enrichir le patrimoine culturel et naturel de la ville.

Réglementation et promotion des bonnes pratiques

Les instruments politiques, comme les taxes carbone, les normes d'émission applicables aux véhicules, les normes de construction ou encore les obligations d'incorporation d'une certaine proportion de biocarburants dans les carburants, jouent souvent un rôle dans les stratégies économiques plus générales de décarbonation, y compris dans le secteur du tourisme. Les réglementations spécifiques au secteur du tourisme sont plus rares, dans la mesure où les autorités publiques privilégient les dispositifs de soutien et d'incitation pour parvenir à un modèle de production plus vert pour le secteur. En Allemagne par exemple, le programme ClimaHost vise à soutenir les établissements d'hébergement qui ont mis en place des mesures d'action novatrices en faveur du climat et qui contribuent à la durabilité du tourisme dans les Alpes.

La pandémie de COVID-19 a encouragé les pays à repenser la manière dont ils pouvaient améliorer et encourager l'adoption de programmes de durabilité par les destinations et les entreprises du tourisme. La priorité devrait être donnée à l'évaluation des effets des programmes existants, mais aussi à leur consolidation dans la mesure où l'existence de plusieurs programmes est susceptible de prêter à confusion ou de nuire à l'objectif des initiatives ciblant les touristes et les entreprises.

Le secteur privé assume également un rôle plus proactif en mettant en œuvre des initiatives ou en proposant des moyens d'action encourageant la transition verte (nouveaux systèmes d'attribution de labels, par exemple). Une analyse réalisée par TUI, et validée par le PNUE, montre que les hôtels disposant de certifications en matière de durabilité sont parvenus à réduire leurs émissions de CO_2 de 10 % et le volume de déchets par nuitée de 24 %, mais aussi à augmenter leur consommation d'énergie verte de 23 %. Par rapport aux établissements non certifiés, ces mêmes hôtels ont également enregistré un niveau de satisfaction plus élevé de leurs clients (One Planet, 2021[18]).

Encadré 3.6. Mesure des émissions liées au transport touristique en Norvège

La Norvège a développé un outil (CO2rism) capable d'évaluer le volume d'émissions générées par le transport des voyageurs à destination de la Norvège et pendant leur séjour dans le pays. Cet instrument fait partie des différents outils opérationnels destinés à accompagner l'évolution des destinations vers une planification et un développement plus durables du tourisme dans le cadre de la stratégie nationale du tourisme à l'horizon 2030 (*Nasjonal reiselivsstrategi 2030*). Adoptant une approche axée sur les voyageurs, cet outil a été développé par *Innovation Norway*, en collaboration avec l'institut norvégien de recherche sur l'air (*Norsk Institutt for luftforskning*, NILU). Le calculateur CO2rism est utilisé par les destinations pour avoir un meilleur aperçu du profil d'émissions des touristes. En associant les données sur les émissions de CO_2 avec les données relatives aux arrivées de touristes, au principal mode de transport des différents marchés sources et aux habitudes de voyage des touristes, le calculateur propose une estimation des émissions pour chaque marché. La durée des séjours est également intégrée et des informations sont proposées sur les émissions quotidiennes.

À partir de questions à choix multiples, les utilisateurs de cet outil peuvent ajuster les données d'entrée en fonction du nombre de touristes, de la durée des séjours et des marchés d'origine. Les émissions de chaque moyen de transport (avion, ferry, train, voiture, bus et camping-car) sont affectées à chaque touriste sur la base du nombre de voyageurs partageant ces émissions. Le résultat généré est une mesure des émissions de chaque touriste prenant en compte son trajet aller, son trajet retour et ses déplacements sur son lieu de destination, et ce, selon son point d'origine, la région de la destination et la durée de son séjour. Les plus fortes émissions de CO_2 issues du transport touristique à destination de la Norvège et sur son territoire sont imputables à l'avion (71 % du volume total d'émissions de CO_2), suivi des ferries et des bateaux de croisière (21 %). Plus de 50 destinations en Norvège utilisent cet outil pour rendre compte des émissions liées au transport touristique. Celui-ci permet également de mieux sensibiliser le public, de mettre en évidence les répercussions de l'évolution des marchés et d'encourager les actions visant à allonger la durée des séjours et l'adoption de transports à faible émission lorsque cela est possible.

La plupart des pays de l'OCDE ont mis en place des normes de qualité ou des programmes de certification verte pour le secteur du tourisme. La participation se fait cependant souvent sur la base du volontariat et l'on peut déplorer l'absence de mesures ou d'objectifs contraignants, y compris à des fins de mesure ou de réduction des émissions de GES. À titre d'exemple, la France a adopté en 2022 un nouveau système de classification des hébergements touristiques s'appuyant sur des normes de durabilité. Dans le cas des hôtels, le nombre de critères de durabilité a été doublé et le nombre de critères obligatoires a été multiplié par quatre. Les nouvelles normes couvrent notamment la gestion des déchets, la consommation d'eau et d'énergie, l'intégration aux chaînes d'approvisionnement locales et l'utilisation de produits écologiques, biologiques et issus du commerce équitable. Il est important de souligner que l'un des critères concerne les informations communiquées aux touristes sur les transports sobres en carbone, et notamment sur la manière dont la décarbonation dépend autant des efforts des destinations d'accueil que des touristes.

Encadré 3.7. Un label vert pour les destinations touristiques en Autriche

En 2022, l'Autriche a créé un nouveau label vert pour les destinations touristiques dans le but d'accélérer la transition verte, renforcer les chaînes de valeur régionales et répondre à la demande croissante de vacances durables. Cet écolabel s'applique aux destinations touristiques au niveau régional et non au niveau opérationnel (sites comme les stations touristiques ou les parcs de loisirs, par exemple). La coopération dans la gestion du tourisme entre les acteurs politiques et les entreprises de tourisme des destinations fait partie des conditions d'octroi essentielles, tout comme l'allocation des ressources suffisantes en termes de financement, de personnel et de temps.

Les critères d'attribution de ce label ont été développés dans le cadre d'un processus d'examen approfondi avec les parties prenantes concernées et des experts du secteur du tourisme, dont 19 destinations pilotes, et s'appuient sur le système européen d'indicateurs du tourisme (*European Tourism Indicator System*, ETIS) et sur les critères internationalement reconnus établis par le Conseil mondial du tourisme durable. Cet écolabel repose sur un ensemble exhaustif de 63 critères obligatoires et 56 critères facultatifs, et fonctionne sur la base d'un système de notation nécessitant d'atteindre un nombre de points minimum au moment du dépôt de la demande de certification. Ces critères couvrent les domaines suivants :

- Gestion : stratégie de développement durable et principes d'action ; planification et développement ; offres et publicité ; et participation des partenaires.
- Impact socio-économique : économie et infrastructures régionales ; enseignement et travail ; diversité et accessibilité ; et commerce équitable.
- Protection de l'environnement : protection du climat et adaptation au changement climatique ; préservation de la nature et biodiversité ; protection des paysages ; énergie ; eau ; déchets ; air ; bruit ; et lumière.
- Mobilité : interconnexions au départ/à l'arrivée ; mobilité sur site ; et coopération et offres.
- Culture : patrimoine culturel et immatériel ; culture traditionnelle et contemporaine ; et gestion des visiteurs.

La mesure et le contrôle des performances des destinations suscitent un intérêt croissant, et l'accent est aujourd'hui davantage mis sur la gestion des destinations plutôt que sur la promotion des destinations. L'Autriche a ainsi créé un nouveau label vert pour les destinations dans le but d'accélérer la transition verte, renforcer les chaînes de valeur régionales et répondre à la demande croissante de vacances durables (Encadré 3.7). Particulièrement exhaustifs, les critères d'octroi de cet écolabel incluent des mesures innovantes, comme l'obligation pour au moins 30 % des produits touristiques mis en avant d'être considérés comme durables, ou la nécessité pour les activités proposées sur les lieux de destination d'être financées à l'aide de produits financiers certifiés verts.

La Norvège a quant à elle élargi et affiné son programme de certification *Sustainable Destination*, destiné à améliorer la gestion des destinations, et mis en œuvre un nouveau cadre réglementaire pour un tourisme halieutique plus durable. Dans le cadre de sa politique de tourisme durable, le pays a déjà adopté des mesures relatives au balisage d'un nombre croissant de chemins de randonnée nationaux, et ce, de sorte à les rendre plus fiables, accessibles et attrayants pour les visiteurs.

Un alignement des dispositifs d'incitation en faveur de meilleures pratiques avec d'autres programmes non liés au tourisme pourrait s'avérer avantageux. En Colombie, le ministère du Tourisme s'est ainsi inspiré de la stratégie nationale pour une économie circulaire (*Estrategia Nacional de Economía Circular*) pour organiser un concours pour le financement de projets novateurs d'éco-conception ou de gestion des déchets contribuant à l'établissement de modèles d'économie circulaire dans le secteur du tourisme. Un programme visant à mettre en relation les acteurs de l'économie circulaire dans la chaîne de valeur du tourisme et les fournisseurs associés a été spécialement mis en place pour encourager la participation des PME. La Thaïlande est en train d'adopter une approche analogue en alignant la relance du tourisme sur son plan national d'économie verte bio-circulaire, assurant ainsi un soutien pour les nouvelles approches et les nouveaux produits, dont les initiatives d'agrotourisme et de tourisme communautaire.

Adaptation au changement climatique et renforcement de la résilience du tourisme

Il est important que les entreprises et les destinations portent davantage d'attention aux risques notamment climatiques, et ce, afin de détecter les menaces et d'élaborer les stratégies nécessaires pour y faire face. De nombreuses grandes entreprises ont déjà pour obligation de réaliser une évaluation des risques climatiques et d'en communiquer les résultats à leurs parties prenantes, ce qui peut avoir des répercussions sur le tourisme (Encadré 3.8).

Il est toutefois fréquent que des entreprises de toute taille ne disposent pas des connaissances et des ressources suffisantes pour mener à bien ce type d'évaluations. Les pouvoirs publics ont donc un rôle à jouer dans la simplification du transfert de connaissances et de l'accès aux données (élévation du niveau de la mer, cartes des risques d'inondations, etc.), dans la création d'outils à destination des entreprises (ex. pour le calcul des répercussions financières des risques climatiques) et dans la mise en œuvre de mesures préventives. Au Mexique, le projet ADAPTUR a pour objectif d'accompagner le secteur du tourisme dans son adaptation au changement climatique et de renforcer, d'une part, la capacité des entreprises à mettre en œuvre des actions concrètes (comme les évaluations des risques économiques dans le secteur hôtelier ou les projets immobiliers) et, d'autre part, la participation du secteur du tourisme dans la restauration et la protection des mangroves et des récifs coralliens.

Plusieurs destinations investissent actuellement de manière proactive dans l'adaptation au changement climatique. En Islande, le programme Varða (*Sites of Merit*) a pour objectif d'intégrer l'adaptation au changement climatique dans le cadre plus général de la gestion des destinations pour plusieurs sites touristiques particulièrement prisés. L'Australie investit quant à elle dans la résilience des récifs coralliens non seulement par le biais d'un programme d'adaptation et de restauration (*Reef Restoration and Adaptation Program*) de 150 millions AUD, lequel examine les nouvelles initiatives contribuant à l'adaptation des récifs coralliens au changement climatique, mais aussi à travers un plan de gestion des océans (*Oceans Leadership Package*) de 100 millions AUD. Ce plan a pour objectif d'investir en faveur de la protection des océans, de soutenir les habitats et écosystèmes de carbone bleu, et de contribuer à la baisse des émissions, et ce, par la restauration des mangroves et des marais cotidaux afin d'assurer le stockage du carbone et réduire les émissions de méthane et de protoxyde d'azote.

Les mesures destinées à renforcer la résilience au changement climatique doivent tenir compte de l'ensemble de la chaîne de valeur, sachant que les liens entre le tourisme et les industries primaires (comme l'agriculture et l'exploitation forestière) sont particulièrement importants. Encourager les liens entre tourisme et agriculture, par exemple, peut contribuer à renforcer la résilience de ces deux secteurs. Il a ainsi été reconnu que les produits agricoles et gastronomiques traditionnels locaux présentaient une véritable opportunité. À titre d'exemple, en Hongrie, le programme *Hagyományok-Ízek-Régiók* (traditions, goûts et régions) protège l'appellation d'origine des produits viticoles et des spécialités culinaires. Au Costa Rica, le moteur de développement du tourisme local (*Turismo – Motor de Desarrollo Local*, Tu-

MoDeLo) créé en 2021 vise à améliorer la vie des communautés agricoles en décelant, pour les chaînes de valeur de l'agriculture durable adaptées au changement climatique, les opportunités commerciales du secteur du tourisme.

Encadré 3.8. Implications de l'obligation de divulgation des informations relatives aux risques climatiques pour les entreprises du tourisme

Dans leur communiqué du Sommet de Carbis Bay de juin 2021, les pays du G7 se sont déclarés en faveur de l'obligation de divulgation des informations relatives aux risques climatiques à laquelle sont soumises les entreprises cotées, conformément aux recommandations du Groupe de travail sur la publication d'informations financières relatives au climat. Les exigences de divulgation ont également été l'un des principaux aspects de la réponse du secteur financier lors de la COP 26 organisée à Glasgow la même année.

Des orientations ont également été élaborées par la Banque européenne pour la reconstruction et le développement et par le centre d'excellence mondial en matière d'adaptation au changement climatique (*Global Centre of Excellence on Climate Adaptation*, GCECA). Les recommandations s'appliquant plus particulièrement aux acteurs du tourisme consistent notamment à :

- évaluer l'exposition à l'ensemble des incidences physiques de premier niveau du changement climatique ;
- évaluer les risques climatiques physiques sur toute la durée de vie des actifs ;
- fournir des informations détaillées sur les répercussions financières des récents phénomènes météorologiques extrêmes ;
- communiquer des informations sur les effets de la variabilité des conditions météorologiques sur les chaînes de valeur ;
- réaliser des évaluations prospectives des risques climatiques physiques ;
- déceler les opportunités grâce à la gestion des risques climatiques physiques et des évolutions de marché associées ;
- prendre en compte les trajectoires de concentration de GES actuelles et souhaitées, ainsi que les projections de réchauffement associées, pour l'analyse de scénarios sur les risques physiques et les opportunités climatiques.

Source : Banque européenne pour la reconstruction et le développement, et *Global Centre of Excellence on Climate Adaptation*, 2018[27].

Renforcer la résilience des destinations particulièrement exposées aux risques constitue une stratégie importante, notamment lorsque les objectifs politiques ou économiques comme le développement régional dépendent de la bonne santé du secteur du tourisme. En France par exemple, le plan Avenir Montagnes lancé en 2021 vise à promouvoir un tourisme de montagne résilient et durable, et s'articule autour de trois priorités : la diversification de l'offre touristique et des types de clients, l'amélioration des performances écologiques des activités touristiques et la dynamisation de l'immobilier de loisir. Ce plan représente un engagement de plus de 640 millions EUR de crédits publics pour les régions montagneuses, lesquels vont générer 1.8 milliard EUR d'investissement dans ces territoires. Ce point est abordé plus en détail dans le chapitre 2, « Renforcer la résilience de l'écosystème du tourisme ».

Promotion de la restauration des écosystèmes grâce au tourisme

La promotion d'une utilisation responsable du capital naturel est un aspect essentiel des modèles de tourisme plus durables. Les pouvoirs publics peuvent soutenir l'équilibre entre le tourisme et la préservation de l'environnement en mettant en œuvre des mécanismes ciblant simultanément les différents maillons de la chaîne de valeur, axés aussi bien sur les entreprises du tourisme, les travailleurs et les infrastructures que sur les actifs naturels (Encadré 3.9). La sensibilisation est un instrument important. À titre d'exemple, l'Initiative mondiale sur les plastiques dans le secteur du tourisme rassemble les entreprises du tourisme, les pouvoirs publics et autres acteurs du secteur autour d'une vision commune afin de prendre des mesures concertées et donner l'exemple en passant à une économie circulaire des plastiques (One Planet, 2022[19]).

Encadré 3.9. Renforcement de la relation entre nature et tourisme : échantillon d'approches nationales

Entreprises/Organisations :

- **Pérou :** un système de compensation a été mis en place pour les services écosystémiques de sorte à inciter les entreprises du tourisme à contribuer à la préservation, à la restauration et à une exploitation durable des écosystèmes.
- **Royaume-Uni :** un fonds de soutien à la relance verte (*Green Recovery Challenge Fund*) de 80 millions GBP contribue au financement de projets visant à régénérer la nature, à lutter contre le changement climatique et à rapprocher les populations de la nature, et ce, tout en soutenant l'emploi.

Professionnels du tourisme :

- **Colombie :** un manuel axé sur la protection de l'environnement destiné aux guides d'écotourisme et intitulé « *Contemplar, Comprender, Conservar* » (Contempler, comprendre et préserver) a été élaboré afin de garantir la qualité des expériences touristiques en lien avec la nature.
- **Lituanie :** un programme de formation de 12 mois à destination des guides d'écotourisme a été mis en place dans le cadre du projet plus large *Nature Guides Network* (Réseau des guides d'écotourisme) établi en partenariat avec l'Allemagne et la Pologne.

Infrastructures et actifs naturels :

- **Australie :** un fonds de 33.5 millions AUD a été créé pour financer des travaux de préservation et la modernisation d'infrastructures sur 23 sites nationaux et du patrimoine mondial.
- **Canada :** un investissement de 2.3 milliards CAD sur cinq ans a été prévu pour protéger jusqu'à 1 million km² de terres et d'eaux intérieures. Le pays investit également 200 millions CAD sur trois ans pour soutenir les projets d'infrastructures naturelles et hybrides, comme les parcs, les espaces verts, les gorges et ravins, les littoraux et les zones humides.
- **Lettonie :** de nouveaux investissements ont été réalisés dans les solutions intelligentes permettant de contrôler les flux touristiques dans les zones protégées et d'évaluer les effets sur l'environnement.

Parmi les autres instruments mis en place figurent les initiatives visant à mieux intégrer les considérations environnementales dans les programmes d'enseignement et de formation du tourisme, à introduire des systèmes de gestion des visiteurs, à fermer temporairement les parcs nationaux et les zones protégées, et à déployer des technologies intelligentes afin d'optimiser les flux de visiteurs. La région italienne d'Émilie-Romagne a lancé une plateforme numérique en 2022 destinée à aider les administrations et opérateurs locaux à mieux organiser les activités, éviter la surfréquentation et assurer la qualité et la durabilité des activités culturelles et liées à la nature. Il existe également une tendance consistant à encourager les visiteurs à contribuer à leur échelle à travers des programmes comme l'initiative *Trees that Count* en Nouvelle-Zélande.

Des incitations financières peuvent également être envisagées. En Colombie par exemple, la politique de tourisme durable *Unidos por la Naturaleza* (Ensemble pour la nature) récompense l'achat de terrains destinés à des projets en faveur du tourisme et de la préservation de l'environnement par un allègement d'impôt sur le revenu de 25 %.

Les solutions fondées sur la nature constituent un moyen efficace pour aligner les objectifs d'atténuation des catastrophes, de protection de l'environnement et de durabilité du tourisme. La restauration et la protection des zones humides, par exemple, peuvent permettre d'améliorer la qualité de l'eau, de soutenir la biodiversité, de réduire les risques d'inondation, de piéger le carbone et d'offrir de nouvelles possibilités en termes d'écotourisme. Aux États-Unis, la stratégie nationale en faveur du tourisme de 2022 (*National Travel Tourism Strategy*) considère les solutions fondées sur la nature comme un outil essentiel et s'appuie sur trois piliers axés sur la collaboration, l'investissement et l'information des populations locales et des parties prenantes.

Autonomisation des communautés locales pour encourager la transition vers un tourisme vert

Les défis environnementaux sont étroitement liés aux questions sociales. Pour renforcer l'inclusivité du tourisme, il convient de donner aux populations locales les moyens non seulement de participer aux processus décisionnels en matière de tourisme, mais aussi de guider ces décisions, y compris dans le but de soutenir la transition verte. Les approches participatives et menées par les communautés locales en matière de gestion des destinations et de développement des expériences peuvent contribuer à atteindre ces objectifs tout en s'assurant qu'ils profitent à l'ensemble des acteurs locaux. La promotion des débouchés locaux pour les entreprises contribue également à l'intégration du tourisme dans le tissu local, permettant ainsi une diversification économique grâce à l'entrepreneuriat touristique (y compris dans les zones rurales) dans le cadre de la relance verte.

En 2020 par exemple, le Costa Rica a lancé une initiative visant à identifier les principaux défis associés à une relance verte du tourisme et les solutions appropriées. Sur 195 propositions, 13 projets ont pu être sélectionnés et financés. De la même manière, en Suisse, le programme d'innovation Innotour a été prolongé jusqu'en 2023 pour un total de 30 millions CHF, et un centre de compétences a été établi de sorte à aligner plus efficacement le secteur suisse du tourisme avec les ODD. Au Mexique, le projet FORESSTUR est un exemple de l'utilisation du tourisme comme outil du bien-être social présentant des avantages économiques supplémentaires pour les communautés forestières, et ce, tout en concourant à la préservation et à la santé des écosystèmes. Ce projet est à destination des entreprises sociales, lesquelles peuvent apporter une contribution importante à la croissance économique et inclusive, mais aussi aux populations locales et aux propriétaires fonciers.

L'inclusion et l'autonomisation peuvent être encouragées par un accès renforcé aux connaissances pour les acteurs ne disposant pas des ressources ou capacités suffisantes. Le raccordement à l'Internet joue un rôle facilitateur important à cet égard, notamment dans les zones rurales. Des mesures d'aide spécifiques doivent en outre être prévues pour les groupes vulnérables ou marginalisés, afin de garantir qu'ils ne sont pas affectés de manière négative ou inéquitable par les initiatives de promotion de la transition vers un tourisme vert. Les pouvoirs publics peuvent également contribuer à favoriser l'inclusion par le biais de programmes spécifiquement conçus à destination des femmes, des jeunes, des migrants et des populations autochtones susceptibles de nécessiter un soutien particulier (OCDE, 2020[20] ; OCDE, 2020[21]). Certaines organisations non gouvernementales mettent également en place des plateformes en ligne de formation, de renforcement des capacités et de mise en réseau (OCDE, 2022[22]), comme le portail *Meaningful Travel Platform* de Tourism Cares.

Encadré 3.10. Évolution vers un tourisme régénérateur axé sur les valeurs et résilient au changement climatique en Nouvelle-Zélande

En Nouvelle-Zélande, des aides financières sont proposées afin de soutenir la gestion des destinations sous la forme de subventions aux 31 agences régionales de tourisme dans le cadre du plan de relance du tourisme de 2020 (*Tourism Recovery Package*) et du plan de soutien, de relance et de refonte du tourisme de 2021 (*Tourism Communities: Support, Recovery and Re-Set Plan*). L'investissement suit la tendance croissante en faveur d'un tourisme régénérateur, tel que défini dans le plan de transformation sectoriel de 2021 (*Industry Transformation Plan*) et reflété dans une approche axée sur le bien-être et dans la reconnaissance explicite des valeurs qui sous-tendent le tourisme.

Pour soutenir ce tourisme régénérateur, la Nouvelle-Zélande a ainsi développé une stratégie fondée sur les valeurs. Le ministère de la Conservation a également créé une « arborescence du tourisme » illustrant l'importance des valeurs, les nombreux résultats du secteur et la nécessité de « payer son dû » à la nature et aux populations (Becken et Kaur, 2021[24]). Cette représentation est directement liée aux principaux piliers (protéger, connecter et développer) de la stratégie de préservation du patrimoine *Heritage and Visitor*. Des travaux supplémentaires devront en outre être entrepris de manière à intégrer les valeurs maories et les systèmes de connaissances associés.

S'inscrivant dans la lignée du plan de transformation sectoriel de 2021, une feuille de route pour l'adaptation du tourisme a également été élaborée pour permettre aux communautés locales de lutter contre les effets du changement climatique. Cette feuille de route a été conçue à l'initiative de l'*Aotearoa Circle*, un collectif réunissant les responsables des secteurs public et privé dans le but d'examiner l'état des ressources naturelles et s'engager en faveur d'actions prioritaires. À mesure de son évolution, la feuille de route permettra d'identifier les risques que représente le changement climatique pour le secteur du tourisme néo-zélandais et de renforcer ainsi sa résilience.

Les cultures autochtones gardent une place déterminante dans de nombreuses communautés et peuvent jouer un rôle central dans les écosystèmes inclusifs et de tourisme durable. Les savoirs et l'implication des peuples autochtones peuvent également contribuer à la transition verte à travers leurs systèmes de connaissances traditionnels (Ministère néo-zélandais des Entreprises, de l'Innovation et de l'Emploi (MBIE), 2022[23]). En Australie, le programme *Camping with Custodians* œuvre à la construction de terrains de camping exploités par les communautés locales dans les territoires aborigènes et des indigènes du détroit de Torrès, offrant ainsi aux visiteurs la possibilité de séjourner avec les descendants des premiers habitants de ces terres et découvrir ainsi la culture aborigène. Ce programme garantit la sécurité de l'emploi des communautés autochtones par le versement de fonds d'amorçage et le développement de petites entreprises de tourisme durable résilientes, lesquelles sont par la suite transférées aux descendants des premiers habitants de ces territoires (« *traditional owners* »). L'Association touristique autochtone du Canada a quant à elle facilité l'adoption du fonds de relance de développement pour les entreprises touristiques en réponse à la pandémie de COVID-19, et ce, afin de soutenir les PME autochtones du secteur du tourisme avec des subventions non remboursables visant à développer ou préserver l'activité des entreprises.

De son côté, la Nouvelle-Zélande a développé une approche axée sur les valeurs en faveur d'un tourisme régénérateur. Une feuille de route pour l'adaptation du tourisme (*Tourism Adaptation Roadmap*) est actuellement en cours d'élaboration à partir d'initiatives volontaires réunissant les responsables des secteurs public et privé, d'une part, pour examiner l'état des ressources naturelles et, d'autre part, pour s'engager en faveur d'actions prioritaires visant à endiguer et inverser la dégradation des ressources naturelles (Encadré 3.10).

Promouvoir une reprise et une transformation vertes du tourisme

La crise provoquée par la pandémie de COVID-19 a constitué une occasion unique de réfléchir au système touristique et de le remodeler par l'adoption de nouvelles politiques et de nouveaux dispositifs de gouvernance. Bien que les autorités publiques aient intensifié les efforts pour renforcer les capacités en matière de durabilité, encourager l'innovation et mesurer les performances du secteur du tourisme par la mise en place de cadres améliorés d'évaluation d'impact, d'autres efforts devront être déployés pour intégrer ces priorités dans les dispositifs touristiques d'avenir.

Intégration de principes verts dans les politiques et la planification stratégiques du tourisme

Les stratégies nationales en faveur du tourisme jouent un rôle essentiel pour impulser une orientation dans l'ensemble du secteur et optimiser les contributions positives du tourisme pour la prospérité et le bien-être du pays. Ces stratégies sont souvent le reflet de valeurs fondamentales et constituent un cadre général pour l'investissement, pour l'élaboration de politiques plus spécifiques et pour la collaboration des parties prenantes. De nombreux pays développent actuellement des plans de relance et des stratégies en faveur du tourisme permettant d'intégrer des objectifs et des mesures de promotion de la transition verte.

Dans leur nouvelle Stratégie nationale sur les voyages et le tourisme 2022, les États-Unis ont adopté des mesures visant à réduire la contribution du tourisme au changement climatique, et ce, dans un effort plus large de promotion d'une économie du tourisme résiliente et durable, capable de protéger les ressources naturelles, de soutenir l'économie touristique et de garantir un développement équitable. Le Pérou a quant à lui fait de la durabilité la clé de voûte de son plan de relance du secteur du tourisme (*Estrategia Nacional de Reactivación del Sector Turismo*) pour 2021-23 et la gestion durable des expériences basées sur le patrimoine culturel et naturel du pays s'impose comme un élément central de sa compétitivité. Les mesures prévues incluent l'introduction de réglementations vertes et la simplification des procédures de protection de l'environnement dans le secteur du tourisme, ainsi que le développement d'outils visant à promouvoir l'économie circulaire, encourager le recours aux technologies propres et améliorer la qualité de service. En 2020, la Corée a lancé une stratégie de promotion de la neutralité des émissions de carbone à l'horizon 2050 et réalisé une étude sur les politiques du tourisme afin de faire avancer les objectifs de neutralité carbone.

La réussite de la mise en œuvre des stratégies en faveur du tourisme dépend du soutien financier dont elles bénéficient et de la mobilisation d'autres ressources. En Estonie par exemple, la transformation verte est l'un des principes sous-jacents de la stratégie du tourisme pour 2022-25 et elle bénéficie à ce titre d'un investissement global de 126.3 millions EUR dans la valorisation et la promotion du tourisme. Cela inclut une enveloppe de 21 millions EUR pour le développement de produits et destinations durables, complétée par un financement de 17 millions EUR du programme REACT EU visant à soutenir les entreprises dans la création de solutions numériques et de produits durables à destination du secteur du tourisme (Encadré 3.11). Les stratégies du tourisme axées sur la durabilité, et appuyées par des indicateurs de performance véritablement fiables, peuvent également aider les pays à tirer parti de la finance verte à l'échelle internationale (ex., le Fonds vert pour le climat établi par la Convention-cadre des Nations unies sur les changements climatiques).

En associant les stratégies du tourisme aux priorités plus larges d'action publique, il est possible de limiter les conflits potentiels entre les politiques et de profiter à la fois des investissements existants et des programmes conçus à plus grande échelle pour le seul secteur du tourisme. Un modèle touristique plus vert doit permettre l'intégration du tourisme dans d'autres secteurs, aussi bien sur le plan politique et économique que social. S'appuyant sur la stratégie de développement durable portée par le gouvernement, l'Égypte a réalisé une analyse des carences du secteur du tourisme qui s'est notamment traduite par le développement de 18 objectifs stratégiques pour une transition verte et numérique conforme aux ODD des Nations unies.

Encadré 3.11. Stratégie nationale du tourisme pour 2022-25 en Estonie

La stratégie nationale du tourisme pour 2022-25 adoptée en Estonie a pour objectif de faire du pays une destination de tourisme durable proposant aux visiteurs une expérience unique et variée en toute saison. L'approche transversale de l'Estonie en matière de durabilité repose sur trois principes : la valorisation de la culture, de l'environnement et de la vie locale ; la coopération ; et la participation à la réalisation des ODD des Nations unies. Différentes initiatives ont déjà été mises en œuvre par l'Office estonien du tourisme pour la période 2022-25 afin d'améliorer la durabilité et la résilience du secteur du tourisme, parmi lesquelles :

- la participation au programme international *Green Destinations*, et l'organisation du sommet annuel GreenEST et de différents programmes d'économie circulaire ;
- la reconnaissance des opérateurs de tourisme durable et l'amélioration de l'attribution des écolabels ;
- la diffusion d'informations et de bonnes pratiques en matière d'investissement vert, et la promotion des possibilités d'économies de ressources et des meilleures pratiques de partage des ressources ;
- le soutien financier au développement de produits touristiques durables et inclusifs (à hauteur de 14.1 millions EUR dans le cadre de l'initiative REACT EU) ;
- la promotion de nouveaux modèles économiques ;
- le développement de réseaux et trajets thématiques.

Cette stratégie définit également plusieurs objectifs chiffrables que le secteur du tourisme devra atteindre à l'horizon 2025. Ces objectifs consistent notamment à allonger la durée moyenne du séjour des touristes internationaux d'au moins quatre nuitées, à intégrer au moins 150 membres supplémentaires au réseau des entreprises de tourisme durable et à obtenir l'écolabel du programme *Green Destinations Award* pour au moins 6 destinations estoniennes.

Le tourisme est également souvent affecté par les décisions publiques plus générales ou par la réglementation applicable à d'autres secteurs de l'action publique. Dans le cadre de la réglementation environnementale, les agences de tourisme sont tenues de respecter des règles et des normes généralement élaborées par des organismes sans lien avec le tourisme. Le transport est un autre domaine d'action publique dans lequel les décisions adoptées ont une incidence directe sur le tourisme, à l'instar de la limitation du nombre de vols entrants à l'aéroport de Schiphol récemment annoncée aux Pays-Bas ou de la division par deux du nombre de vols intérieurs envisagée en France. Cela souligne l'importance d'une coopération à l'échelle de l'administration afin de gérer efficacement les évolutions liées à la transition verte.

Les interactions et l'interdépendance entre le tourisme et d'autres chaînes de valeur essentielles font de ce secteur un point de départ stratégique pour accélérer le développement de la durabilité et de la circularité dans l'ensemble de l'économie. Le secteur des boissons et des produits alimentaires, par exemple, est étroitement lié au secteur du tourisme en termes d'approvisionnement et joue un rôle à part entière dans les activités touristiques, puisqu'il compte pour 9 % de l'empreinte carbone mondiale du tourisme et jusqu'à 17 % si l'on inclut le secteur de l'agriculture. Pour renforcer la résilience et la durabilité du secteur du tourisme, il est par conséquent indispensable d'adopter une approche globale et intersectorielle qui tient compte des chaînes de valeur connexes et tire parti des synergies potentielles lors de l'élaboration des mesures d'intervention.

Politiques et programmes concertés du tourisme à l'appui des actions en faveur de l'environnement

Une gouvernance solide est un vecteur important de la transition vers un tourisme vert, et suppose un haut niveau d'efficience, de transparence, de collaboration et de soutien des parties prenantes (Becken et Loehr, 2022[25]). La promotion d'une gouvernance pluri-niveaux (caractérisée par les aspects à la fois locaux et mondiaux, et publics et privés, de la chaîne de valeur) apparaît particulièrement pertinente pour le secteur du tourisme. Une gouvernance adaptée à des objectifs spécifiques permet d'optimiser la prise de décision et l'affectation des ressources (ex. : financements, connaissances, données ou réseaux).

Des dispositifs de gouvernance adaptés doivent être conçus pour répondre à des objectifs spécifiques. Au Mexique, le « *Tlatocan* » (conseil supérieur pour la durabilité du tourisme) a rassemblé plus de 130 participants, parmi lesquels des organismes publics, des organisations internationales, des acteurs de la société civile, des représentants des communautés autochtones, des entreprises sociales, des entreprises privées et des universitaires. Ce conseil supérieur a été formé dans le cadre de l'initiative *Mexico Renace Sostenible* (Renaissance durable du Mexique), laquelle fut développée de manière collaborative afin de tirer parti de la crise provoquée par la pandémie pour transformer en profondeur le secteur du tourisme.

Encadré 3.12. Partenariats pour un tourisme vert et durable au Danemark

La stratégie du Danemark en faveur de la croissance durable du tourisme s'appuie sur un grand nombre d'initiatives vertes et durables, parmi lesquelles un plan de réduction des émissions de gaz à effet de serre, l'application du principe « respecter les règles ou se justifier » pour les normes de durabilité, ou encore une législation encourageant le déploiement de bornes de recharge pour les véhicules électriques dans les régions les plus touristiques. Un partenariat réunissant les organisations VisitDenmark, *Danish Coastal and Nature Tourism*, *Danish City Tourism* (*Wonderful Copenhagen*) et *Danish Business and Conferencing Tourism* œuvre à coordonner et déployer les initiatives contribuant à l'objectif national de réduction de 70 % des émissions de gaz à effet de serre à l'horizon 2030. La participation des entreprises des pays de destination, des acteurs privés et des groupes d'intérêt concernés, et des ministères et des experts compétents est également encouragée à travers la mise en place de forums de coopération. Ce partenariat a pour objectif de développer une méthode de mesure des émissions de gaz à effet de serre imputables au secteur du tourisme et de l'empreinte climatique des touristes au niveau individuel. Ces indicateurs contribueront à identifier et organiser les initiatives capables de réduire les empreintes climatiques sur le long terme. Le partenariat vise également à promouvoir la généralisation des mécanismes de certification, à mettre en avant les possibilités pour les entreprises de travailler de manière durable et à contribuer à la transition verte des activités d'hébergement.

Les partenariats jouent un rôle fondamental dans l'élaboration de mesures de relance post-pandémie destinées à produire, selon des modalités nouvelles, des résultats durables que les agences de tourisme n'auraient pas été en mesure de produire seules (Tableau 3.1). Ces partenariats comptent souvent des organisations non gouvernementales ou des acteurs du secteur privé. En Grèce par exemple, le *Rhodes Co-Lab* est un laboratoire d'innovation axé sur le tourisme durable et créé conjointement par TUI Group, TUI Care Foundation et l'administration de la région de l'Égée-Méridionale. Le laboratoire travaillera en collaboration avec les acteurs locaux du tourisme et différents partenaires internationaux afin de créer des solutions novatrices pour améliorer la gestion de l'énergie, de l'eau et des déchets, et déployer ces solutions sur l'île de Rhodes. Un groupe de réflexion composé d'experts de plusieurs pays sera également chargé de poursuivre les efforts de transformation du secteur du tourisme vers la durabilité. Au Danemark, un partenariat a été créé pour développer les initiatives du secteur du tourisme contribuant à la réalisation des objectifs nationaux de réduction des émissions de gaz à effet de serre à l'horizon 2030 (Encadré 3.12).

Tableau 3.1. Initiatives interministérielles en faveur du tourisme vert : échantillon d'approches nationales

Pays	Organisme directeur	Institutions partenaires	Initiatives et objectifs
Autriche	Ministères fédéraux du Travail et de l'Économie, et de l'Action climatique	Plusieurs pays européens : ministères du Tourisme, de l'Action climatique et des Transports	Le partenariat pour une mobilité durable du tourisme du Programme paneuropéen sur les transports, la santé et l'environnement (*THE PEP Partnership on Sustainable Tourism Mobility*) de la CEE-ONU a pour but de réunir les autorités nationales, les experts et les parties prenantes des quatre coins d'Europe, et de renforcer la sensibilisation aux avantages d'une intégration de la mobilité durable au cœur des activités touristiques.
Costa Rica	Office du tourisme costaricien	*Fondo Nacional de Financiamiento Forestal* (Fonds national de financement forestier)	Programme à destination des visiteurs visant à planter des arbres et soutenir la régénération naturelle et les systèmes agroforestiers dans les régions sélectionnées par les deux partenaires.
Danemark	Ministère de l'Industrie, du Commerce et des Finances	VisitDenmark, *Danish Coastal and Nature Tourism, Danish City Tourism* (*Wonderful Copenhagen*) et *Danish Business and Conferencing Tourism*	Coordination et déploiement d'initiatives visant à contribuer à la réalisation de l'objectif national de réduction de 70 % des émissions de gaz à effet de serre à l'horizon 2030. Développement d'une méthode de mesure des émissions imputables au secteur du tourisme et de l'empreinte climatique des touristes. Le partenariat a également pour but de promouvoir les mécanismes de certification et à mettre en avant les possibilités de transition verte des activités d'hébergement.
France	Ministère de l'Économie – Direction générale des entreprises	Caisse des dépôts, en coordination avec le ministère de l'Économie, des Finances et de la Relance	Provision de plus de 3 milliards EUR, entre autres sous forme de prêts et d'avances remboursables, pour la rénovation de l'immobilier de tourisme (établissements hôteliers, résidences touristiques, villages de vacances, hôtels de plein air, auberges de jeunesse, etc., dans tous types de destinations) et à l'intention des parties prenantes du tourisme social et solidaire.
Lettonie	Ministère de l'Environnement et du Développement régional	Ministère de l'Économie, collectivités locales, organisations non gouvernementales, et autres	Plusieurs projets, cofinancés par l'Union européenne, sont axés sur le littoral letton, comme l'inclusion du patrimoine naturel et culturel côtier de la Vidzeme dans le développement des services touristiques.
Nouvelle-Zélande	Ministère de la Conservation	Ministère de l'Environnement	Le programme *Jobs for Nature* (Des emplois pour la nature) contribue à la revitalisation des communautés par la promotion des emplois liés à la nature, souvent en partenariat avec les entreprises du tourisme et au profit d'une relance de l'économie au lendemain de la pandémie de COVID-19.
Pérou	Ministère du Commerce extérieur et du Tourisme	Ministère de l'Environnement	Promotion de l'atténuation du changement climatique grâce à un outil d'évaluation de l'empreinte carbone, comptant actuellement 27 entreprises du tourisme participantes, dont 14 en cours d'évaluation de leur empreinte carbone.
Roumanie	Ministère du Tourisme	Ministère de l'Environnement, des Eaux et des Forêts, Institut national de recherche et de développement du tourisme (*Institutul Național de Cercetare – Dezvoltare în Turism*), Association roumaine d'écotourisme (*Asociația de Ecoturism din România*)	Développement d'un système d'évaluation des destinations d'écotourisme en Roumanie, fondé sur les critères mondiaux du tourisme durable et les normes d'écotourisme européennes. À l'heure actuelle, cinq destinations touristiques ont reçu cette distinction.

Mesure et suivi de l'avancement de la transition vers un tourisme vert

La qualité de la gouvernance suppose une obligation de suivi et d'évaluation, et va de pair avec une amélioration des données sur le tourisme et des mesures d'impact à partir de tout un ensemble d'indicateurs de durabilité. Ces mesures sont essentielles pour établir des valeurs de référence, analyser les progrès dans la réalisation d'objectifs définis et évaluer l'efficacité de mesures d'intervention spécifiques. Ces mesures sont également importantes pour éclairer l'élaboration de politiques et de programmes fondés sur des données probantes visant à encourager la transition verte. Il sera toutefois nécessaire de réaliser des progrès pour mieux mesurer les dimensions économique, environnementale et sociale du tourisme, et concevoir des indicateurs et des outils actualisés et solides pour contrôler, d'une part, l'efficacité des dispositifs adoptés pour le tourisme et, d'autre part, la résilience et la durabilité du développement du tourisme.

Encadré 3.13. Évaluation des progrès du tourisme en matière de durabilité : échantillon d'approches nationales

Portugal : lancée en 2017, la stratégie du tourisme pour 2027 vise à placer le tourisme au cœur du développement économique, social et environnemental, et à faire du Portugal une destination concurrentielle et de premier plan en matière de tourisme durable. Conformément à cette stratégie et aux ODD des Nations unies, le Portugal a depuis développé un plan en faveur du tourisme durable pour la période 2020-23 qui s'inscrit dans le prolongement du plan de relance *Reativar o Turismo. Construir o Futuro* (Relancer le tourisme, façonner l'avenir). Dans le cadre de ce plan, une série de 43 indicateurs de durabilité sont utilisés pour établir une base de référence et évaluer les progrès des entreprises du tourisme et du secteur dans son ensemble en matière de durabilité. Des enquêtes sont régulièrement réalisées sur les pratiques environnementales et la responsabilité sociale des hôtels et des terrains de golf. Le plan prévoit les objectifs suivants pour l'année 2023 : 1) adoption de systèmes d'efficience énergétique et de gestion de l'eau et des déchets, et abandon des plastiques à usage unique, pour 75 % des entreprises du tourisme ; 2) programme de labellisation *Clean & Safe* : 25 000 membres, 30 000 titulaires et 1 000 entreprises auditées ; et 3) un total de 50 000 professionnels formés sur les questions liées à la durabilité. La série d'initiatives portées par ce plan contribue à encourager une offre de plus en plus différenciée et à accélérer le développement de la durabilité dans les entreprises du tourisme.

Finlande : dans le cadre du programme *Sustainable Travel Finland*, destiné à soutenir les entreprises du tourisme et les destinations dans leurs efforts de développement durable, *Visit Finland* a créé un ensemble d'indicateurs de tourisme durable. Ces indicateurs s'appuient sur de nombreux travaux de recherche et études comparatives sur la base de critères, de normes et de systèmes de certification internationaux, et ont été développés en étroite collaboration avec le secteur privé. Helsinki, la Laponie et d'autres régions ont décidé d'assurer un suivi de leur empreinte carbone et d'intégrer ces données dans le système national de surveillance de l'empreinte carbone qui doit être mis au point. Cet ensemble d'indicateurs prend en compte les spécificités de la situation géographique de la Finlande et la diversité du secteur du tourisme, et permet de dégager des informations sur les impacts environnementaux et la gestion des destinations, ainsi qu'en matière de durabilité économique et socioculturelle. Les données utilisées sont recueillies au niveau régional et national, mais aussi au niveau des entreprises et des destinations. Les informations sont issues de différentes sources, et proviennent notamment de statistiques officielles, de données fournies par les entreprises et les destinations participant au programme *Sustainable Travel Finland*, et d'une enquête pilote réalisée auprès des visiteurs et de la population locale. La première phase d'analyse de ces indicateurs a débuté au printemps de l'année 2022, et les conclusions générales pour ce cycle d'analyse seront publiées en 2023.

En Allemagne, les travaux du Bureau fédéral de l'environnement (*Umweltbundesamt*) (2021) pour le développement d'un compte satellite sur la durabilité du tourisme ont révélé que l'intensité en carbone du tourisme était plus élevée que la moyenne de l'économie. De la même manière, ces travaux ont également montré que les conditions de travail dans le secteur du tourisme étaient en moyenne moins favorables que dans les autres secteurs du pays. De façon innovante, le compte satellite sur la durabilité du tourisme a pour objectif de mesurer les matières premières nécessaires dans le monde sur l'ensemble de la chaîne de valeur pour la fourniture de produits touristiques à l'échelle nationale, ainsi que les dépenses liées au tourisme dans le cadre des services de protection de l'environnement. Les enseignements issus de ces différentes dimensions de la durabilité permettent d'éclairer la conception des programmes de soutien au tourisme dans les zones prioritaires. La Croatie mène actuellement un projet visant à intégrer le compte satellite de la durabilité du tourisme dans son plan national de reprise et de résilience pour 2021-26. De son côté, Statistique Canada, avec le soutien de Destination Canada, examine les possibilités de diffusion des données relatives aux émissions de GES générées par les activités économiques du pays associées au tourisme.

La mesure systématique des effets du tourisme s'avère essentielle pour définir les objectifs et évaluer régulièrement l'avancement d'engagements à plus long terme, comme la neutralité carbone à l'horizon 2050. En Norvège, la stratégie nationale en faveur du tourisme de 2030 fixe un objectif de réduction de 50 % des émissions de gaz à effet de serre issues du tourisme d'ici à 2030 (par rapport aux niveaux de 2019). Pour contribuer à la réalisation de cet objectif, les émissions annuelles du secteur du transport devront également être réduites de 10 %. La définition d'objectifs est également un aspect important du plan pour un tourisme durable au Portugal et du programme finlandais *Sustainable Travel Finland* (Encadré 3.13). En 2022, la région belge de Flandre a lancé un nouveau plan pour la durabilité, reposant sur 20 indicateurs destinés à assurer le suivi de la gestion des destinations et des activités commerciales de VisitFlanders jusqu'en 2030.

Le secteur privé est également particulièrement actif sur ces questions. En Islande par exemple, l'association des professionnels du tourisme (*Samtök ferðaþjónustunnar*) a mis en place un nouveau tableau de bord de la reprise visant à contrôler les performances du secteur par rapport aux objectifs stratégiques définis dans le plan national pour l'avenir du tourisme à l'horizon 2030, et ce, à partir d'indicateurs comme la part des entreprises ayant établi des objectifs chiffrables en matière de durabilité ou l'état des sites touristiques d'intérêt dans les zones protégées. Dans le cadre de sa stratégie nationale d'adaptation au changement climatique, la Grèce développe également des indicateurs pour orienter l'adoption de mesures d'atténuation du changement climatique et d'adaptation à ses effets dans le secteur du tourisme.

Mettant l'accent sur le suivi d'une activité touristique spécifique, le ministère néo-zélandais des Entreprises, de l'Innovation et de l'Emploi a investi 800 000 NZD pour soutenir l'installation d'environ 100 compteurs de visiteurs sur l'ensemble du réseau de pistes cyclables de Ngā Haerenga. Le cyclotourisme est une forme de voyage à faible émission de carbone, considérée comme une activité économique positive dans les régions reculées, notamment car il permet de soutenir tout un éventail de PME du secteur du tourisme. Les données recueillies sont utilisées pour analyser l'expérience des visiteurs, identifier les points à améliorer (ex. : difficultés d'encombrement ou problèmes d'infrastructures) et estimer les retombées économiques des investissements réalisés dans le réseau de pistes cyclables. De son côté, l'Autriche mesure le taux de satisfaction des populations locales vis-à-vis du tourisme dans leurs régions respectives, ainsi que la part des sources d'énergie renouvelables dans la consommation énergétique totale du secteur de l'hôtellerie et de la restauration.

L'Union européenne teste actuellement le « tableau de bord du tourisme de l'UE », un outil en ligne qui agrège les indicateurs du tourisme et en propose une présentation visuelle de manière à contrôler l'avancement de la transition verte et numérique de l'écosystème touristique. L'objectif est d'obtenir à terme un tableau de bord complet au niveau des pays européens, ainsi qu'une sélection d'indicateurs au niveau local et régional en fonction des données disponibles. Le pilier des politiques environnementales inclut notamment les données relatives à l'intensité des émissions du transport aérien, à l'intensité énergétique et en GES du tourisme, à la part de voyages en train, aux eaux de baignade et à la dépendance au tourisme de longue distance. Plusieurs pays œuvrent également au développement du cadre statistique pour mesurer la durabilité du tourisme, tel que proposé par l'Organisation mondiale du tourisme des Nations unies, et ce, afin d'évaluer la durabilité du tourisme à partir d'un système de comptabilité cohérent et compatible avec les cadres statistiques des comptes nationaux.

Transition verte des services et des infrastructures

Axer les programmes de relance économique sur la transition verte des infrastructures et des services est un exemple concret d'approche permettant de réussir l'intégration des politiques en faveur des objectifs économiques et de durabilité. Jusqu'à maintenant, les programmes de relance axés sur le tourisme ont principalement ciblé les aspects économiques. Pour promouvoir la relance verte, il est possible de conditionner les aides à la relance au respect de critères de durabilité, et plus important encore sans doute, à une participation directe à l'avancement des composantes fondamentales de la transition verte (ex. : investissement dans les infrastructures liées à l'énergie renouvelable et à l'économie circulaire). Par ailleurs, en tant qu'acheteur majeur de biens et de services, le secteur public exerce un certain leadership sur les marchés et dans l'élaboration des normes dont les effets ne doivent pas être sous-estimés. Il est par conséquent important de veiller à ce que les infrastructures touristiques financées ou achetées par le secteur public soient conformes aux normes environnementales les plus strictes et contribuent à la fois à l'atténuation du changement climatique et à l'adaptation à ses effets.

La décarbonation des infrastructures de transport touristique est une composante essentielle de la transition verte. Plusieurs pays ont profité de la pandémie pour accélérer l'adoption de véhicules électriques dans le tourisme. L'Islande a ainsi dégagé les fonds nécessaires pour accélérer l'électrification des ports et du parc de véhicules électriques. De la même manière, le Royaume-Uni a annoncé un investissement de 950 millions GBP en 2020 pour agrandir son réseau de bornes de recharge de véhicules électriques. Cette initiative inclut un sous-programme qui pourrait être utilisé par les petits prestataires d'hébergement souhaitant bénéficier de l'installation d'une borne de recharge. Encourager l'agrandissement du réseau de recharge et le développement d'un parc de véhicules électriques également adapté aux trajets touristiques de longue distance est une étape importante vers la sobriété carbone du secteur du tourisme.

La promotion d'un transfert modal en faveur des solutions de transport à propulsion humaine à faible émission est une autre composante importante de la transition vers un tourisme vert. Plusieurs pays investissent actuellement dans les réseaux ferrés, y compris dans le rétablissement des trains de nuit. Le projet d'infrastructures de transport *Rail Baltica* de l'Union européenne a pour objet d'intégrer les réseaux ferroviaires d'Estonie, de Lettonie et de Lituanie dans le réseau européen. Les infrastructures de *Rail Baltica* seront entièrement électrifiées et seront équipées des technologies les plus récentes pour limiter le plus possible les émissions.

Les investissements du secteur public dans les infrastructures ferroviaires peuvent également servir les initiatives du secteur privé, comme dans le cas des trains de nuit GreenCityTrip qui relient aujourd'hui les Pays-Bas à 15 villes de destination en Europe. En Allemagne, le secteur de l'aviation et les chemins de fer nationaux ont uni leurs forces pour remplacer les vols intérieurs de courte durée par des liaisons ferroviaires dans le cadre d'un nouveau plan d'action commun. Au Maroc, l'office national du tourisme et l'office national des chemins de fer ont signé un accord de partenariat en 2021 pour le développement et la commercialisation de solutions de mobilité durable attrayantes, et ce, afin de stimuler les flux de touristes nationaux.

Certains nouveaux produits touristiques reposent sur l'association de l'entrepreneuriat privé et des investissements publics dans les infrastructures. Les chemins de randonnée et les pistes cyclables en sont un excellent exemple, puisqu'ils permettent aux entreprises de proposer différents types d'excursions de base et de les compléter par des activités à valeur ajoutée, par exemple en associant la production alimentaire locale ou en intégrant d'autres expériences culturelles. En Türkiye par exemple, le ministère de la Culture et du Tourisme a développé, en partenariat avec l'agence turque de promotion et de développement du tourisme, une plateforme en ligne répertoriant les itinéraires cyclables du pays, encourageant une meilleure répartition régionale du tourisme et les formes plus « lentes » de tourisme. Le ministère a également prévu un Certificat d'installations d'hébergement adaptées aux vélos qui peut être octroyé aux installations remplissant les conditions définies.

L'investissement de la Slovénie en faveur de la gastronomie durable constitue un autre exemple du verdissement de l'offre touristique. L'itinéraire cyclable *Slovenia Green Gourmet Route* et le label *Slovenia Green Cuisine* destiné aux restaurants sont deux applications innovantes du plan vert pour le tourisme slovène (*Zelena shema slovenskega turizma*), lequel établit pour chaque site unique (en termes d'environnement, de culture ou de gastronomie) une expérience différente pour les visiteurs.

En Grèce, la nouvelle loi d'incitation à l'investissement soutient l'investissement vert en mettant l'accent sur les technologies qui contribuent à la protection de l'environnement et à la modernisation énergétique des hébergements touristiques, et ce, en définissant un simple cadre permettant aux entreprises de planifier, développer et mettre en œuvre leurs initiatives. Les investissements touristiques liés à la promotion de formes particulières de tourisme, compte tenu des caractéristiques géographiques, sociales et culturelles des différentes régions du pays, sont largement encouragés.

Efforts pour cibler et encourager les comportements responsables

Tirer parti de l'évolution du comportement des consommateurs et renforcer les actions positives peut permettre de faciliter la transition verte. Certains pays ont investi de manière proactive dans des campagnes de promotion incitant à un basculement vers des segments de marché et des comportements plus durables. Le programme « Swisstainable » déployé en Suisse a par exemple pour ambition d'impulser un mouvement efficace en faveur d'une modification plus générale des pratiques touristiques, et ce, en association avec le secteur suisse du tourisme. Au Japon, l'office national du tourisme intègre certains aspects du principe de « voyage responsable » dans ses campagnes de promotion et œuvre à une meilleure répartition régionale du tourisme, au développement d'activités liées à la nature et à une sensibilisation accrue aux questions environnementales.

Plusieurs pays connaissent une évolution importante dans leur positionnement et font même preuve d'un certain niveau d'innovation en articulant leur message autour de la durabilité et de la préservation de l'avenir. Il s'agit là d'une réponse aux changements observés dans le contexte de la pandémie, puisque les touristes se sont mis à chercher des expériences liées à la nature et des formes de voyage plus durables (et plus sûres). Le site VisitPortugal, par exemple, a lancé une campagne de promotion du tourisme intitulée *Can't Skip Tomorrow*, avec comme slogan « Demain, c'est aujourd'hui. Pour une meilleure planète, un meilleur tourisme. Voyager mieux. ». De la même manière, le site VisitScotland assure la promotion du tourisme avec le slogan « *Scotland: yours to enjoy. Responsibly.* » (L'Écosse : à vous d'en profiter, de façon responsable.), également accompagné de la formule « *Let's keep Scotland special now and for generations to come.* » (Protégeons le charme de l'Écosse, aujourd'hui et pour les générations à venir). Les îles Féroé ont franchi un cap supplémentaire en encourageant les touristes à « payer leur dû » et accepte les visiteurs (à certaines périodes de l'année) souhaitant renouer activement avec la nature et contribuer à sa protection. « *Closed for maintenance, open for voluntourism* » (Fermées pour maintenance, ouvertes au volontourisme) est le principe et slogan de cette campagne.

Les autorités publiques et les entreprises prennent de plus en plus conscience des avantages d'une meilleure compréhension des motivations, des convictions et des comportements des touristes. La promotion de comportements verts fondée sur l'analyse de données comportementales constitue en outre une approche relativement prometteuse (Encadré 3.14).

Pour susciter une évolution du comportement des touristes, les pays développent également des pactes et des codes de conduite à l'intention des visiteurs. Le « Serment islandais » encourage les voyageurs à jouer un rôle plus actif dans la gestion de leur impact sur la nature (et pour leur sécurité). Il permet ainsi d'établir des normes et des attentes spécifiques, et devrait permettre de renforcer la sensibilisation des visiteurs aux questions environnementales. Pour être efficaces, ces engagements doivent être accompagnés de règles et de réglementations, à l'instar de celles appliquées à Rome pour éviter les déchets sauvages ou l'escalade de monuments, ou à Amsterdam pour empêcher les comportements indisciplinés. La promesse Tiaki en Nouvelle-Zélande (*Tiaki Promise*), le serment pour un tourisme durable en Finlande (*Sustainable Travel Finland Pledge*) et le pacte d'Aspen aux États-Unis (*Aspen Pledge*) sont quelques exemples de pactes mis en œuvre dans d'autres pays. Ces codes de conduite reposent sur des systèmes et des infrastructures qui permettent aux visiteurs de respecter leurs engagements (ex. : toilettes et poubelles). Une collaboration entre les autorités locales et nationales, mais également avec le secteur privé, est par conséquent nécessaire.

Pour s'adapter aux évolutions comme le tourisme de proximité ou l'allongement de la durée des séjours en cas de voyage de longue distance, plusieurs pays ont développé de nouvelles politiques en matière de visas. Certains pays s'intéressent également au marché croissant des « nomades du numérique », dans la mesure où les individus s'adaptent aux possibilités offertes par les modes de travail à distance adoptés au lendemain de la pandémie. Plus de 20 pays ont ainsi mis en place des visas à l'intention des nomades du numérique ou des travailleurs à distance afin de les encourager à séjourner sur leur territoire pendant des périodes prolongées. Au Costa Rica, la législation prévoit que les travailleurs choisissant de résider temporairement dans le pays bénéficient d'une sécurité juridique et d'incitations spécifiques, notamment sous la forme d'une exemption totale de l'impôt sur le revenu. L'Indonésie propose quant à elle un nouveau visa d'une durée de cinq ans qui exonère les visiteurs de tout impôt sur les revenus perçus dans d'autres pays.

Encadré 3.14. Promotion des comportements verts fondée sur l'analyse de données comportementales

En proposant des données empiriques sur les habitudes de voyage, les sciences du comportement constituent une solution innovante pour renforcer la durabilité du tourisme. La réalisation d'objectifs stratégiques ambitieux en faveur du tourisme durable peut s'avérer particulièrement difficile, dans la mesure où elle dépend en très grande partie des comportements et préférences des voyageurs. Les sciences du comportement contribuent ainsi à la durabilité du tourisme en fournissant des données concrètes sur le pratiques des voyageurs, en tirant parti des connaissances disponibles sur les comportements humains, en simplifiant la prise de décisions en matière de tourisme durable et en permettant l'élaboration de services et de politiques centrés sur l'humain, conçus et ciblés pour un public spécifique.

Inciter les voyageurs à modifier légèrement leur comportement peut permettre d'optimiser à la fois les pratiques commerciales et les habitudes des touristes en matière de durabilité. Ces incitations peuvent être aussi simples que veiller à ce que les options vertes soient le choix par défaut proposé aux consommateurs. Il est par exemple possible de réduire la consommation de viande lors d'événements en faisant de l'option végétarienne l'offre par défaut ou en sélectionnant par défaut les modes de transport à faible émission dans les forfaits touristiques. Des programmes encourageant les consommateurs à adopter des comportements plus verts commencent à être introduits dans certains pays. Les Philippines tirent ainsi parti de méthodes de ludification comportementale basées sur la mise en place de défis, de concours ou de récompenses pour inciter les visiteurs à remplir des missions respectueuses de l'environnement. De son côté, la ville d'Helsinki s'est appuyée sur une architecture de choix pour développer une plateforme numérique centralisée, destinée à aider les résidents, les entreprises et les touristes à prendre des décisions plus responsables et respectueuses de l'environnement au quotidien.

Considérations d'action publique en faveur de la reprise verte du tourisme

Les bouleversements provoqués par la pandémie de COVID-19 ont créé les conditions favorables à l'élaboration de nouveaux modèles de tourisme, dans lesquels les mesures de relance jouent un rôle central pour le verdissement du secteur. Cela passe notamment par une relance verte axée sur l'humain en faveur des entreprises, des communautés locales et des voyageurs. Il est par conséquent indispensable de comprendre la chaîne de valeur du tourisme, sa dépendance à l'égard de l'environnement et des ressources physiques, ainsi que les moyens d'action sociopolitiques disponibles pour engager un changement systémique.

Le tourisme a un rôle à jouer dans l'accélération de la transition vers une économie sobre en carbone, efficace dans l'utilisation des ressources et socialement inclusive. Une meilleure qualité de l'air, une eau plus saine, une gestion efficace des déchets et une protection renforcée de la biodiversité permettent non seulement de réduire la vulnérabilité des populations et des destinations, mais sont susceptibles de stimuler l'activité économique, de générer des recettes, de créer des emplois de qualité et de réduire les inégalités. Pour atteindre ces objectifs, il conviendra de mettre en œuvre des politiques actives visant à réduire les émissions de CO_2 et la pollution, à améliorer l'efficience énergétique et l'efficacité de l'utilisation des ressources, et à empêcher la perte de biodiversité et la disparition d'écosystèmes. Le renforcement de la résilience et l'autonomisation des communautés et autres acteurs du tourisme constituent un socle solide pour accompagner ces évolutions.

La relance verte et la transition vers la neutralité des émissions de carbone nécessitent d'adopter une approche systémique qui tienne non seulement compte des spécificités de la chaîne de valeur du tourisme, mais aussi des systèmes économiques et socio-culturels plus généraux auxquels le tourisme est intégré. La relation symbiotique entre le tourisme, d'une part, et la préservation et la restauration des écosystèmes, d'autre part, doit également être intégrale, notamment car la santé des écosystèmes est une condition essentielle au renforcement de la résilience et à la lutte contre le changement climatique. Ont été présentés dans ce chapitre toute une série de politiques, d'éléments catalyseurs et d'initiatives permettant de faciliter la transformation verte des entreprises, des destinations et du secteur du tourisme dans son ensemble. Ces dispositifs et instruments sont souvent interdépendants, et les mesures d'action peuvent être conçues pour cibler des niveaux ou échelles spécifiques (ex., au niveau national, à l'échelle des entreprises, à l'intention des destinations, etc.). Il est ainsi nécessaire de mettre en place des mécanismes de gouvernance innovants afin de favoriser la cohérence et l'intégration des politiques, sachant que leur application dépend de mesures de soutien financier et de dispositifs de gouvernance adaptés à des objectifs spécifiques.

Certains facteurs ont un effet catalyseur pour l'ensemble de ces mécanismes, comme la nécessité, pour éclairer les futures décisions de politique publique, de renforcer les capacités et les connaissances, et de créer en environnement d'apprentissage capable de fournir des résultats empiriques (données fiables et significatives sur le tourisme, examen critique des mesures d'intervention et de leurs répercussions inattendues, etc.). L'environnement opérationnel se fait de plus en plus incertain et exige donc d'adopter une approche agile en matière de politique et de gouvernance. Pour que le tourisme puisse relever les défis abordés dans le présent chapitre, il conviendra de poursuivre les travaux de recherche et les efforts d'innovation, mais aussi d'investir toujours davantage dans les technologies et les pratiques d'avenir.

Sur la base de l'analyse présentée dans ce chapitre, les principales mesures d'action publique permettant de promouvoir une relance verte et d'accélérer la transition vers une économie verte du tourisme consistent notamment à :

- **Développer des stratégies à long terme qui définissent un modèle pour un avenir du tourisme durable**, ainsi que des objectifs en matière de contribution au bien-être économique, environnemental et social. Ces efforts doivent être soutenus par des plans d'action établissant clairement les responsabilités, définissant des objectifs intermédiaires et finaux chiffrables, et capables de stimuler la relance verte.
- **Tirer parti du rôle de catalyseur que jouent les pouvoirs publics en faveur de la transition vers un tourisme vert**, y compris en montrant l'exemple (par la décarbonation des organismes publics, par exemple) et en veillant à ce que toutes les infrastructures touristiques financées ou achetées par le secteur public respectant les normes environnementales les plus strictes et contribuent au développement de la résilience au changement climatique (ex. : solutions fondées sur la nature).
- **Améliorer la coordination des politiques touristiques avec les domaines pertinents de l'action publique pour soutenir la transition verte**, et notamment la préservation et la gestion de l'environnement, les mesures d'action en faveur du climat, les transports durables et le développement social (dont le développement économique régional et de la santé). L'intégration des politiques n'est pas uniquement importante pour assurer leur cohérence et leur efficacité, mais aussi pour tirer parti des ressources de l'ensemble des portefeuilles.
- **Établir des mécanismes de gouvernance du tourisme permettant de relier et d'harmoniser les mesures de verdissement à tous les niveaux de l'administration**, et promouvoir la transparence et le principe de responsabilité. Dans l'époque incertaine et complexe que nous vivons, il est important de veiller à ce que les structures de gouvernance au niveau des destinations locales soient suffisamment souples, réactives et résilientes par rapport aux niveaux national et international, et ce, pour pouvoir produire les résultats escomptés.
- **Mettre en œuvre une panoplie de politiques et de mesures d'intervention fondées sur des données probantes afin de promouvoir des pratiques touristiques plus vertes.** Il convient ainsi de privilégier les mesures ciblant les domaines d'action à fort impact le long de la chaîne de valeur du tourisme, tant du côté de l'offre que de la demande, et d'appliquer une approche combinant des dispositifs d'intervention directe (investissements, par exemple), des dispositions réglementaires, des incitations et des mesures de sensibilisation afin d'accélérer les progrès vers un modèle touristique plus vert.
- **Développer et améliorer les cadres de suivi pour mesurer les progrès**, en proposant des données et des indicateurs fiables et significatifs. Cela s'avère particulièrement important, d'une part, afin que les visiteurs, les entreprises et les acteurs des destinations comprennent mieux l'impact de leurs actions sur l'environnement et, d'autre part, pour éclairer le développement de politiques, de stratégies et de programmes efficaces.
- **Promouvoir l'intégration du tourisme dans l'ensemble de l'économie**, y compris dans les industries primaires (comme l'agriculture et l'exploitation forestière) et au niveau des destinations. Il convient ainsi de tirer parti des interdépendances entre secteurs pour renforcer la durabilité et la résilience du tourisme et d'autres chaînes de valeur et d'approvisionnement (alimentation ou transport, par exemple), maximiser les avantages au niveau local et favoriser l'application des principes de l'économie circulaire (approche circulaire de l'utilisation des ressources).
- **Renforcer les capacités et les connaissances à l'appui des mesures de verdissement sur l'ensemble du système touristique** (des consommateurs aux opérateurs, jusqu'aux investisseurs). Il est donc important de : 1) promouvoir une meilleure compréhension de la durabilité et des notions connexes, comme la passation de marchés durables, l'efficacité dans l'utilisation des ressources ou encore l'innovation circulaire ; 2) donner aux individus les moyens nécessaires pour créer leurs propres solutions et faire des choix de voyage durables en encourageant le recours aux outils d'information des consommateurs ; et 3) aider les entreprises du tourisme, d'une part, à agir en faveur d'une réduction de leurs émissions de GES et de leur

impact sur l'environnement et, d'autre part, à mesurer leurs progrès en ce sens, y compris par le développement des compétences et par l'accès aux financements. Les autorités publiques peuvent favoriser l'apprentissage et le partage de connaissances, mais aussi soutenir des produits ou des modèles économiques différents, notamment par le biais de mécanismes de transfert ou de déploiement à grande échelle de technologies de pointe.

- **Encourager le développement des expériences de tourisme durable produisant des résultats positifs sur l'environnement et pour les visiteurs.** L'innovation doit être encouragée dans le domaine de la conception d'expériences, et ce, afin de donner aux visiteurs la possibilité de prendre des décisions plus vertes en matière de voyage (y compris à partir de solutions numériques) et de contribuer ainsi de manière positive à la préservation des destinations.

Références

Banque européenne pour la reconstruction et le développement et Global Centre of Excellence (2018), *Advancing TCFD guidance on physical climate risks and opportunities*, https://www.tcfdhub.org/resource/advancing-tcfd-guidance-on-physical-climate-risks-and-opportunities/. [30]

Becken, S. et J. Kaur (2021), « Anchoring “tourism value” within a regenerative tourism paradigm–a government perspective. », *Journal of Sustainable Tourism* vol. 30, n° 1, pp. 52-68. [24]

Becken, S. et J. Loehr (2022), « Tourism governance and enabling drivers for intensifying climate action », *Journal of Sustainable Tourism*, pp. 1-19. [25]

Becken, S. et al. (2020), « Tourism and climate change: evaluating the extent of policy integration », *Journal of Sustainable Tourism*, vol. 28/10, pp. 1603-1624. [29]

Commission européenne (2022), *Transition Pathway for Tourism*, https://ec.europa.eu/docsroom/documents/ 49498.org. [10]

Commission européenne (2021), *Attitudes of Europeans towards tourism*, https://europa.eu/eurobarometer/surveys/detail/2283. [14]

FIT (2021), *Decarbonising air transport: Acting now for the future*, https://www.itf-oecd.org/decarbonising-air-transport. [8]

GIEC (2022), *Climate Change 2022: Impacts, Adaptation, and Vulnerability*, https://www.ipcc.ch/report/ar6/wg2/. [12]

GIEC (2021), *Résumé à l'intention des décideurs. in : Changements climatiques 2021 : Les bases scientifiques physiques*, https://www.ipcc.ch/report/ar6/wg1/downloads/report/IPCC_AR6_WG1_SPM_French.pdf. [6]

IPBES (2019), *Global assessment report on biodiversity and ecosystem services of the Intergovernmental Science-Policy Platform on Biodiversity and Ecosystem Services*, https://ipbes.net/global-assessment. [11]

Ministère néo-zélandais des Entreprises, de l'Innovation et de l'Emploi (MBIE) (2022), *The Tourism Futures Taskforce interim report – We are Aotearoa*, https://www.mbie.govt.nz/immigration-and-tourism/tourism/tourism-recovery/tourism-futures-taskforce/tourism-futures-taskforce-interim-report/. [23]

OCDE (2022), *Carbon pricing and COVID-19: Policy changes, challenges and design options in OECD and G20 countries*, https://www.oecd.org/environment/carbon-pricing-and-covid-19-8f030bcc-en.htm. [15]

OCDE (2022), *Environment at a Glance - OECD*, https://www.oecd.org/environment/environment-at-a-glance/. [28]

OCDE (2022), *Financing SMEs and Entrepreneurs 2022: An OECD Scoreboard*, https://www.oecd.org/cfe/smes/financing-smes-and-entrepreneurs-23065265.htm. [16]

OCDE (2022), *Global Plastics Outlook: Economic Drivers, Environmental Impacts and Policy Options*, https://www.oecd-ilibrary.org/environment/global-plastics-outlook_de747aef-en. [13]

OCDE (2022), *Policy brief on making the most of the social economy's contribution to the circular economy*, https://www.oecd-ilibrary.org/industry-and-services/policy-brief-on-making-the-most-of-the-social-economy-s-contribution-to-the-circular-economy_e9eea313-en. [22]

OCDE (2022), *Pourquoi les gouvernements devraient cibler le soutien dans un contexte de prix élevés de l'énergie*, https://www.oecd.org/ukraine-hub/policy-responses/pourquoi-les-gouvernements-devraient-cibler-le-soutien-dans-un-contexte-de-prix-eleves-de-l-energie-26afd50c/. [3]

OCDE (2021), *Gérer le développement du tourisme dans l'optique d'une reprise durable et inclusive*, https://www.oecd.org/publications/preparing-the-tourism-workforce-for-the-digital-future-9258d999-en.htm. [27]

OCDE (2021), *Lignes directrices du G20 de Rome pour l'avenir du tourisme* , https://www.oecd.org/fr/cfe/lignes-directrices-du-g20-de-rome-pour-l-avenir-du-tourisme-15600ed8-fr.htm. [9]

OCDE (2021), *No net zero without SMEs. Exploring the key issues for SMEs and green entrepreneurship*, https://www.oecd-ilibrary.org/energy/no-net-zero-without-smes_bab63915-en. [1]

OCDE (2020), *Linking Indigenous Communities with Regional Development in Australia*, https://www.oecd-ilibrary.org/urban-rural-and-regional-development/linking-indigenous-communities-with-regional-development-in-australia_ab4d8d52-en. [20]

OCDE (2020), *Linking Indigenous Communities with Regional Development in Canada*, https://www.oecd-ilibrary.org/urban-rural-and-regional-development/linking-indigenous-communities-with-regional-development-in-canada_fa0f60c6-en;jsessionid=Zc5O7zT-STKGaXO0IO_jwewyJLegy6mhPOmTNmwF.ip-10-240-5-71. [21]

OCDE (2018), *Éléments d'un nouveau discours autour de la croissance*, https://one.oecd.org/document/SG/NAEC(2018)1/fr/pdf. [4]

OMC et FIT (2019), *Transport-related CO2 Emissions of the Tourism Sector*, https://www.e-unwto.org/doi/book/10.18111/9789284416660. [7]

OMT (2021), *Baromètre OMT du tourisme mondial : volume 19, numéro 5*, https://www.e-unwto.org/toc/wtobarometerfra/19/5. [26]

One Planet (2022), *Initiative mondiale sur les plastiques touristiques*, https://www.oneplanetnetwork.org/programmes/sustainable-tourism/global-tourism-plastics-initiative. [19]

One Planet (2021), *Encouraging sustainable procurement practices through the use of third-party certification schemes*, https://www.oneplanetnetwork.org/knowledge-centre/resources/encouraging-sustainable-procurement-practices-through-use-third-party?page=2. [18]

PNUE et Banque mondiale (2021), *Towards a Circular Tourism Economy: Drivers and strategies for a green transition*, https://www.oneplanetnetwork.org/knowledge-centre/resources/towards-circular-tourism-economy-drivers-and-strategies-green-transition. [2]

Whelan, T. et C. Fink (2016), « The comprehensive business case for sustainability », *Harvard Business Review* 21. [17]

WTTC et PNUE (2021), *A Net Zero Roadmap for Travel & Tourism: Proposing a New Target Framework for the Travel & Tourism Sector*, https://wedocs.unep.org/20.500.11822/37355. [5]

Part I Profils par pays – pays de l'OCDE

Belgique

Place du tourisme dans l'économie et perspectives de reprise

En Belgique, le tourisme relève de la compétence de chacune des trois régions belges – la Flandre, la Wallonie et Bruxelles. La présente section dresse un tableau national de la place du tourisme dans le pays, suivi d'une présentation de la gouvernance et des actions menées dans les régions flamande et wallonne.

Le tourisme continue de contribuer largement à la croissance de l'économie belge. Le dernier Compte satellite du Tourisme en date indique qu'en 2016, le tourisme a contribué directement à la valeur ajoutée brute à hauteur de 4.3 % en Flandre, de 5.3 % à Bruxelles, et de 4.1 % en Wallonie.

Le secteur du tourisme belge a été durement touché par la pandémie. Le nombre de touristes internationaux dans les hôtels et les établissements équivalents a chuté de 73 %, pour atteindre 1.8 million. Une légère reprise en 2021 a permis le retour des touristes internationaux, remontés à 2.3 millions (28 % de plus par rapport à 2020).

Le tourisme interne a fortement progressé en Belgique. Avant la pandémie de COVID-19, 42 % de tous les touristes présents dans les hôtels provenaient du marché intérieur et ce taux est passé à 63 % en 2021.

Au total, en 2021, la Belgique a enregistré plus de 11.0 millions d'arrivées de touristes internes et internationaux, tous types d'hébergements marchands confondus (y compris les campings). Parmi ces touristes, 6.8 millions ont visité la Flandre, 1.3 million a visité la ville de Bruxelles et 2.8 millions la Wallonie. Les premiers marchés émetteurs sont la France, les Pays-Bas et l'Allemagne, représentant en tout 71 % du marché en 2021, soit 51 % de plus qu'en 2019. Une reprise du tourisme international est attendue pour 2025.

Flandre

Gouvernance et financement du tourisme

En Flandre, le tourisme relève de la ministre flamande de la Justice et du Maintien, de l'Environnement et de l'Aménagement du Territoire, de l'Énergie et du Tourisme. Le service du tourisme du département flamand de la Chancellerie et des Affaires étrangères est responsable de la politique du tourisme international et des relations touristiques internationales.

Le budget global alloué par le secteur public au tourisme est resté le même, à l'exception de l'aide supplémentaire accordée au secteur pendant la pandémie de COVID-19. En 2021, 28.5 millions EUR ont été attribués au secteur du tourisme social, ainsi que 40 millions EUR supplémentaires de subventions accordées à l'ensemble du secteur touristique. Outre ce budget, le secteur du tourisme bénéficie également d'autres aides plus générales accordées aux entreprises, telles qu'un soutien financier, un dispositif de chômage partiel et des prêts.

Flandre : organigramme des organismes de tourisme

Source : OCDE, d'après le ministère flamand de la Chancellerie et des Affaires étrangères, 2022.

Programmes et politiques du tourisme

La Flandre a élaboré un plan de relance appelé Résilience flamande (*Vlaamse Veerkracht*), pour la période de 2022-2026. Ce plan prévoit d'aider tous les secteurs économiques, y compris celui du tourisme, à se relever de la crise, avec un budget total d'environ 4.3 milliards EUR. Dans le cadre de ce plan, 150 millions EUR sont réservés au tourisme. Ces investissements cibleront principalement les grandes infrastructures et les expériences touristiques à l'échelle supralocale pour soutenir :

- Le secteur des réunions, des conférences et de l'événementiel au moyen d'investissements en faveur de multiples projets de pointe relatifs à l'infrastructure du tourisme d'affaires et événementiel. Cet investissement permettra d'améliorer la compétitivité du secteur et d'accompagner la transition vers la tenue d'événements numériques et hybrides.
- Les projets touristiques phares, qui porteront sur des thèmes fixés par le ministère flamand du Tourisme et seront financés par un ensemble de financements directs et d'appels à subvention pour des projets thématiques ouverts. Le patrimoine, le cyclotourisme, la gastronomie, la nature et le tourisme social sont les principaux thèmes retenus.

En 2021, la Flandre a mis en œuvre un programme destiné à aider les entrepreneurs indépendants du secteur du tourisme à réaliser des investissements stratégiques, avec 100 % de préfinancement, partiellement remboursable après cinq ans, pour les investissements en faveur de la durabilité, de la santé, du numérique et de la professionnalisation. Cette échéance de remboursement a été choisie pour coïncider avec la reprise attendue du tourisme international. Le gouvernement flamand a attribué une enveloppe de 30 millions EUR à ce programme, complétée par des fonds supplémentaires de la part des provinces et des communes.

La stratégie à long terme du secteur touristique en Flandre repose sur les principes du programme *Travel to Tomorrow* (voir encadré ci-après). Ce programme fondé sur des valeurs repose sur des principes d'équilibre et de durabilité du tourisme, sans pour autant négliger la qualité, la créativité et la coopération. Défini en concertation avec le secteur privé, il a pour objectif d'assurer le développement local et le dynamisme des destinations.

La stratégie *Travel to Tomorrow* de la Région flamande (Belgique)

La stratégie *Travel to Tomorrow*, qui fait la part belle à la durabilité et au principe de partage des retombées touristiques avec l'ensemble des acteurs de l'écosystème du tourisme, préconise l'adoption de nouvelles méthodes de mesure, de développement et de promotion du voyage élaborées à la lumière des dernières crises. Afin d'opérer ce changement d'orientation nécessaire, la stratégie définit des actions à l'horizon 2030 articulée autour des trois principes :

- Chercher le bon équilibre : la Flandre veut créer de la valeur sociale grâce au tourisme pour les habitants et les visiteurs, en offrant une expérience et des échanges de qualité et enrichissants. Il est également important de considérer l'équation dans son ensemble en intégrant la « perte de valeur » dans le calcul, comme le coût environnemental.
- S'adapter aux effets de la pandémie de COVID-19 : après les confinements, les voyages ont été plus appréciés que jamais. Dans le même temps, on observe une prise de conscience de la vulnérabilité de l'écosystème et des conséquences de nos comportements touristiques. Le tourisme doit se réinventer et profiter de cette occasion pour repartir sur de bonnes bases.
- Intégrer les personnes, les lieux et les activités dans l'expérience touristique : une destination attrayante offre des expériences marquantes et enrichissantes pour les visiteurs, améliore le bien-être et est bénéfique pour les touristes, les populations locales, les entrepreneurs et les prestataires de services. Le tourisme de demain consistera à offrir un accueil sur mesure « pour tous » – parce que, pour se développer, une destination ne doit exclure personne.

Wallonie

Gouvernance et financement du tourisme

En Wallonie, le tourisme relève du ministère de la Fonction publique, du Tourisme, du Patrimoine et de la Sécurité routière. La communauté germanophone de Wallonie a conclu un accord avec la région pour gérer le tourisme sur son territoire.

Deux entités principales soutiennent le secteur du tourisme en Wallonie :

- Le Commissariat général au Tourisme (CGT) est la principale administration en charge du tourisme et a pour mission de concevoir un tourisme de qualité. Il aide le secteur en lui apportant des conseils, une reconnaissance, un label et une aide financière.
- Wallonie-Belgique Tourisme (WBT) est l'organisme national de commercialisation du tourisme de la Région wallonne en Belgique et sur le marché international.

Le budget wallon alloué au tourisme pour 2020 s'élevait à 67 millions EUR, dont 11.4 millions EUR correspondaient à des mesures d'aide versées aux entreprises du secteur pendant la crise du COVID-19. En 2021 le budget était de 54 millions EUR, dont 10 millions EUR étaient destinés à soutenir les entreprises du secteur touchées par la pandémie. Plusieurs fonds européens ont également été mis à contribution pour des projets touristiques spécifiques.

Wallonie : organigramme des organismes de tourisme

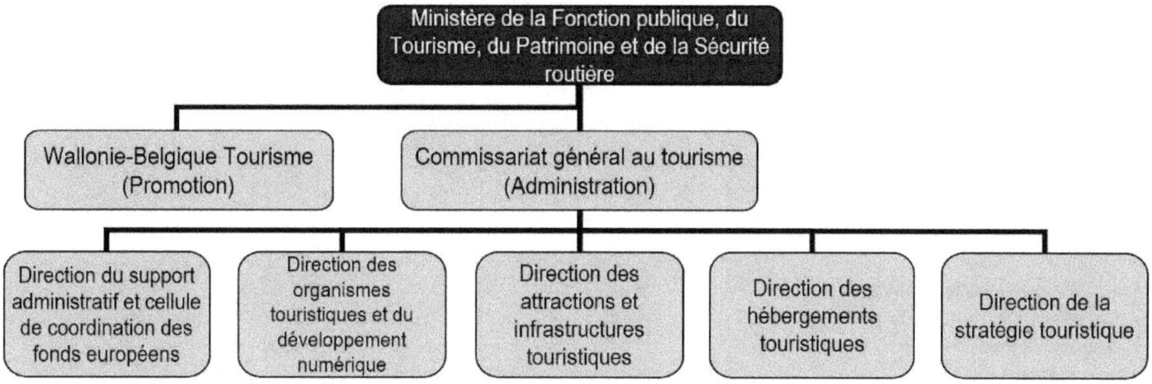

Source : OCDE, d'après le Commissariat général au Tourisme de Wallonie, 2022.

Programmes et politiques du tourisme

La crise du COVID-19 a confirmé, et parfois exacerbé, une série de tendances qui touchent le tourisme wallon. Parmi celles-ci, on note une réorientation vers le tourisme local et interne, une recrudescence du tourisme vert, notamment avec des activités de plein air telles que la marche et le vélo, un intérêt plus prononcé pour la culture locale, et une attention particulière portée sur le durable, le numérique et le bien-être. La poursuite des tendances plus globales aura également un impact sur le tourisme, comme le vieillissement de la population et l'urbanisation. Ceci a entraîné une modification des besoins du secteur touristique en pleine évolution.

À court terme, le secteur du tourisme wallon a bénéficié des initiatives économiques plus larges et ciblées sur le tourisme mises en œuvre par l'autorité wallonne. Les plans d'aide ciblés, d'une valeur de 24.4 millions EUR, ont d'abord été instaurés dans le cadre du plan *Get up Wallonia*. Ce plan de relance de la Wallonie bénéficiera à la fois de fonds wallons et européens. Le plan comprend l'élaboration d'un plan de relance face au COVID-19 et d'un plan d'action contenant des mesures innovantes pour le tourisme conçues pour :

- Accélérer le passage au numérique.
- Développer l'image de « Wallonie Destination » en utilisant le tourisme comme vecteur.
- Concevoir une infrastructure durable dédiée au cyclotourisme.
- Réaménager le site des lacs de l'Eau d'Heure.
- Développer le tourisme fluvial.
- Créer des parcs nationaux pour mettre en valeur le patrimoine naturel de la Wallonie.

Le ministère du Tourisme de Wallonie s'est intéressé aux besoins du secteur à moyen et long terme et a demandé un examen de la stratégie numérique et la création d'une nouvelle stratégie pour le tourisme en 2021. Les objectifs de la nouvelle Stratégie tourisme 2030 sont les suivants :

- Accroître les retombées économiques du secteur en augmentant les dépenses moyennes.
- Adopter un positionnement stratégique au sujet de deux thèmes propres au tourisme en Wallonie : Nature et évasion ; Culture, patrimoine et agritourisme.
- Renforcer le développement des compétences et l'attractivité du secteur.
- Attirer plus de touristes belges, français, hollandais et allemands. Dynamiser le tourisme d'affaires.
- Adopter des outils innovants permettant de mieux comprendre les attentes et les besoins des visiteurs.

Profil statistique

Belgique : Tourisme interne, récepteur et émetteur

	2017	2018	2019	2020	2021
FLUX TOURISTIQUE, MILLIERS					
Tourisme interne					
Total des voyages du tourisme interne	..	..	..	..	..
Visiteurs qui passent la nuit (touristes)	3 997	4 872	5 362	4 284	6 911
Visiteurs de la journée (excursionnistes)	..	18 480	..	..	19 013
Nuitées dans toutes les catégories d'hébergement	13 701	19 925	18 627	17 407	26 169
Hôtels et établissements assimilés	8 849	11 092	10 376	9 458	16 048
Autres établissements collectifs	1 386	1 666	1 301	1 901	2 742
Hébergements privés	3 446	7 166	6 950	6 049	7 379
Tourisme récepteur					
Total des arrivées internationales	..	..	..	..	..
Visiteurs qui passent la nuit (touristes)	6 313	6 700	6 800	1 804	2 313
Visiteurs de la journée (excursionnistes)	..	..	..	..	..
Principaux marchés					
Pays-Bas	1 032	1 037	1 038	361	611
France	963	1 010	1 036	391	571
Allemagne	701	726	756	234	268
Espagne	348	345	346	66	88
Italie	228	250	263	64	79
Nuitées dans toutes les catégories d'hébergement	..	..	..	..	..
Hôtels et établissements assimilés	11 632	12 424	12 669	3 480	4 341
Autres établissements collectifs	..	..	..	..	..
Hébergements privés	..	..	..	..	..
Tourisme émetteur					
Total des départs internationaux	..	..	..	..	..
Visiteurs qui passent la nuit (touristes)	14 638	15 626	17 322	7 109	8 593
Visiteurs de la journée (excursionnistes)	4 742	5 458	6 396	3 080	2 280
Principales destinations					
France	4 370	4 919	4 780	2 712	3 267
Espagne	1 755	1 797	1 813	550	964
Pays-Bas	1 724	1 594	2 112	796	844
Italie	1 075	933	1 289	504	636
Allemagne	946	945	1 375	465	515
RECETTES ET DÉPENSES DE TOURISME, MILLIONS EUR					
Tourisme récepteur					
Total des recettes internationales	8 518	8 748	9 460	6 530	..
Recettes liées aux voyages internationaux	7 419	7 530	7 957	5 785	..
Recettes liées au transport international de passagers	1 099	1 218	1 503	745	..
Tourisme émetteur					
Total des dépenses internationales	15 721	17 638	18 773	12 180	..
Dépenses liées aux voyages internationaux	13 738	15 655	16 756	11 391	..
Dépenses liées au transport international de passagers	1 983	1 983	2 017	789	..

.. Non disponible
Source : Statistiques de l'OCDE sur le tourisme (base de données).

StatLink https://stat.link/cwpalm

Belgique : Entreprises et emploi dans le tourisme

	Nombre d'établissements	Nombres de personnes employées				
	2021	2017	2018	2019	2020	2021
Total	..	..	..	..	..	..
Industries touristiques	..	..	..	..	..	..
Service d'hébergement pour les visiteurs	9 516	..	..	..	..	..
Hôtels et établissements assimilés	..	..	..	..	..	..
Industrie de services de restauration et de consommation de boissons	..	..	..	..	..	..
Transport de voyageurs	..	..	..	..	..	..
Transport aérien de voyageurs	..	..	..	..	..	..
Transport par chemin de fer de voyageurs	..	..	..	..	..	..
Transport routier de voyageurs	..	..	..	..	..	..
Transport par eau de voyageurs	..	..	..	..	..	..
Services liés au transport de voyageurs	..	..	..	..	..	..
Location d'équipement de transport	..	..	..	..	..	..
Industrie des agences de voyages et des autres services de réservation	..	..	..	..	..	..
Industrie des activités culturelles	..	..	..	..	..	..
Industrie des activités sportives et de loisirs	..	..	..	..	..	..
Commerce de détail de produits caractéristiques du tourisme spécifiques au pays considéré	..	..	..	..	..	..
Autres industries caractéristiques du tourisme spécifiques au pays considéré	..	..	..	..	..	..
Autres industries	..	..	..	..	..	..

.. Non disponible
Source : Statistiques de l'OCDE sur le tourisme (base de données).

StatLink https://stat.link/dzteix

Canada

Place du tourisme dans l'économie et perspectives de reprise

Le tourisme occupe une place importante dans l'économie du Canada et constitue une source d'emplois et de croissance majeure. En 2019, le secteur a contribué directement au PIB canadien à hauteur de 2.1 % et représentait 3.6 % de l'emploi total. La pandémie de COVID-19 a eu des répercussions importantes sur le secteur. En 2021, le tourisme était à l'origine de 498 900 emplois, soit 197 500 de moins qu'en 2019, et la valeur ajoutée brute du secteur s'élevait à 24.2 milliards CAD, soit 1.0 % de l'économie canadienne.

Après avoir enregistré le nombre record de 22.1 millions de touristes internationaux en 2019, ce nombre a chuté à 3.0 millions en 2020. Les arrivées de touristes internationaux sont restées faibles en 2021, avec 3.1 millions de touristes. Le tourisme interne est passé de 93.7 millions de séjours avec nuitée à 68.2 millions en 2020. Les voyages touristiques internes sont légèrement repartis en 2021 mais sont restés inférieurs de 26 % aux niveaux d'avant la pandémie.

Les dépenses touristiques totales ont chuté et sont passées de 105.1 milliards CAD en 2019 à 52.8 milliards CAD en 2020. Cette baisse a été compensée par les résultats relativement plus importants du tourisme interne dont la part a progressé pour passer de 73.2 % des dépenses totales en 2019 à 91.8 % en 2021.

Le tourisme interne devrait redémarrer plus rapidement que le tourisme international et renouer avec les niveaux d'avant la pandémie en 2024. Le retour des arrivées internationales est attendu pour 2026. Pendant la période allant de janvier à juillet 2022, le nombre de touristes internationaux est resté inférieur de 48.6 % par rapport à la même période en 2019.

Gouvernance et financement du tourisme

Au Canada, le gouvernement fédéral, les dix gouvernements provinciaux, les trois gouvernements territoriaux et les municipalités jouent tous un rôle dans la promotion du tourisme. Les politiques frontalière, aérienne et en matière de visas relèvent de la compétence exclusive des autorités fédérales.

Le tourisme au niveau fédéral relève de la responsabilité du ministre du Tourisme et ministre associé des Finances (soutenu par le Département de l'Innovation, des Sciences et du Développement économique).

Destination Canada, l'organisme national de promotion du tourisme canadien, fait partie des autres acteurs fédéraux clés du secteur. Destination Canada travaille en association avec des partenaires tant publics que privés pour assurer la promotion du Canada à l'étranger comme destination touristique de choix. En tant que société d'État (*Crown Corporation*), elle rend des comptes au Parlement par l'intermédiaire du ministre responsable du tourisme.

Les sept agences régionales de développement économique jouent un rôle essentiel en apportant un soutien direct aux entreprises et aux associations du secteur du tourisme dans tout le pays. Les autorités provinciales et territoriales sont chargées de la promotion du tourisme interne (et international dans une certaine mesure), de la conception de produits touristiques et du développement des destinations, de la réglementation des hébergements et de la formation dans les domaines de l'hôtellerie et du tourisme.

Le Canada dispose de plusieurs instances qui assurent à la fois une coordination et une collaboration horizontales et verticales. La plus importante d'entre elles est le Conseil canadien des ministres du Tourisme, qui réunit chaque année les ministres du Tourisme aux niveaux fédéral, provincial et territorial pour discuter des évolutions et des difficultés du secteur du tourisme au Canada et proposer des possibilités de collaboration.

Le Canada a continué de réaliser des investissements spécifiquement adaptés au secteur du tourisme dans le cadre du budget de 2021, pour un montant total de 1 milliard CAD répartis sur trois ans. Il s'agissait d'un Fonds d'aide au tourisme de 500 millions CAD (encadré 1.9), d'une enveloppe de 200 millions CAD pour soutenir les festivals de réputation mondiale, et de 200 millions CAD pour aider les petits événements au sein des collectivités à travers le pays. Le budget 2021 avait également pour objectif de stimuler la demande en faveur du tourisme canadien en investissant 100 millions CAD pour la commercialisation de projets par le biais de Destination Canada. Le Canada estime qu'entre le début de la pandémie et avril 2022, le secteur du tourisme et de l'hébergement a reçu environ 23 milliards CAD d'aides par l'intermédiaire des programmes d'urgence fédéraux.

Canada : organigramme des organismes de tourisme

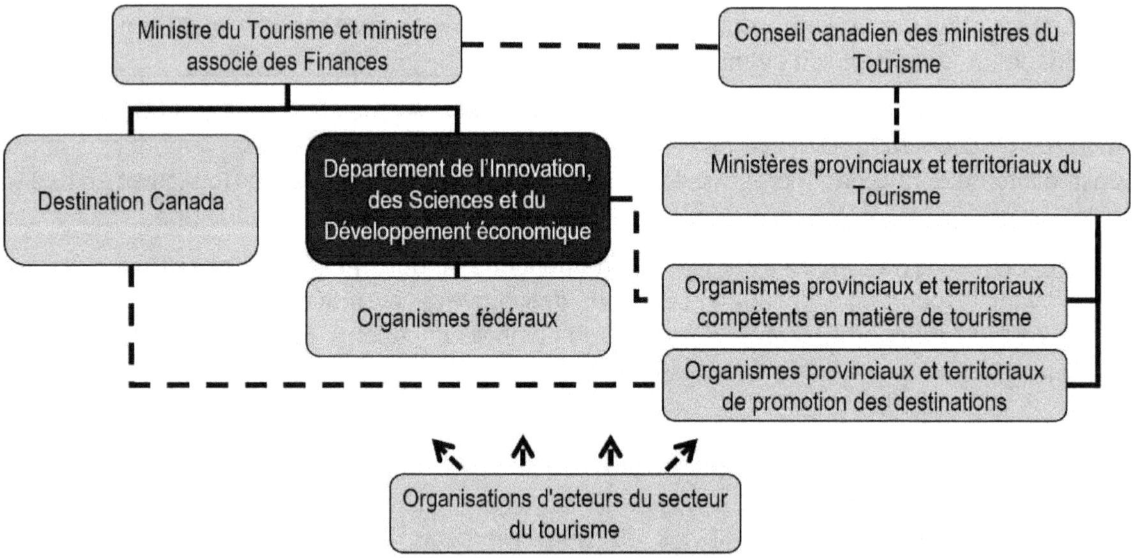

Source : OCDE, d'après le ministère de l'Innovation, des Sciences et du Développement économique, 2022.

Programmes et politiques du tourisme

En 2019, la Stratégie fédérale pour le développement du tourisme, une stratégie nationale générale élaborée pour soutenir une croissance durable à long terme du secteur, a été annoncée. La stratégie repose sur trois piliers : développer le tourisme dans les communautés locales, attirer les investissements, et promouvoir la collaboration entre les secteurs public et privé. Dans le cadre de la Stratégie de 2019, le gouvernement a lancé un fonds pour les expériences canadiennes de 58.5 millions CAD afin de permettre aux collectivités de créer, améliorer ou développer les produits, les infrastructures et les expériences touristiques. Les investissements au titre de ce fonds ont été répartis sur deux années (2019-20 et 2020-21) pour le développement de projets touristiques dans cinq catégories : le tourisme hivernal et les saisons intermédiaires ; le tourisme autochtone ; le tourisme inclusif (LGBTQ2) ; le tourisme rural et éloigné ; et le tourisme culinaire.

Avec le début de la pandémie, le gouvernement fédéral a reconnu qu'il était urgent d'adopter une série de grandes mesures à l'échelle de l'ensemble de l'économie pour soutenir les entreprises, les familles et les individus. Le Canada a mis des ressources à disposition en adoptant une réponse économique d'urgence contre la pandémie de COVID-19 pour aider les entreprises à résister face à la situation de crise. Ces mesures financières ont permis aux entreprises d'accéder au crédit, de garder leurs employés, et de payer leurs loyers.

Face à la durée de la crise et aux besoins particuliers des entreprises du tourisme, le Canada a instauré le Programme de crédit pour les secteurs très touchés afin d'octroyer des prêts garantis par l'État allant jusqu'à 1 million CAD par entreprise dans les secteurs les plus durement touchés, notamment le tourisme. De plus, 25 % des 2 milliards CAD du fonds d'aide et de relance régionale a été réservé aux entreprises du tourisme.

Preuve de l'importance croissante du secteur, le tourisme contribue de plus en plus à l'économie et à la création d'emplois pour les communautés autochtones à travers le pays. Les expériences culturelles que les Autochtones partagent avec les touristes constituent des attractions importantes pour le tourisme canadien, en particulier sur les marchés internationaux.

Le secteur du tourisme a été très lourdement touché par le COVID-19 et les communautés autochtones qui dépendent largement du tourisme ont été particulièrement affectées. Le Fonds d'aide au tourisme continuera de soutenir le tourisme autochtone et prévoit une aide nationale de 50 millions CAD destinée aux projets touristiques autochtones. De plus, dans son budget pour 2022, le Canada a dédié 20 millions CAD au financement de nouvelles initiatives touristiques autochtones pour aider le secteur du tourisme autochtone à se relever de la pandémie et à se positionner sur la voie d'une croissance durable et pérenne. Le gouvernement fédéral propose également de verser 4.8 millions CAD à l'Association touristique autochtone du Canada afin de l'aider dans son fonctionnement et de continuer à accompagner ce secteur du tourisme dans sa reconstruction et sa reprise après la pandémie.

Alors que le secteur se prépare à une reprise post-pandémie, dans son budget de 2022, le Canada a annoncé que la ministre du Tourisme et le ministre associé des Finances allaient travailler de concert avec le secteur du tourisme, ses homologues provinciaux et territoriaux, et les opérateurs du tourisme autochtone pour élaborer une nouvelle stratégie fédérale pour la croissance du tourisme post-pandémie afin de tracer la voie à suivre dans les domaines de la croissance, de l'investissement et de la stabilité. À l'appui de l'élaboration de cette nouvelle stratégie, la ministre a lancé un large processus de consultation des acteurs du tourisme interne et internationaux, regroupant au total 400 participants depuis mai 2022. Le processus de consultation comprenait des tables rondes régionales et thématiques sur l'investissement dans le secteur du tourisme, la main d'œuvre et le tourisme rural, sportif, autochtone, culturel et culinaire. Les tables rondes régionales ont permis aux entreprises du tourisme et aux dirigeants du secteur dans le pays de mettre en avant leurs besoins, leurs difficultés et leurs intérêts.

La ministre du Tourisme s'est également engagée à développer une stratégie nationale afin de promouvoir les sentiers touristiques du Canada. Cette stratégie formulera des orientations pour le développement et l'entretien du large réseau de pistes et sentiers dont bénéficie le Canada, comme le sentier transcanadien.

Profil statistique

Canada : Tourisme interne, récepteur et émetteur

	2017	2018	2019	2020	2021
FLUX TOURISTIQUE, MILLIERS					
Tourisme interne					
Total des voyages du tourisme interne	328 454	278 060 |	275 418	198 032	202 267
Visiteurs qui passent la nuit (touristes)	117 368	95 445 |	93 665	68 247	69 318
Visiteurs de la journée (excursionnistes)	211 086	182 615 |	181 753	129 784	132 949
Nuitées dans toutes les catégories d'hébergement	356 977	268 258 |	262 950	206 351	236 875
Hôtels et établissements assimilés	..	..	..	..	..
Autres établissements collectifs	..	..	..	..	..
Hébergements privés	..	..	..	..	..
Tourisme récepteur					
Total des arrivées internationales	31 081	31 274	32 430	5 068	4 282
Visiteurs qui passent la nuit (touristes)	20 652	21 134	22 145	2 960	3 062
Visiteurs de la journée (excursionnistes)	10 429	10 140	10 285	2 108	1 220
Principaux marchés					
États-Unis	14 238	14 650	14 977	1 929	2 093
France	547	593	658	96	121
Royaume-Uni	794	762	883	96	112
Allemagne	385	386	394	40	54
Chine (République populaire de)	674	719	717	94	40
Nuitées dans toutes les catégories d'hébergement	..	..	..	..	..
Hôtels et établissements assimilés	...	..	..	..	..
Autres établissements collectifs	..	..	..	..	..
Hébergements privés	..	..	..	..	..
Tourisme émetteur					
Total des départs internationaux	..	..	..	..	..
Visiteurs qui passent la nuit (touristes)	32 730	33 440	33 064	8 971	4 954
Visiteurs de la journée (excursionnistes)	..	..	..	..	..
Principales destinations					
..	..	..	..	..	..
..	..	..	..	..	..
..	..	..	..	..	..
..	..	..	..	..	..
..	..	..	..	..	..
RECETTES ET DÉPENSES DE TOURISME, MILLIONS CAD					
Tourisme récepteur					
Total des recettes internationales	36 938	39 959	44 323	18 894	17 847
Recettes liées aux voyages internationaux	32 446	35 391	39 507	18 114	16 459
Recettes liées au transport international de passagers	4 492	4 568	4 816	780	694
Tourisme émetteur					
Total des dépenses internationales	54 368	54 830	57 383	18 739	12 824
Dépenses liées aux voyages internationaux	45 010	44 740	46 901	16 203	9 637
Dépenses liées au transport international de passagers	9 358	10 090	10 482	2 536	1 593

.. Non disponible | Rupture de série
Source : Statistiques de l'OCDE sur le tourisme (base de données).

StatLink https://stat.link/q42bvz

Canada : Entreprises et emploi dans le tourisme

	Nombre d'établissements	Nombres de personnes employées[1]				
	2021	2017	2018	2019	2020	2021
Total	..	**677 500**	**684 600**	**696 400**	**491 300**	**498 900**
Industries touristiques	**207 139**	**551 200**	**556 900**	**567 900**	**393 800**	**396 200**
Service d'hébergement pour les visiteurs	20 925	136 100	138 800	142 900	93 000	95 900
Hôtels et établissements assimilés	..	..	..	..	..	..
Industrie de services de restauration et de consommation de boissons	86 025	223 500	226 400	230 100	154 400	167 000
Transport de voyageurs	44 099	80 100	80 600	83 300	67 900	57 000
Transport aérien de voyageurs	..	..	..	..	..	..
Transport par chemin de fer de voyageurs	..	..	..	..	..	..
Transport routier de voyageurs	..	..	..	..	..	..
Transport par eau de voyageurs	..	..	..	..	..	..
Services liés au transport de voyageurs	..	..	..	..	..	..
Location d'équipement de transport	..	..	..	..	..	..
Industrie des agences de voyages et des autres services de réservation	7 315	40 800	39 800	40 100	29 800	24 500
Industrie des activités culturelles	..	..	..	..	..	..
Industrie des activités sportives et de loisirs	48 775	70 700	71 400	71 600	48 800	51 800
Commerce de détail de produits caractéristiques du tourisme spécifiques au pays considéré	..	..	..	..	..	..
Autres industries caractéristiques du tourisme spécifiques au pays considéré	..	..	..	..	..	..
Autres industries	..	**126 300**	**127 700**	**128 600**	**97 500**	**102 800**

.. Non disponible
1. Les données se réfèrent au nombre d'emplois.
Source : Statistiques de l'OCDE sur le tourisme (base de données).

StatLink https://stat.link/lf826d

Canada : Consommation du tourisme intérieur

Millions CAD

	2021		
	Dépenses du tourisme interne	Dépenses du tourisme récepteur	Consommation du tourisme intérieur
Total	..	..	..
Produits de consommation	**53 640**	**4 792**	**58 432**
Produits caractéristiques du tourisme	28 814	3 576	32 390
Service d'hébergement pour les visiteurs	8 425	1 287	9 712
Industrie de services de restauration et de consommation de boissons	10 151	712	10 863
Transport de voyageurs	5 442	1 144	6 586
Transport aérien de voyageurs	..	..	..
Transport par chemin de fer de voyageurs	..	..	..
Transport routier de voyageurs	..	..	..
Transport par eau de voyageurs	..	..	..
Services liés au transport de voyageurs	..	..	..
Location d'équipement de transport	..	..	..
Industrie des agences de voyages et des autres services de réservation	1 328	108	1 436
Industrie des activités culturelles	3 468	325	3 793
Industrie des activités sportives et de loisirs	..	..	..
Biens caractéristiques du tourisme spécifiques au pays considéré	..	..	..
Services caractéristiques du tourisme spécifiques au pays considéré	..	..	..
Autres produits de consommation	24 826	1 216	26 042
Produits rattachés au tourisme	..	..	..
Produits de consommation non liés au tourisme	..	..	..
Produits autres que les produits de consommation	..	..	..

.. Non disponible
Source : Statistiques de l'OCDE sur le tourisme (base de données).

StatLink https://stat.link/o9rmp0

France

Place du tourisme dans l'économie et perspectives de reprise

Le tourisme est un secteur d'activité d'importance majeure en France. Comme en témoigne la somme des dépenses liées au tourisme effectuées tant par des résidents français que par des non-résidents, ce secteur représentait environ 7.5 % du PIB en 2019. Il employait directement 1.5 million de personnes, soit 7.5 % de la population active nationale. Sous l'effet de la pandémie de COVID-19, le PIB du tourisme a chuté de 34 % pour s'établir à 114.5 milliards EUR, soit 5.3 % de l'économie en 2020. Même si l'emploi a été moins touché, pas moins de 155 764 emplois ont été perdus dont les trois quarts dans le secteur de l'hébergement et de la restauration.

En 2019, près de 91 millions de touristes étrangers se sont rendus en France et les recettes du tourisme international ont dépassé 56 milliards EUR, soit 21 % des exportations de services de la France. En 2020, la France a enregistré 41.7 millions d'arrivées, soit une chute de 54.2 % de la fréquentation, et une baisse de 49.7 % des recettes tirées des voyages internationaux. Un léger redémarrage a été observé en 2021, avec 48.4 millions de touristes étrangers.

Le marché intérieur a été déterminant pour le tourisme en 2020 puisqu'il n'a reculé que de 26.7 % pour s'établir à 152 millions de touristes. Logiquement, la part du tourisme interne dans les dépenses du tourisme est passée de 59.7 % en 2019 à 66.7 % en 2020. En 2021, le tourisme interne a regagné du terrain pour ressortir à 187.3 millions, soit seulement 9.8 % de moins qu'en 2019.

Gouvernance et financement du tourisme

Si jusqu'en 2022 la politique du tourisme relevait de la responsabilité du ministère de l'Europe et des Affaires étrangères et du ministère de l'Économie, c'est désormais à ce dernier qu'elle incombe au premier chef. D'autres ministères sont associés au suivi des questions liées au tourisme, dont le ministère des Affaires étrangères, le ministère de la Transition écologique et de la Cohésion des territoires, le ministère des Sports, le ministère de la Culture et le ministère des Outre-mer.

La gouvernance publique du tourisme fait intervenir toutes les collectivités territoriales. Au niveau de la région, le conseil régional, avec l'appui du comité régional du tourisme, est chargé de coordonner les initiatives publiques et privées dans les domaines du développement, de la promotion et de l'information touristiques, y compris sur les marchés étrangers. Il assure le recueil, le traitement et la diffusion des données relatives à l'activité touristique dans la région. Au niveau du département, le conseil départemental peut créer un comité départemental du tourisme dont la mission consiste à organiser l'offre touristique et à soutenir les acteurs de la filière. Les communes peuvent elles aussi formuler des politiques touristiques au niveau local.

Jusqu'en 2022, un Conseil interministériel du tourisme se réunissait régulièrement sous l'égide du Premier ministre, en présence de ministres concernés, d'élus et de professionnels du secteur afin de présenter la feuille de route du gouvernement en matière de tourisme sur de grands thèmes de discussion. Afin d'améliorer la coordination de la gouvernance publique et privée du tourisme, le Conseil interministériel a créé en 2020 un Comité du tourisme qui favorise la concertation entre acteurs du secteur dans une optique de co-construction des politiques du tourisme entre professionnels (près de 300 membres) et autorités publiques. Pendant la crise liée au COVID-19, ce comité a permis d'attirer l'attention sur les inquiétudes des professionnels et d'améliorer les mesures de soutien en faveur du secteur.

L'effort global de l'État au titre du tourisme est évalué à 7.5 milliards EUR (en comptant les dépenses des différents ministères, y compris le ministère de la Culture). La dotation globale aux comités régionaux du tourisme est supérieure à 120 millions EUR et celle des comités départementaux du tourisme s'élève à 230 millions EUR.

France : organigramme des organismes de tourisme

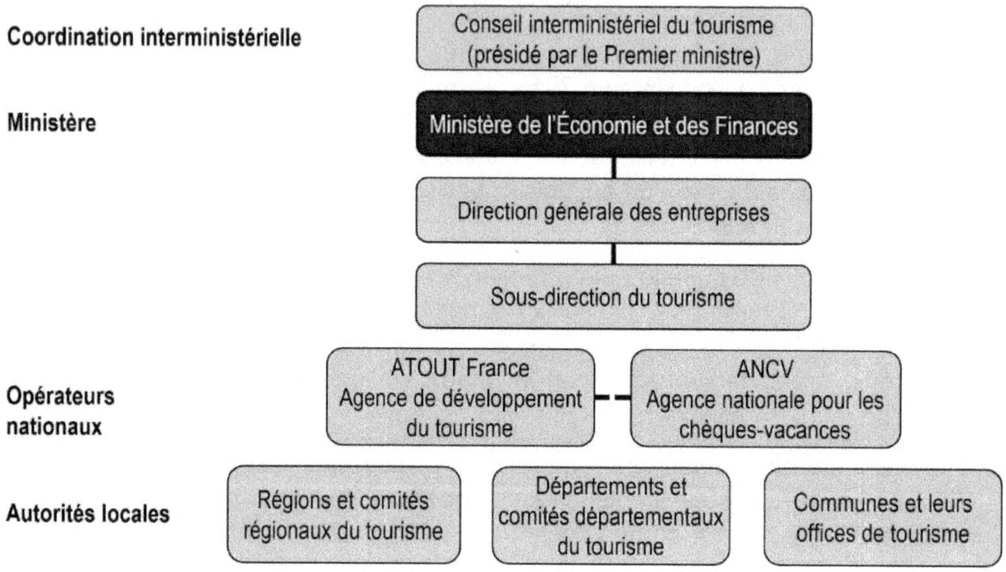

Source : OCDE, d'après la Direction générale des entreprises, 2022.

Programmes et politiques du tourisme

Après la crise liée à la pandémie de COVID-19, la France a renforcé les mesures de soutien à l'ensemble des secteurs d'activité et accordé une attention particulière au tourisme. Le gouvernement a ainsi mis en place un fonds de solidarité, des subventions destinées à couvrir les coûts fixes des entreprises, un dispositif d'activité partielle (une partie du salaire des employés étant prise en charge par l'État), et des prêts garantis par l'État. Ces mesures d'un montant total de 36 milliards EUR ont permis de préserver l'emploi et d'éviter la déperdition des savoirs et d'atouts touristiques reconnus de longue date.

Outre les mesures de soutien adoptées pour faire face à la crise, la France a annoncé un plan de relance du tourisme.

Dans un premier temps, en mai 2020, des mesures de relance destinées à soutenir l'investissement (pour un total de 1.3 milliard EUR) ont été mises en place, l'accent étant mis sur le secteur de l'hôtellerie – restauration, le tourisme d'affaires et l'événementiel (100 millions EUR). Certaines mesures avaient trait à la normalisation, avec, par exemple, la modernisation et le verdissement des classements des hébergements touristiques. Le plan fait une large place aux thématiques de la durabilité et des technologies numériques.

Les principales lignes d'action de la France s'articulent autour de la qualité et de la structuration de l'offre touristique, du soutien de l'État en faveur des investissements, de la formation et de l'emploi, de l'accompagnement dans la transformation numérique et la mutualisation des informations ; il s'agit également de favoriser l'accès aux vacances pour le plus grand nombre.

Dans un deuxième temps, en mai 2021, la France a lancé le plan « Avenir montagnes » qui a pour objectif de faire du tourisme de montagne un tourisme durable et résilient, en agissant sur trois axes prioritaires :

- Encourager la diversification de l'offre touristique et la conquête de nouvelles clientèles
- Accélérer la transition écologique des activités touristiques de montagne
- Redynamiser l'immobilier de loisirs et enrayer la formation de « lits vides ».

Au total, Avenir montagnes représente un engagement de plus de 640 millions EUR de crédits publics, qui vont générer près de 1.8 milliard EUR d'investissement dans ces territoires. La France met en place le fonds Avenir montagnes, qui est doté de 331 millions EUR, dont 300 millions EUR (à parité entre l'État et six régions) pour le volet investissement et 31 millions EUR pour le volet ingénierie.

Enfin, le plan Destination France a été lancé fin 2021 pour redynamiser et transformer le secteur touristique. Ce plan pose les bases de la politique touristique de la France pour les dix prochaines années. Il mobilise près de 2 milliards EUR et se décline autour de plusieurs grands axes :

- Conquérir et reconquérir les talents (voir encadré) à travers une grande campagne de communication ciblant notamment les jeunes, visant à mettre en évidence la grande diversité des métiers du tourisme.
- Renforcer la résilience du secteur et soutenir la montée en qualité de l'offre. Le soutien sera orienté vers les grands événements, les foires, salons, congrès à dimension internationale, particulièrement touchés par la crise sanitaire.
- Valoriser et développer les atouts touristiques français avec la création d'un fonds « Destination France ». Au sein de ce fonds, un volet de 51 millions EUR est consacré au soutien et au développement des atouts touristiques de l'Hexagone et un autre volet, de 55 millions EUR, à la valorisation et au renforcement d'une offre d'ingénierie touristique pour les territoires.
- Répondre aux enjeux de transformation du secteur en favorisant le tourisme durable, la réduction de l'empreinte écologique, l'investissement dans des infrastructures touristiques durables, la transformation numérique et en soutenant le développement et le rayonnement des start-ups du tourisme.
- Promouvoir la destination France et consolider ses parts de marché en renforçant les actions de communication auprès des touristes et des investisseurs.

Campagne visant à conquérir et reconquérir la main d'œuvre du tourisme en France

En septembre 2022, la France a lancé une grande campagne de communication intitulée *Conquérir et Reconquérir les Talents* pour relever le défi de la main d'œuvre du tourisme et renforcer l'attractivité du secteur après la pandémie. Cette campagne, qui est un volet majeur du plan Destination France, vise à développer et pérenniser les emplois et les compétences dans le secteur. Elle poursuit trois grands objectifs :

- Renforcer l'attractivité du secteur et mieux faire connaître la grande diversité des métiers du tourisme.
- Faciliter les recrutements, notamment dans les métiers en tension à l'approche des saisons touristiques, et dans la perspective des grands événements de 2023 et 2024 (coupe du monde de rugby et Jeux olympiques).
- Attirer les jeunes vers les formations donnant accès aux métiers du tourisme.

La campagne s'adresse aux jeunes de 16 à 25 ans à la recherche d'un emploi ou souhaitant faire carrière dans le tourisme, ainsi qu'aux personnes en reconversion. Un dispositif de coordination est également prévu afin de mobiliser l'ensemble des acteurs institutionnels locaux, y compris les écoles, les instituts de formation, les centres pour l'emploi, les régions, les fédérations professionnelles ainsi que les acteurs privés du secteur.

Dotée de 8 millions EUR, cette campagne de communication française est d'une ampleur inédite. Elle se déclinera sous forme de trois spots diffusés sur la plupart des chaînes de TV et sur les canaux numériques (réseaux sociaux, YouTube, etc.), et panneaux d'affichage numériques dans les zones très fréquentées. Les actions de promotion et de soutien se poursuivront pour répondre aux besoins récurrents de main d'œuvre touristique en 2022-23.

Profil statistique

France : Tourisme interne, récepteur et émetteur

	2017	2018	2019	2020	2021
FLUX TOURISTIQUE, MILLIERS					
Tourisme interne					
Total des voyages du tourisme interne	276 537	268 152	299 315 |	212 547	252 240
Visiteurs qui passent la nuit (touristes)	191 636	189 755	207 624 |	152 119	187 321
Visiteurs de la journée (excursionnistes)	84 901	78 397	91 691 |	60 428	64 919
Nuitées dans toutes les catégories d'hébergement	895 659	897 591	921 767 |	768 138	865 396
Hôtels et établissements assimilés	..	..	306 077 |	235 128	277 539
Autres établissements collectifs	..	..	87 991 |	64 311	77 925
Hébergements privés	..	..	527 698 |	468 699	509 932
Tourisme récepteur					
Total des arrivées internationales	207 274	211 998	217 877	117 109	141 297
Visiteurs qui passent la nuit (touristes)	86 758	89 322	90 914	41 684	48 395
Visiteurs de la journée (excursionnistes)	120 516	122 676	126 963	75 424	92 902
Principaux marchés					
Belgique	10 448	10 507	11 854	7 203	8 314
Allemagne	12 256	12 272	13 606	6 447	7 515
Suisse	7 013	6 772	6 506	3 657	4 750
Espagne	6 753	6 734	6 730	3 242	4 735
Pays-Bas	4 307	4 730	5 599	3 799	3 935
Nuitées dans toutes les catégories d'hébergement	582 100	596 784	619 887	298 289	375 456
Hôtels et établissements assimilés	..	..	..	..	..
Autres établissements collectifs	..	..	..	..	..
Hébergements privés	..	..	..	..	..
Tourisme émetteur					
Total des départs internationaux	44 265 |	48 069	52 542 |	20 803	21 366
Visiteurs qui passent la nuit (touristes)	29 055	30 509	38 301 |	11 461	13 108
Visiteurs de la journée (excursionnistes)	15 209 |	17 560	14 241 |	9 342	8 258
Principales destinations					
Espagne	4 429	4 526	6 175 |	1 652	2 990
Italie	3 192	3 311	3 847 |	1 149	1 556
Belgique	1 660	1 727	2 012 |	998	931
Portugal	1 555	1 627	1 906 |	642	876
Allemagne	1 372	1 472	1 509 |	532	686
RECETTES ET DÉPENSES DE TOURISME, MILLIONS EUR					
Tourisme récepteur					
Total des recettes internationales	59 612	61 555	63 304	31 444	..
Recettes liées aux voyages internationaux	52 097	55 490	56 730	28 510	..
Recettes liées au transport international de passagers	7 515	6 065	6 574	2 934	..
Tourisme émetteur					
Total des dépenses internationales	47 443	50 164	53 405	27 367	..
Dépenses liées aux voyages internationaux	38 949	41 978	45 148	24 319	..
Dépenses liées au transport international de passagers	8 494	8 186	8 257	3 048	..

.. Non disponible | Rupture de série
Source : Statistiques de l'OCDE sur le tourisme (base de données).

StatLink https://stat.link/2np4d6

France : Entreprises et emploi dans le tourisme

	Nombre d'établissements[1]	Nombres de personnes employées[2]				
	2020	2017	2018	2019	2020	2021
Total	..	**1 361 019**	**1 382 831**	**1 495 842 |**	**1 340 078 p**	..
Industries touristiques	**333 350 p**	**1 344 350**	**1 367 134**	**1 495 842 |**	**1 340 078 p**	..
Service d'hébergement pour les visiteurs	55 287 p	214 866	216 623	233 270 |	194 278 p	..
Hôtels et établissements assimilés	20 671 p	173 445	176 046	178 728 |	147 310 p	..
Industrie de services de restauration et de consommation de boissons	200 397 p	691 794	710 313	860 291 |	782 305 p	..
Transport de voyageurs	3 902 p	271 747	274 683	200 638 |	183 894 p	..
Transport aérien de voyageurs	632 p	60 867	60 809	61 189 |	57 439 p	..
Transport par chemin de fer de voyageurs	13 p	165 708	167 493	94 533 |	84 476 p	..
Transport routier de voyageurs	2 229 p	35 461	36 202	34 208 |	31 386 p	..
Transport par eau de voyageurs	1 028 p	9 711	10 179	10 708 |	10 593 p	..
Services liés au transport de voyageurs	.. p	..	..	..	..	..
Location d'équipement de transport	4 541 p	14 197	14 518	14 408 |	12 970 p	..
Industrie des agences de voyages et des autres services de réservation	9 361 p	45 210	45 549	46 101 |	39 563 p	..
Industrie des activités culturelles	908 p	12 904	13 000	14 371 |	13 342 p	..
Industrie des activités sportives et de loisirs	58 954 p	93 632	92 448	126 763 |	113 726 p	..
Commerce de détail de produits caractéristiques du tourisme spécifiques au pays considéré	..	..	..	..	..	..
Autres industries caractéristiques du tourisme spécifiques au pays considéré	..	..	..	..	..	..
Autres industries	..	**16 669**	**15 697**	..	..	..

.. Non disponible ; p Donnée provisoire ; | Rupture de série
1. Les données se réfèrent au nombre d'entreprises.
2. Les données se réfèrent au nombre d'employés.
Source : Statistiques de l'OCDE sur le tourisme (base de données).

StatLink https://stat.link/7df45g

France : Consommation du tourisme intérieur

Millions EUR

	2020		
	Dépenses du tourisme interne	Dépenses du tourisme récepteur	Consommation du tourisme intérieur
Total	..	..	**114 500**
Produits de consommation	**62 100**	**31 000**	**107 200**
Produits caractéristiques du tourisme	38 400	22 900	82 700
Service d'hébergement pour les visiteurs	12 100	10 500	44 000
Industrie de services de restauration et de consommation de boissons	7 100	3 700	10 800
Transport de voyageurs	12 700	6 200	18 900
Transport aérien de voyageurs	3 400	2 800	6 200
Transport par chemin de fer de voyageurs	3 600	600	4 200
Transport routier de voyageurs	900	800	1 700
Transport par eau de voyageurs	300	200	500
Services liés au transport de voyageurs	..	..	..
Location d'équipement de transport	3 900	1 500	5 400
Industrie des agences de voyages et des autres services de réservation	2 900	300	3 200
Industrie des activités culturelles	500	700	1 200
Industrie des activités sportives et de loisirs	3 100	1 500	4 600
Biens caractéristiques du tourisme spécifiques au pays considéré	..	..	..
Services caractéristiques du tourisme spécifiques au pays considéré	..	..	..
Autres produits de consommation	23 700	8 100	31 800
Produits rattachés au tourisme	..	..	..
Produits de consommation non liés au tourisme	..	..	..
Produits autres que les produits de consommation	**5 900**	**1 400**	**7 300**

.. Non disponible
Source : Statistiques de l'OCDE sur le tourisme (base de données).

StatLink https://stat.link/qy1uzc

Luxembourg

Place du tourisme dans l'économie et perspectives de reprise

En 2019, la contribution directe du tourisme au PIB du Luxembourg était de 1.2 % et le secteur était à l'origine de 38 617 emplois directs, soit 8.3 % de l'emploi total. La part des voyages représentait 5.0 % des exportations totales de services en 2019. En 2020, les emplois dans le secteur du tourisme sont restés relativement stables avec 38 336 emplois, mais leur part dans l'emploi total n'était plus que de 7.6 %. De même, la part dans les exportations de services a chuté à 4.0 %.

En 2021, 853 000 touristes (internationaux et internes) ont fréquenté un hébergement touristique répertorié. Les visiteurs internationaux représentent généralement 90 % de l'ensemble des touristes. Le tourisme international a connu un rebond en 2021 avec 756 000 visiteurs mais est resté inférieur de 27.3 % au niveau de 2019. En 2021, les principaux marchés émetteurs du Luxembourg étaient les pays voisins : la Belgique (20.0 % des nuits), les Pays-Bas (16.0 %), l'Allemagne (16.2 %) et la France (12.6 %).

Au total, 2.1 millions de séjours avec nuitée ont été enregistrés en 2021. Ce qui correspond à une hausse de 40 % des nuitées par rapport à 2020 mais reste 24 % inférieur aux niveaux précédant la pandémie. Le nombre de séjours avec nuitée des touristes internationaux a atteint 1.8 million (51 % de plus qu'en 2020), et le tourisme interne affichait 303 000 nuitées (1 % de moins qu'en 2020).

Le Luxembourg estime que le tourisme renouera avec ses niveaux de 2019 en 2023 ou 2024.

Gouvernance et financement du tourisme

Au Luxembourg, le tourisme relève de la compétence de la Direction générale du tourisme (DGT), au sein du ministère de l'Économie. Outre sa mission de réglementation du secteur du tourisme, la Direction est chargée d'attribuer des aides aux entreprises de l'hôtellerie, aux associations, aux pouvoirs locaux et à d'autres opérateurs du secteur. L'objectif est en premier lieu d'améliorer la qualité de l'offre touristique et la qualité de vie.

De plus, la Direction générale du tourisme mène une politique de promotion et d'optimisation de l'offre touristique nationale. Elle s'efforce de développer le tourisme de différentes façons avec la création de normes, le soutien à la professionnalisation du secteur et le maintien de relations étroites avec les partenaires internationaux.

Luxembourg for Tourism (LfT) est un groupement d'intérêt économique créé en décembre 2015 dont la mission première est d'assurer la commercialisation et la promotion du Luxembourg en tant que destination touristique. Lft est cofinancé par le gouvernement, des offices régionaux du tourisme, des associations professionnelles et le secteur privé. Les offices régionaux sont chargés de coordonner les intérêts locaux lors de l'élaboration de l'offre touristique régionale. La capitale, la ville de Luxembourg, possède sa propre structure, l'office du tourisme de Luxembourg, et le *Luxembourg Convention Bureau* (LCB) a été désigné pour développer le tourisme d'affaires.

Le budget voté par la Direction générale du tourisme du ministère de l'Économie s'élevait à 23.0 millions EUR en 2020, à 22.2 millions EUR en 2021, et à 30.9 millions EUR en 2022. Les contributions financières suivantes font partie intégrante du budget de la Direction :

- Contribution aux grands projets touristiques et aux initiatives lancées par les offices du tourisme et d'autres acteurs : 2.9 millions EUR en 2020, 3.1 millions EUR en 2021, et 3.0 millions EUR en 2022.
- Contribution aux coûts de *Luxembourg for Tourism*, le groupement d'intérêt économique, à hauteur de 4 millions EUR en 2020, de 4.4 millions EUR en 2021 et de 5.1 millions EUR en 2022.

Luxembourg : organigramme des organismes de tourisme

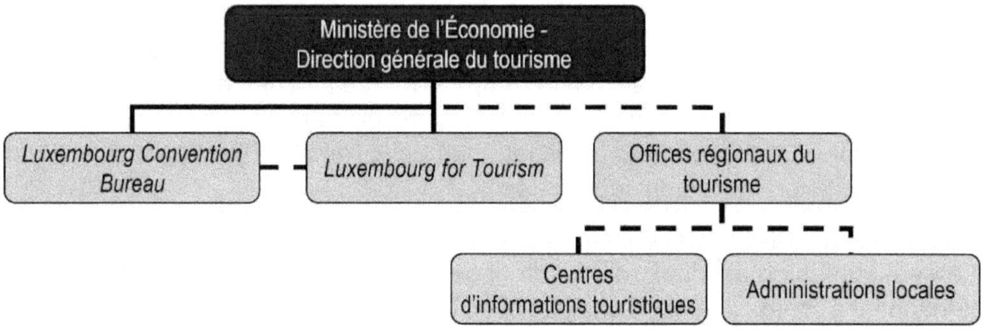

Source : OCDE, d'après le ministère de l'Économie, 2022.

Programmes et politiques du tourisme

Compte tenu de la pandémie de COVID-19, la Direction générale du tourisme, en étroite concertation avec le secteur, a réalisé un plan de relance détaillé pour soutenir le tourisme de loisir et le tourisme d'affaires. Le plan comprenait la campagne promotionnelle *Lëtzebuerg - Dat ass Vakanz!* (Le Luxembourg pour les vacances) et la création d'un label pour mettre en avant le respect des mesures sanitaires et de sécurité appliquées dans le secteur de l'événementiel.

Les actions menées pour lutter contre les effets de la crise sont :

- **L'aide aux entreprises :** Plusieurs mesures d'aide pour un montant global de 500 millions EUR ont été adoptées pour soutenir les PME. Ces enveloppes financières ont été étendues en 2022 au secteur du tourisme, de l'événementiel, de la culture, du divertissement et de l'hôtellerie.
- **La relance et le soutien du tourisme interne :** Des chartes ont été instaurées pour promouvoir la mise en œuvre de protocoles en faveur de la qualité et du respect des mesures sanitaires et de sécurité qui ont permis de ralentir la progression du virus et de donner de la visibilité aux entreprises auprès du grand public.
- **La campagne « Lëtzebuerg, dat ass Vakanz » (2022) :** Plusieurs projets innovants ont été réunis au sein d'une campagne qui cible les résidents, les travailleurs frontaliers et les touristes étrangers dans le but de leur faire découvrir les attractions touristiques du Luxembourg. Les produits de la campagne comprennent : le projet « Guide for one day » (172 visites guidées et 1 081 participants) ; le « Vëlosummer » (voir encadré ci-dessous) ; le projet Movewecarry.lu (1 018 bagages transportés gratuitement) ; le nouveau projet culinaire « Vakanz genéissen » et l'application VisitLuxembourg qui évolue constamment.
- **La campagne « Safe to serve » :** Une série d'initiatives soutenues par la Chambre de commerce a été lancée pour préserver la santé et la sécurité du personnel et des clients du secteur de

l'hôtellerie, tout en faisant preuve d'hospitalité et de convivialité. Le respect de cette charte, conçue pour rassurer les consommateurs lorsqu'ils se rendent dans un restaurant ou un café, leur garantit un niveau élevé de protection sanitaire et de sécurité.

Les défis qui accompagnent la relance et le développement du tourisme concernent la transformation numérique, la durabilité, l'élaboration de produits touristiques innovants, la transparence de l'offre (notamment en ce qui concerne les hébergements), les hébergements touristiques ruraux, la professionnalisation des structures touristiques, et la production de statistiques fiables.

En 2021, des discussions ont été menées sur le positionnement du Luxembourg comme destination touristique. Ces discussions ont également abordé les éventuelles conséquences de la pandémie sur les activités touristiques à moyen et long terme. Un processus stratégique a été initié pour préciser, reformuler et développer les grandes priorités de la politique relative au tourisme. Afin d'impliquer les différentes parties prenantes, la Direction générale du tourisme a formé des groupes de travail thématiques comprenant des parties intéressées, des citoyens et des élus locaux.

La Direction développe actuellement une nouvelle stratégie pour le secteur de l'événementiel. L'impact de la crise sanitaire a intensifié et accéléré des tendances déjà à l'œuvre, comme la transformation numérique et l'organisation d'événements hybrides ou entièrement virtuels. L'objectif est de cartographier le secteur au niveau national et de faire le point sur les premiers effets des mesures déjà mises en œuvre tout en repérant les grandes tendances qui émergent au niveau international pour préparer une politique à long terme pour le tourisme d'affaires et événementiel.

Dans ce contexte, une nouvelle stratégie touristique a été élaborée, axée sur « l'humain, les régions et l'économie : un tourisme fondé sur des valeurs et vecteur d'amélioration de la qualité de vie et de la qualité des séjours ». Elle se concentre sur trois objectifs : améliorer la qualité de vie, l'expérience des visiteurs et renforcer l'économie.

Ainsi, six domaines d'action ont été définis. Premièrement, la Direction générale du tourisme prévoit de proposer une offre touristique moderne et riche en expériences touristiques principalement actives, culturelles et gastronomiques. Elle s'attachera ensuite à développer des entreprises touristiques attractives et résilientes. Troisièmement, la stratégie a pour objectif de veiller à ce que les séjours au Luxembourg soient durables et accessibles à tous. Quatrièmement, elle vise à promouvoir l'essor du numérique dans une perspective inclusive et tournée vers l'utilisateur. Cinquièmement, elle encourage la mise en place de collaborations de confiance et de réseaux solides entre les différents acteurs du secteur du tourisme. Enfin, la Direction générale du tourisme table sur une mise en œuvre ciblée de ses objectifs et une collecte continue des données.

Développer le cyclotourisme au Luxembourg

Le programme « Vëlosummer » a été lancé pour la première fois à l'été 2020 et a été reconduit régulièrement depuis. Chaque année, les municipalités, les offices régionaux du tourisme et d'autres parties intéressées soumettent des propositions de parcours de cyclotourisme qui permettent de découvrir les richesses touristiques du Luxembourg. Une coopération est également recommandée entre les attractions et les établissements d'hébergement touristiques tout au long du parcours cyclable.

Le Luxembourg étudie la faisabilité des divers parcours proposés en étroite coopération avec les offices régionaux du tourisme et l'administration des ponts et chaussées afin de concevoir un parcours cyclable cohérent. Pendant l'été, des portions de route réparties dans l'ensemble du pays sont réservées aux cyclistes, ce qui leur offre une expérience unique. Certaines routes sont réservées aux cyclistes les week-ends alors que d'autres le sont pendant tout le mois d'août. Afin d'aider les résidents et les touristes à préparer leur itinéraire, une carte réalisée en coopération avec l'association ProVelo fait apparaître les routes fermées et les pistes cyclables. Pour les séjours de plus de deux nuits dans deux établissements d'hébergement touristiques différents, un service de bagages permet aux cyclistes de se faire livrer gratuitement leurs bagages d'un hébergement à l'autre.

Profil statistique

Luxembourg : Tourisme interne, récepteur et émetteur

	2017	2018	2019	2020	2021
FLUX TOURISTIQUE, MILLIERS					
Tourisme interne					
Total des voyages du tourisme interne	..	..	..	..	..
Visiteurs qui passent la nuit (touristes)	110	121	124	130	97
Visiteurs de la journée (excursionnistes)	..	..	..	..	..
Nuitées dans toutes les catégories d'hébergement	318	346	348	307	303
Hôtels et établissements assimilés	232	254	256	236	189
Autres établissements collectifs	86	92	91	71	114
Hébergements privés	..	..	..	..	..
Tourisme récepteur					
Total des arrivées internationales	..	..	..	..	..
Visiteurs qui passent la nuit (touristes)	1 046	1 018	1 041	525	756
Visiteurs de la journée (excursionnistes)	..	..	..	..	..
Principaux marchés					
Belgique	211	208	207	116	151
Pays-Bas	182	170	188	105	128
Allemagne	147	148	149	74	123
France	139	136	134	71	95
Royaume-Uni	68	66	66	32	41
Nuitées dans toutes les catégories d'hébergement	2 573	2 575	2 505	1 210	1 829
Hôtels et établissements assimilés	1 720	1 715	1 652	752	1 214
Autres établissements collectifs	853	860	853	458	615
Hébergements privés	..	..	..	..	..
Tourisme émetteur					
Total des départs internationaux	3 817	4 063	4 063	2 452	2 759
Visiteurs qui passent la nuit (touristes)	2 355 |	2 510	2 548	1 460	1 814
Visiteurs de la journée (excursionnistes)	1 462	1 554	1 515	992	944
Principales destinations					
France	466 |	490	494	379	464
Allemagne	326 |	330	373	201	218
Belgique	181 |	208	218	177	194
Espagne	177 |	175	181	91	143
Italie	175 |	232	212	100	139
RECETTES ET DÉPENSES DE TOURISME, MILLIONS EUR					
Tourisme récepteur					
Total des recettes internationales	5 462	5 632	5 636	4 465	..
Recettes liées aux voyages internationaux	5 076	5 166	5 168	4 200	..
Recettes liées au transport international de passagers	386	466	468	265	..
Tourisme émetteur					
Total des dépenses internationales	2 607	2 872	3 287	2 458	..
Dépenses liées aux voyages internationaux	2 560	2 813	3 243	2 420	..
Dépenses liées au transport international de passagers	47	59	44	38	..

.. Non disponible ; | Rupture de série

Source : Statistiques de l'OCDE sur le tourisme (base de données).

StatLink https://stat.link/1ad5cv

Luxembourg : Entreprises et emploi dans le tourisme

	Nombre d'établissements	Nombres de personnes employées				
	2019	2017	2018	2019	2020	2021
Total	..	..	..	..	..	..
Industries touristiques	**494**	**35 583**	**36 872**	**38 617**	**38 336**	..
Service d'hébergement pour les visiteurs	422	3 635	3 584	3 634	3 474	..
Hôtels et établissements assimilés	227	3 177	3 087	3 110	2 928	..
Industrie de services de restauration et de consommation de boissons	..	16 554	17 141	18 300	18 135	..
Transport de voyageurs	..	10 574	11 235	11 582	11 711	..
Transport aérien de voyageurs	..	3 131	3 325	3 346	3 311	..
Transport par chemin de fer de voyageurs	..	3 256	3 366	3 452	3 630	..
Transport routier de voyageurs	..	4 149	4 502	4 721	4 720	..
Transport par eau de voyageurs	..	38	42	63	50	..
Services liés au transport de voyageurs	..	..	..	..	..	..
Location d'équipement de transport	..	467	417	474	484	..
Industrie des agences de voyages et des autres services de réservation	72	590	608	697	668	..
Industrie des activités culturelles	..	1 833	1 907	2 441	2 401	..
Industrie des activités sportives et de loisirs	..	1 930	1 980	1 487	1 465	..
Commerce de détail de produits caractéristiques du tourisme spécifiques au pays considéré	..	..	..	..	..	..
Autres industries caractéristiques du tourisme spécifiques au pays considéré	..	..	..	..	..	..
Autres industries	..	..	..	..	..	..

.. Non disponible
Source : Statistiques de l'OCDE sur le tourisme (base de données).

StatLink https://stat.link/zrihkb

Luxembourg : Consommation du tourisme intérieur

Millions EUR

	2020		
	Dépenses du tourisme interne	Dépenses du tourisme récepteur	Consommation du tourisme intérieur
Total	..	..	..
Produits de consommation	**423**	**2 496**	**2 965**
Produits caractéristiques du tourisme	340	618	997
Service d'hébergement pour les visiteurs	48	242	305
Industrie de services de restauration et de consommation de boissons	130	201	332
Transport de voyageurs	83	125	208
Transport aérien de voyageurs	37	81	118
Transport par chemin de fer de voyageurs	0	37	37
Transport routier de voyageurs	44	5	49
Transport par eau de voyageurs	1	2	3
Services liés au transport de voyageurs	..	..	..
Location d'équipement de transport	11	5	16
Industrie des agences de voyages et des autres services de réservation	42	0	67
Industrie des activités culturelles	26	45	71
Industrie des activités sportives et de loisirs	..	..	..
Biens caractéristiques du tourisme spécifiques au pays considéré	..	..	..
Services caractéristiques du tourisme spécifiques au pays considéré	..	..	..
Autres produits de consommation	83	1 878	1 968
Produits rattachés au tourisme	..	..	..
Produits de consommation non liés au tourisme	..	..	..
Produits autres que les produits de consommation	..	..	..

.. Non disponible
Source : Statistiques de l'OCDE sur le tourisme (base de données).

StatLink https://stat.link/exrypd

Suisse

Place du tourisme dans l'économie et perspectives de reprise

En 2019, la Suisse a enregistré un record historique dans le secteur du tourisme. Cette année-là, le secteur a contribué au PIB suisse à hauteur de 2.9 % et a été à l'origine de 173 703 emplois directs soit, en équivalent temps pleins, 4.2 % de l'emploi total. En 2020, la contribution du tourisme au PIB a chuté à 2.2 % et les emplois directs créés sont passés à 162 766 (équivalents temps plein), soit une baisse de 6.3 %.

En 2019, le pays a accueilli 11.8 millions de touristes internationaux qui sont passés à 3.7 millions en 2020. En 2021, une légère hausse de la demande a été enregistrée, mais les touristes internationaux sont restés à 4.4 millions, soit 63.0 % de moins qu'avant la pandémie. Les principaux marchés émetteurs sont devenus les pays voisins. En 2021, l'Allemagne représentait 33.1 % des touristes internationaux qui passaient au moins une nuit en Suisse (alors que ce pourcentage n'était que de 18.8 % en 2019), suivie par la France avec 14.2 % de ces visiteurs (contre 7.0 % en 2019).

Le nombre de nuits d'hôtel a chuté de 40 % pour atteindre 23.7 millions en 2020 (avec une chute du nombre de nuitées réalisées par les touristes internationaux de 66 % et par les touristes internes de 8.6 % seulement). Le tourisme urbain a été particulièrement touché et a enregistré un effondrement du nombre de séjours avec nuitée d'environ 60 % en 2020. La Suisse a réalisé de bons résultats en matière de tourisme interne, grâce à ses destinations alpines. Le nombre de nuitées réalisées par les touristes internes a atteint 34.3 millions en 2021, une hausse de 16.8 % par rapport aux niveaux d'avant la pandémie.

Le retour du tourisme récepteur à des niveaux précédant le COVID-19 est attendu pour 2023-24.

Gouvernance et financement du tourisme

Le Secrétariat d'État à l'économie (SECO), en interaction avec de nombreux organes politiques au niveau national et régional, est chargé de l'élaboration et de la mise en œuvre de la politique suisse du tourisme. Le SECO applique la Loi fédérale qui encourage l'innovation, la coopération et le renforcement des connaissances dans le domaine du tourisme (Innotour) et assure la surveillance de deux associations chargées de mettre en œuvre diverses mesures dans le domaine du tourisme : Suisse Tourisme qui mène des activités de promotion du tourisme suisse, et la Société suisse de crédit hôtelier, qui soutient l'investissement dans le secteur de l'hébergement.

Le tourisme étant un important contributeur dans de nombreux cantons, chacun possède un office du tourisme chargé de la promotion au niveau cantonal. Le Forum Tourisme Suisse permet l'instauration d'échanges rapprochés entre le gouvernement fédéral, les cantons et les acteurs du tourisme. L'administration fédérale et les cantons font la promotion des régions montagneuses, urbaines et rurales ainsi que des régions frontalières.

Pour la période 2020-23, la contribution fédérale à Suisse Tourisme s'élève à 230 millions CHF. Pour cette même période, Innotour met à disposition une dotation ordinaire de 30 millions CHF pour encourager l'innovation. Les activités promotionnelles de la Société suisse de crédit hôtelier (SGH) sont financées par un prêt fédéral en cours de 236 millions CHF. Dans le cadre de la nouvelle politique régionale, 200 millions CHF peuvent être utilisés sous forme de prêts pour de l'investissement et 120 millions CHF pour contribuer à des projets aux répercussions économiques régionales.

Suisse : organigramme des organismes de tourisme

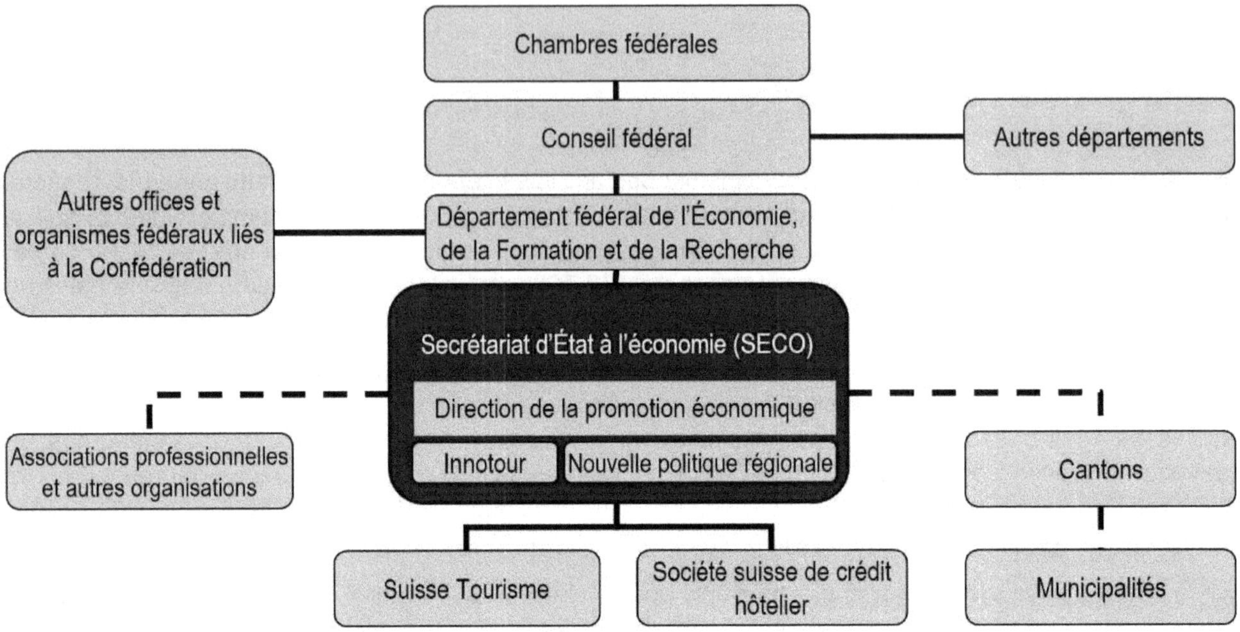

Source : OCDE, d'après le Secrétariat d'État à l'économie (SECO), 2022.

Programmes et politiques du tourisme

La Suisse a adopté sa Stratégie touristique, mise à jour et renouvelée, en novembre 2021. Cette stratégie s'appuie sur les stratégies touristiques précédentes dont elle retient plusieurs objectifs :

- **Améliorer les conditions-cadres :** Cet objectif porte sur la coordination des politiques en matière de tourisme. Le Forum Tourisme Suisse constitue une plateforme de dialogue et de coordination qui contribue à créer un environnement réglementaire « propice au tourisme », en s'intéressant à l'interface entre le tourisme et l'aménagement du territoire.
- **Promouvoir l'entrepreneuriat :** L'objectif est de soutenir le changement structurel dans le tourisme. La création de start-ups est encouragée, les plans de successions sont soutenus, et des mesures en faveur du renforcement du marché du travail dans le secteur du tourisme sont élaborées en coopération avec des associations du secteur.
- **Contribuer au développement durable :** Cet objectif porte sur l'adaptation du tourisme pour faire face au changement climatique, en particulier sur la prise en compte de l'articulation entre le tourisme, la qualité du paysage et le développement. Le projet « Swisstainable » témoigne encore plus largement de l'importance du développement d'un tourisme durable.
- **Saisir les opportunités du numérique :** Cet objectif cible les données et statistiques ainsi que le suivi de la stratégie numérique.
- **Renforcer l'attrait de l'offre et la présence sur le marché :** L'objectif concerne le renforcement du soutien fédéral en faveur de l'investissement et la relance du tourisme urbain et d'affaires.

Un groupe consultatif composé de professionnels et d'entrepreneurs du tourisme, de représentants du gouvernement, d'associations de tourisme, des cantons et de la communauté universitaire supervisera la mise en œuvre de la stratégie nationale en faveur du tourisme.

Plan de relance du tourisme 2020-23 en Suisse

Suisse Tourisme a adopté un plan de relance du tourisme pour 2020-23. Le plan se compose de quatre actions clés :

- Reconquérir les visiteurs internationaux : présenter la Suisse comme une destination touristique attrayante sur les marchés internationaux et regagner les visiteurs étrangers perdus. Les mesures cibleront les marchés locaux, les voyageurs individuels et les petits groupes. De plus, la hausse de la demande pour un accès routier sera prise en compte, et des offres correspondantes seront créées et encouragées.
- Encourager le développement d'un tourisme durable : faire de la Suisse une destination touristique durable sur la scène internationale. Parmi les activités, l'initiative « Stay Longer » encourage les hôtes à séjourner plus longtemps. L'objectif est de limiter l'empreinte écologique du voyageur et, dans le même temps, d'accroître sa valeur ajoutée. La campagne Swisstainable de Suisse Tourisme a lancé la promotion du développement du tourisme durable. Cette campagne a pour objectif de promouvoir le développement de produits durables avec l'ambition de faire de la Suisse la destination la plus durable au monde.
- Relancer le tourisme urbain et d'affaires : positionner les villes comme « City Nature Resorts ». Ainsi, les villes seront également présentées sur le marché comme un point de départ pour des vacances en Suisse. Les mesures prévues devraient aider les villes à retrouver des visiteurs et permettre aux hôtels d'améliorer leurs taux d'occupation. Dans le même temps, le tourisme d'affaires sera incité à ouvrir de nouveaux segments commerciaux, par exemple, avec des événements qui ont été adaptés à la pandémie.
- Aider les partenaires touristiques : soutenir financièrement les partenaires touristiques, notamment les destinations. L'absence d'hôtes internationaux a entraîné une perte des taxes de séjour pour les destinations et une baisse du chiffre d'affaires pour les prestataires de services. L'aide financière accordée aux partenaires touristiques représente 50 % de la contribution supplémentaire de la Confédération de 15 millions CHF. Ces mesures de soutien permettent aux partenaires touristiques de participer aux campagnes de commercialisation de Suisse Tourisme malgré une baisse des budgets.

Suisse Tourisme continue de mettre en œuvre un plan de relance en 2020-23 (voir encadré ci-dessous). Le gouvernement fédéral a alloué au total 70 millions CHF au programme (40 millions CHF pour 2020-21 et 30 millions CHF pour 2022-23). La moitié de ces fonds serviront à apporter une aide financière aux partenaires du secteur. Grâce à sa nouvelle politique régionale, la Suisse a permis aux cantons de reporter les amortissements des prêts octroyés au titre de la loi fédérale sur l'aide aux investissements, ce qui a permis d'apporter une aide immédiate au secteur des remontées mécaniques. De plus, afin d'encourager la réalisation de projets, 10 millions CHF peuvent être mis à disposition grâce à la nouvelle politique régionale, pour la période allant de 2020 à 2023.

Le programme d'Innotour ayant été prolongé, il continuera d'encourager les projets innovants dans le secteur du tourisme sur la période 2023-26. Le plafond de la contribution du gouvernement fédéral à ces projets sera relevé pour passer de 50 % à 70 %, ce qui réduira les coûts supportés par les porteurs de projets touristiques innovants. Pour ce faire, les moyens affectés à Innotour par la Confédération seront portés à 20 millions CHF.

Ces prochaines années, la politique touristique de la Suisse sera plus orientée vers les besoins des acteurs du tourisme, en particulier les entreprises de ce secteur. La mise en œuvre de la stratégie portera sur les défis identifiés, en particulier sur l'adaptation du tourisme face au changement climatique, sur le développement du potentiel que représentent les interactions entre le tourisme, le paysage et de la culture du bâti, et sur la question du marché du travail du touristique. Une attention particulière sera également portée à la modernisation et au développement des activités de promotion des investissements au niveau fédéral.

Suisse Tourisme devra relever des défis stratégiques à long terme et faire face notamment à la transformation numérique, au changement de comportement des touristes, au changement climatique, à une productivité inférieure à la moyenne et au marché du travail du tourisme. Le recours au numérique peut aider Suisse Tourisme à faire face à ses difficultés (comme la faible productivité de nombreuses TPE) en améliorant son efficience et en favorisant de nouvelles formes de coopération et de coordination.

Profil statistique

Suisse : Tourisme interne, récepteur et émetteur

	2017	2018	2019	2020	2021
FLUX TOURISTIQUE, MILLIERS					
Tourisme interne[1]					
Total des voyages du tourisme interne	76 309	80 020	78 317	62 951 |	..
Visiteurs qui passent la nuit (touristes)	8 231	8 201	7 765	8 319 |	..
Visiteurs de la journée (excursionnistes)	68 078	71 819	70 551	54 632 |	..
Nuitées dans toutes les catégories d'hébergement	27 768	28 573	29 354	28 260	34 291
Hôtels et établissements assimilés	16 920	17 413	17 922	16 389	20 961
Autres établissements collectifs	10 848	11 160	11 432	11 871	13 331
Hébergements privés	..	..	..	..	..
Tourisme récepteur					
Total des arrivées internationales	..	..	..	..	..
Visiteurs qui passent la nuit (touristes)	11 133	11 715	11 818	3 690	4 390
Visiteurs de la journée (excursionnistes)	..	..	..	..	..
Principaux marchés					
Allemagne	2 072	2 216	2 220	1 219	1 455
France	788	826	831	489	627
Italie	530	529	514	219	282
États-Unis	1 009	1 118	1 219	167	279
Royaume-Uni	808	820	818	224	140
Nuitées dans toutes les catégories d'hébergement	25 515	26 784	26 880	10 254	11 593
Hôtels et établissements assimilés	20 473	21 394	21 640	7 341	8 598
Autres établissements collectifs	5 042	5 390	5 241	2 913	2 995
Hébergements privés	..	..	..	..	..
Tourisme émetteur					
Total des départs internationaux	24 594	26 397	21 360	8 319 |	..
Visiteurs qui passent la nuit (touristes)	16 650	16 735	14 622	6 813 |	..
Visiteurs de la journée (excursionnistes)	7 944	9 662	6 737	1 506 |	..
Principales destinations					
Italie	2 868	2 964	2 594	1 487 |	..
Allemagne	2 766	3 135	2 816	1 474 |	..
France	3 213	2 441	1 885	1 178 |	..
Autriche	1 062	1 078	940	629 |	..
..	..	..	..	..	..
RECETTES ET DÉPENSES DE TOURISME, MILLIONS CHF					
Tourisme récepteur					
Total des recettes internationales	20 053	20 820	21 118	9 416	11 054
Recettes liées aux voyages internationaux	16 958	17 592	17 837	8 511 p	10 070
Recettes liées au transport international de passagers	3 095	3 229	3 280	906	984
Tourisme émetteur					
Total des dépenses internationales	21 136	20 985	20 963	9 751	11 578
Dépenses liées aux voyages internationaux	18 774	18 650	18 635	8 974 p	10 675
Dépenses liées au transport international de passagers	2 362	2 334	2 328	776	903

.. Non disponible p Valeur provisoire | Rupture de série
1. Voyages à partir d'enquêtes sur la demande ; Nuits des enquêtes sur l'offre.
Source : Statistiques de l'OCDE sur le tourisme (base de données).

StatLink https://stat.link/o05c3h

Suisse : Entreprises et emploi dans le tourisme

	Nombre d'établissements	Nombres de personnes employées				
	2021	2017	2018	2019	2020	2021
Total	..	**169 427**	**172 407**	**173 703**	**162 766**	..
Industries touristiques	..	**137 449**	**139 894**	**140 793**	**132 243**	..
Service d'hébergement pour les visiteurs	36 755	35 385	36 409	35 747	33 371 p	..
Hôtels et établissements assimilés	4 574	32 079	32 963	32 185	30 044 p	..
Industrie de services de restauration et de consommation de boissons	..	42 967	43 913	44 219	40 016 p	..
Transport de voyageurs	..	26 192	26 842	27 972	27 721	..
Transport aérien de voyageurs	..	8 170	8 677	9 082	8 981 p	..
Transport par chemin de fer de voyageurs	..	12 954	13 037	13 414	13 310 p	..
Transport routier de voyageurs	..	4 246	4 243	4 460	4 425 p	..
Transport par eau de voyageurs	..	821	885	1 017	1 005 p	..
Services liés au transport de voyageurs	..	5 926	6 044	6 157	6 100 p	..
Location d'équipement de transport	..	627	630	570	545 p	..
Industrie des agences de voyages et des autres services de réservation	..	14 121	13 555	13 435	12 837 p	..
Industrie des activités culturelles	..	3 896	3 950	3 984	3 932 p	..
Industrie des activités sportives et de loisirs	..	6 198	6 452	6 597	6 486 p	..
Commerce de détail de produits caractéristiques du tourisme spécifiques au pays considéré	..	..	..	..	..	..
Autres industries caractéristiques du tourisme spécifiques au pays considéré	..	2 139	2 100	2 112	1 236 p	..
Autres industries	..	**31 978**	**32 513**	**32 910**	**30 523**	..

.. Non disponible ; p Données provisoires
Source : Statistiques de l'OCDE sur le tourisme (base de données).

StatLink https://stat.link/oy4wkh

Suisse : Consommation du tourisme intérieur

Million CHF

	2017		
	Dépenses du tourisme interne	Dépenses du tourisme récepteur	Consommation du tourisme intérieur
Total	**24 251**	**17 020**	**46 360**
Produits de consommation	**19 421**	**14 147**	**38 657**
Produits caractéristiques du tourisme	16 912	12 123	33 723
Service d'hébergement pour les visiteurs	2 617	2 774	9 417
Industrie de services de restauration et de consommation de boissons	3 666	2 752	6 417
Transport de voyageurs	5 990	4 196	10 478
Transport aérien de voyageurs	3 897	2 789	6 686
Transport par chemin de fer de voyageurs	1 351	861	2 504
Transport routier de voyageurs	640	507	1 146
Transport par eau de voyageurs	102	39	141
Services liés au transport de voyageurs	453	371	824
Location d'équipement de transport	218	207	425
Industrie des agences de voyages et des autres services de réservation	1 233	187	1 572
Industrie des activités culturelles	496	177	890
Industrie des activités sportives et de loisirs	1 701	1 356	3 057
Biens caractéristiques du tourisme spécifiques au pays considéré	..	..	..
Services caractéristiques du tourisme spécifiques au pays considéré	540	103	643
Autres produits de consommation	7 339	4 897	12 637
Produits rattachés au tourisme	2 509	2 024	4 934
Produits de consommation non liés au tourisme	4 830	2 872	7 703
Produits autres que les produits de consommation	..	..	..

.. Non disponible
Source : Statistiques de l'OCDE sur le tourisme (base de données).

StatLink https://stat.link/8lj6hi

Part II Profils par pays – partenaires de l'OCDE

Maroc

Place du tourisme dans l'économie et perspectives de reprise

Le tourisme occupe une place importante dans l'économie marocaine puisqu'il contribue directement à hauteur de 82.1 milliards MAD, soit 7.1 % du total du PIB en 2019, et est à l'origine d'environ 565 000 emplois (5.0 % de l'emploi total). Le tourisme est généralement une source importante de devises étrangères et génère des recettes qui représentaient 42 % des exportations de services en 2019, mais qui ont chuté à 28 % en 2020.

Le tourisme international joue un rôle majeur avec 12.9 millions de touristes internationaux en 2019. En 2020, les arrivées internationales au Maroc ont enregistré une baisse de 78.5 % pour atteindre 2.8 millions. Les recettes liées au tourisme international ont diminué en 2020 pour afficher 36.4 milliards MAD, soit 53.8 % de moins qu'en 2019. La reprise du tourisme est restée timide en 2021, avec 3.7 millions de touristes internationaux, ou 71 % de moins qu'en 2019.

En 2019, 3.5 millions de visiteurs internes (touristes) ont séjourné, avec nuitée, dans des établissements d'hébergement touristique classés. En 2020, le tourisme interne a diminué de 55 % mais cette baisse relativement limitée comparativement à celle du tourisme international s'est accompagnée d'une hausse de près de 50 % de la part que représente le tourisme interne dans le nombre total de nuits passées dans des établissements d'hébergement touristique classés, soit 31 % de plus qu'avant la pandémie. Le tourisme interne a affiché de meilleurs résultats en 2021, atteignant 2.8 millions de séjours avec nuitée dans des établissements d'hébergement touristique classés, soit 22 % de moins qu'en 2019.

Selon les autorités marocaines, le tourisme devrait retrouver ses niveaux antérieurs à la pandémie en 2023.

Gouvernance et financement du tourisme

Le département du Tourisme dépend du ministère du Tourisme, de l'Artisanat et de l'Économie sociale et solidaire et est en charge du développement et de la mise en œuvre de la politique touristique du gouvernement.

Le Maroc a adopté un cadre de « régionalisation avancée » comme nouveau modèle de gouvernance territoriale. Ce cadre a pour objectif de construire une administration territoriale forte grâce à de meilleures compétences et davantage de ressources. Le département du Tourisme assure des missions à l'échelle nationale. Les services décentralisés sont chargés de superviser la gestion des services publics régionaux, la mise en œuvre des politiques publiques et la participation au développement et à la diffusion de programmes et de projets au niveau régional. Les services décentralisés s'assurent également de l'application de directives et de décisions émanant de l'administration centrale dont ils dépendent et mènent des programmes et des projets au niveau préfectoral ou provincial.

Le budget du département du Tourisme de 2022 s'élevait à 680 millions MAD. Il est réparti entre les entités placées sous la responsabilité du département du Tourisme :

- Administration centrale : 125 millions MAD.
- Office national marocain du tourisme : 300 millions MAD.
- Société marocaine d'ingénierie touristique : 255 millions MAD.

Maroc : organigramme des organismes de tourisme

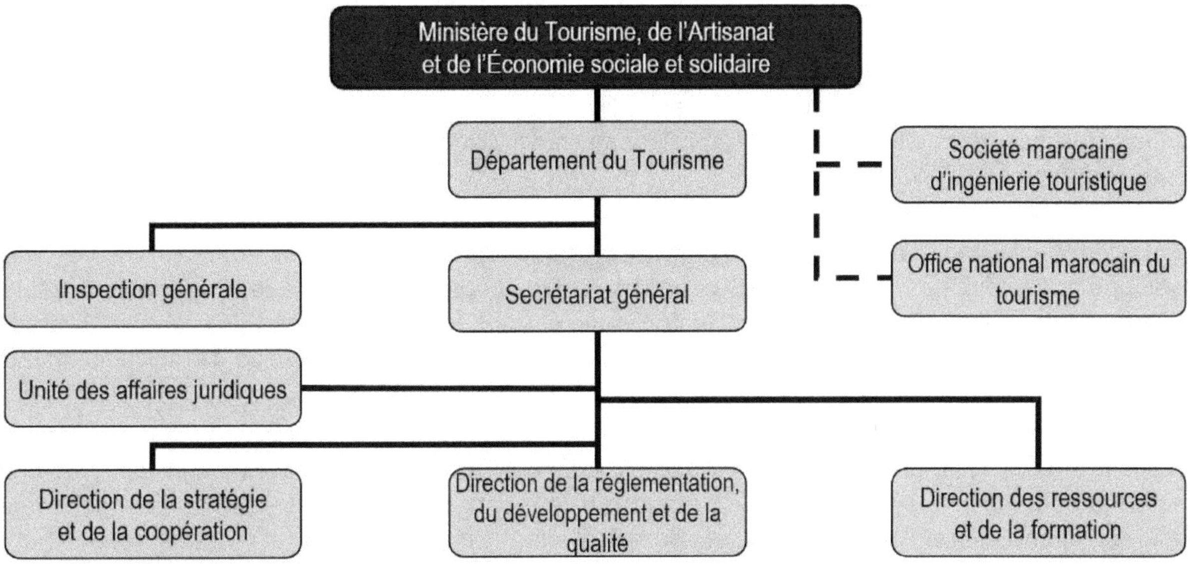

Source : OCDE, d'après le département du Tourisme, 2022.

Programmes et politiques du tourisme

Le tourisme constitue pour le Maroc un secteur prioritaire qui a bénéficié de stratégies de développement décennales – Vision 2010 et Vision 2020 – conçues pour soutenir et dynamiser l'activité touristique tout en améliorant ses retombées pour le pays. Toutefois, la pandémie de COVID-19, qui a coïncidé avec la fin de la stratégie Vision 2020, a plongé le secteur dans la crise et modifié son potentiel de développement.

Les pouvoirs publics ont déployé un grand nombre de mesures afin d'octroyer des aides spécifiques au secteur pour atténuer les effets de la crise, préserver l'économie et accélérer la reprise du secteur. Les acteurs publics et privés ont associé leurs efforts au niveau national et régional avec la mise en œuvre d'un programme destiné à relancer le secteur du tourisme entre 2020 et 2022. Le programme a pour objectif de donner une impulsion au secteur et d'insuffler un nouvel élan à sa reprise et à sa transformation avec trois grands objectifs en ligne de mire : i) protéger l'économie et l'emploi, ii) accélérer la phase de redémarrage, et iii) poser les bases d'une transformation durable du secteur.

Le programme comprend 21 mesures conçues pour faire entrer le Maroc dans la période post-COVID-19 en lui permettant de s'adapter aux nouvelles réalités du marché, d'anticiper l'évolution des modes de consommation des touristes et de tirer parti des nouvelles opportunités qui se présentent. Le plan d'action s'articule autour de cinq domaines stratégiques :

- Protection de l'emploi
- Soutien économique et financier pour la relance
- Stimulation de l'investissement et transformation de l'outil de production
- Activation et renforcement de la demande touristique
- Mesures transversales telles que la formation, la gouvernance, les cadres juridiques et le développement du numérique

Plusieurs actions ont été menées dans le cadre du contrat-programme de 2020-22. Les salariés des entreprises du secteur et les guides touristiques ont bénéficié d'un soutien sous la forme d'une indemnité forfaitaire mensuelle de 2 000 MAD. Une exonération de l'impôt sur le revenu au titre des compléments de rémunération des salariés a également été octroyée, en plus de la mise en place d'une couverture sociale pour les guides touristiques. Le paiement des cotisations sociales des entreprises touristiques et le remboursement des dettes spécifiques a été différé. Trois nouveaux mécanismes de garantie ont été instaurés pour les entreprises du secteur. Une nouvelle loi a été adoptée permettant aux prestataires de services de rembourser leurs clients par des avoirs. Un accord de partenariat a été signé afin de créer le dispositif « Inmaa Tourisme » dans le but de soutenir et accélérer le développement des PME du secteur touristique dans la région Souss-Massa (voir encadré ci-dessous). Le label *Welcome Safely* a été instauré pour les établissements d'hébergement touristiques afin d'indiquer leur respect des mesures sanitaires et de sécurité liées au COVID-19.

Compte tenu de la persistance des effets de la crise liée à la pandémie de COVID-19 et de l'incertitude quant à leur évolution, un nouveau plan d'urgence a été adopté par le Maroc en 2022 afin de prévoir une enveloppe budgétaire de 2 milliards MAD pour fournir l'aide financière nécessaire à la reprise du secteur. Ce nouveau plan d'urgence s'inscrit dans la continuité et dans la logique contrat-programme. Toutes les actions sont menées pour protéger les entreprises, éviter une destruction massive d'emplois et instaurer un environnement favorable à la redynamisation et à la reprise du secteur.

Le plan d'urgence propose des lignes d'action et des solutions concrètes pour permettre à ce secteur de se remettre de la crise grâce à des mesures telles que la prolongation du versement des indemnités forfaitaires pour les employés du secteur du tourisme, le report des cotisations sociales pour ces mêmes employés, et une subvention pour le secteur de l'hôtellerie d'1 milliard MAD.

Le département du Tourisme travaille également sur un ensemble de mesures dans le cadre d'une stratégie globale qui garantit un développement du secteur respectueux des paramètres et des priorités identifiés grâce à cinq grands piliers :

- Mener de larges campagnes promotionnelles pour mettre en avant les atouts touristiques, notamment par le biais de tour-opérateurs, de plateformes et de sites internet.
- Renforcer le secteur du transport aérien en garantissant un grand nombre de places aux touristes à destination du Maroc, en partenariat avec Royal Air Maroc et d'autres compagnies étrangères.
- Dynamiser l'investissement touristique en donnant la priorité aux incitations susceptibles d'attirer les investisseurs et d'encourager la création de PME dans le secteur du tourisme, notamment dans le domaine des loisirs et du divertissement.
- Réadapter l'offre touristique grâce à une série de priorités qui comprennent l'amélioration de la qualité des services et la diversification de l'offre afin de promouvoir l'expérience touristique dans les différentes régions du pays et améliorer la notoriété et la compétitivité de la destination Maroc.
- Renforcer l'importance de la qualification des ressources humaines et la création de nouvelles opportunités professionnelles, en particulier après la crise traversée par le marché du travail en raison du COVID-19 qui a conduit à une sévère diminution des offres d'emploi dans le secteur privé.

Soutenir la compétitivité et la transformation des TPE et des PME du tourisme au Maroc

INMAA Tourisme est un dispositif conçu pour soutenir la compétitivité et la transformation des acteurs du secteur. C'est un mécanisme de soutien pour les TPE et les PME qui vise à améliorer leur compétitivité et la qualité de leurs services de façon durable au moyen d'un accompagnement global et unifié des services touristiques et d'une aide adaptée aux problèmes propres à chaque entreprise. Ce mécanisme cible les TPE et les PME qui opèrent sur des marchés réglementés (ex. : hébergement, distribution, restauration) et des professions et des activités connexes au secteur du tourisme, comme les loisirs ou le numérique.

Dans le cadre du déploiement de ce mécanisme global de soutien destiné aux PME du tourisme, un programme pilote a été lancé dans la région Souss-Massa. Un accord de partenariat a été noué en 2021 avec la région Souss-Massa pour doter ce mécanisme d'un budget de 100 millions MAD répartis entre la région et la Société marocaine d'ingénierie touristique dans l'objectif de soutenir 150 PME. Le programme a pour but de promouvoir la création d'entreprise en facilitant l'accès aux mesures d'aide au financement, aux prestations de conseil, et à l'expertise technique.

Profil statistique

Maroc : Tourisme interne, récepteur et émetteur

	2017	2018	2019	2020	2021
FLUX TOURISTIQUE, MILLIERS					
Tourisme interne					
Total des voyages du tourisme interne	..	..	..	..	..
Visiteurs qui passent la nuit (touristes)	3 121	3 247	3 550	1 442	2 765
Visiteurs de la journée (excursionnistes)	..	..	..	..	..
Nuitées dans toutes les catégories d'hébergement	..	..	..	..	..
Hôtels et établissements assimilés	7 057	7 166	7 838	3 506	6 378
Autres établissements collectifs	..	..	..	..	..
Hébergements privés	..	..	..	..	..
Tourisme récepteur					
Total des arrivées internationales	..	..	..	..	..
Visiteurs qui passent la nuit (touristes)	11 349	12 289	12 932	2 778	3 722
Visiteurs de la journée (excursionnistes)	..	..	..	..	..
Principaux marchés					
France	1 614	1 844	1 991	412	494
Espagne	711	814	881	200	99
Belgique	260	274	272	41	65
Royaume-Uni	486	511	551	113	56
Allemagne	331	394	413	79	39
Nuitées dans toutes les catégories d'hébergement	132 585	147 790	..	..	..
Hôtels et établissements assimilés	15 046	16 866	17 406	3 470	2 818
Autres établissements collectifs	26 861	30 953	..	..	..
Hébergements privés	90 678	99 971	..	..	..
Tourisme émetteur					
Total des départs internationaux	..	..	..	..	..
Visiteurs qui passent la nuit (touristes)	1 849	1 923	2 009	738	643
Visiteurs de la journée (excursionnistes)	..	..	..	..	..
Principales destinations					
..	..	..	..	..	..
..	..	..	..	..	..
..	..	..	..	..	..
..	..	..	..	..	..
..	..	..	..	..	..
RECETTES ET DÉPENSES DE TOURISME, MILLIONS USD					
Tourisme récepteur					
Total des recettes internationales	9 086	9 520	9 949	4 514	..
Recettes liées aux voyages internationaux	7 494	7 774	8 187	3 848	..
Recettes liées au transport international de passagers	1 592	1 746	1 762	666	..
Tourisme émetteur					
Total des dépenses internationales	2 829	2 988	3 103	1 509	..
Dépenses liées aux voyages internationaux	1 793	1 976	2 176	1 113	..
Dépenses liées au transport international de passagers	1 036	1 011	926	396	..

.. Non disponible
Source : Statistiques de l'OCDE sur le tourisme (base de données).

StatLink https://stat.link/v8pa46

Maroc : Entreprises et emploi dans le tourisme

	Nombre d'établissements	Nombres de personnes employées				
	2021	2017	2018	2019	2020	2021
Total	..	**532 000 e**	**550 000 e**	**565 000 e**	..	..
Industries touristiques	**6 203**	**412 000 e**	**424 000 e**	**435 800 e**	..	..
Service d'hébergement pour les visiteurs	..	..	..	..	..	..
Hôtels et établissements assimilés	4 549	135 000 e	140 000 e	144 000 e	..	..
Industrie de services de restauration et de consommation de boissons	..	86 000 e	90 000 e	92 500 e	..	..
Transport de voyageurs	..	36 000 e	37 000 e	38 000 e	..	..
Transport aérien de voyageurs	..	..	..	..	..	..
Transport par chemin de fer de voyageurs	..	..	..	..	..	..
Transport routier de voyageurs	..	..	..	..	..	..
Transport par eau de voyageurs	..	..	..	..	..	..
Services liés au transport de voyageurs	..	..	..	..	..	..
Location d'équipement de transport	..	..	..	..	..	..
Industrie des agences de voyages et des autres services de réservation	1 654	23 000 e	24 000 e	24 600 e	..	..
Industrie des activités culturelles	..	10 000 e	10 000 e	10 300 e	..	..
Industrie des activités sportives et de loisirs	..	3 000 e	3 000 e	3 100 e	..	..
Commerce de détail de produits caractéristiques du tourisme spécifiques au pays considéré	..	119 000 e	120 000 e	123 300 e	..	..
Autres industries caractéristiques du tourisme spécifiques au pays considéré	..	..	..	..	..	..
Autres industries	..	**120 000 e**	**126 000 e**	**129 200 e**	..	..

.. Non disponible ; e valeur estimée
Source : Statistiques de l'OCDE sur le tourisme (base de données).

StatLink https://stat.link/n96q8r

Maroc : Consommation du tourisme intérieur

En million MAD

	2014		
	Dépenses du tourisme interne	Dépenses du tourisme récepteur	Consommation du tourisme intérieur
Total	..	..	..
Produits de consommation	**32 000**	**73 508**	**105 508**
Produits caractéristiques du tourisme	21 648	53 666	75 315
Service d'hébergement pour les visiteurs	6 196	11 962	18 158
Industrie de services de restauration et de consommation de boissons	5 318	10 088	15 406
Transport de voyageurs	4 868	14 212	19 080
Transport aérien de voyageurs	..	..	..
Transport par chemin de fer de voyageurs	..	..	..
Transport routier de voyageurs	..	..	..
Transport par eau de voyageurs	..	..	..
Services liés au transport de voyageurs	..	..	..
Location d'équipement de transport	122	..	122
Industrie des agences de voyages et des autres services de réservation	43	1 100	1 143
Industrie des activités culturelles	106	1 017	1 123
Industrie des activités sportives et de loisirs	2 416	8 032	10 449
Biens caractéristiques du tourisme spécifiques au pays considéré	2 580	7 256	9 836
Services caractéristiques du tourisme spécifiques au pays considéré	..	..	..
Autres produits de consommation	10 352	19 841	30 193
Produits rattachés au tourisme	..	..	..
Produits de consommation non liés au tourisme	10 352	19 841	30 193
Produits autres que les produits de consommation	..	..	..

.. Non disponible
Source : Statistiques de l'OCDE sur le tourisme (base de données).

StatLink https://stat.link/ncmdit

www.ingramcontent.com/pod-product-compliance
Lightning Source LLC
LaVergne TN
LVHW082037051026
849532LV00011B/3388
* 9 7 8 9 2 6 4 4 8 7 2 6 0 *